施設で暮らす子どもの学校教育支援ネットワーク

「施設―学校」連携・協働による困難を抱えた子どもとの関係づくりと教育保障

村松健司――［著］
Muramatsu Kenji

福村出版

序　文

二〇一八年二月、中部地区のある県で児童養護施設移転反対運動が起きた。移転先の地元自治会が「学校が荒れる」と危惧しているのだとされる。二〇一五年頃には「保育所の建設反対運動」が相次いだ。なかには、高さ三メートルの「防音壁」を設置せざるを得ない保育所もあったという。それぞれの事情はあるにせよ、「子どもの声」が聞こえない街は、生物としてのヒトが営む集団という意味でも不自然であるし、「お互いさま」という相互的な「つながり」の意識がない社会は、殺伐と見えてしまう。

児童養護施設の中には対人関係を中心にさまざまな困難を抱えている子どもがいて、その困難が学校教育で顕著になることがあるかもしれない。本書の中にも、そういった問題意識から考察された課題がある。筆者は現在、学生相談の専任教員をしているが、教育の場は人と人が出会うがゆえに、さまざまな「問題」が起き、それが青年の成長の糧になると考えている。成長途上にある子どもたちが通う学校で問題が起きないというのは、大雑把に言えば、よほど抑圧されているか、子どものエネルギーが別の場所に沈潜しているか、大人がその問題に気づかない（気づけない）かのいずれかだろう。問題の所在は、「児童養護施設の子どもたちが来るから荒れる」のではなく、「発達に伴うさまざま不安の中で生きる地域の子どもたちは、いつもその言葉にならないエネルギー（行動）が大人によって受け入れられることを求めている」という今も昔も変わらない普遍的な課題を大人がどう捉えるかにある。

筆者が小学生の頃、社会的養護のもとで暮らす子どもがいた。おとなしい子どもだった彼は、当時の特殊学級に通っていたのでほとんど接点がなかったが、「家庭で生活していない子どもがいること」は強く印象に残った。同じ子どもなのに、なぜ彼が生活も教育も、私たちと異なる場所になるのか。そのことを子ども心にとても異質に感じたのだ。

その後、大人になり、心理臨床の道に進み、縁あって一二年間児童福祉施設に勤務することができた。この間の体験は、心理臨床家としてだけでなく、筆者個人の生き方にも大きな影響を与えることになった。筆者の試行錯誤を見守ってくれた上司と同僚、学校の先生方、そして何よりその体験をともにしてくれた子どもたちには感謝の念が絶えない。勤務先が大学に移ってからも、社会的養護のもとで生活する子どもたちが自立の歩みを進めていくために何が必要かを考えてきた。この間、児童福祉の心理臨床の実践は環境療法、トラウマ、愛着（アタッチメント）など最新の治療技法を導入しながら大きな展開を見せてきたが、大切なのは人と人の「つながり」を維持することではないかという素朴な問題意識に立ち戻ることになった。

考えてみると、私たちは家庭だけでなく、親戚や地域といった多くの大人たちの目に見守られて育ってきている。このつながりはソーシャルサポート（社会的支援）と呼ばれ、心理学や福祉学、社会学などの領域での研究課題となっている。社会的養護のもとで生活する子どもたちにとって、学校教育は重要なソーシャルサポートの担い手であるにもかかわらず、我が国ではほとんど手つかずの状況だ。そんな折に、子どもの虹情報研修センターの課題研究に加えていただき、四年間「学校と福祉の連携」に取り組む機会を得た。本書はこの研究を基盤とし、「社会的養護のもとで生活する子どもにとっての教育支援はいかにあるべきか」を考察したものである。本書が施設の小規模化、分散化とともに、社会的養護と学校教育の「つながり」はより身近になっていくはずだ。本書がこのつながりに少しでも寄与することができればと願っている。

村松健司

目次

序　論　本書の問題と目的

第一節　本書の問題と目的

1．研究の背景

（1）社会的養護の抱える課題

全国の児童養護施設（二〇一四年一二月現在六〇一ヶ所）では、三万人ほどの子どもたちが生活している。「平成二五年度児童養護施設入所児等調査の結果」（厚生労働省雇用均等・児童家庭局 2015）によれば、全国の施設に「措置」されている児童のうち、五九・五％に被虐待体験がある。入所理由も「両親の死亡」や「両親の離婚」など、親がいないために施設入所に至る子どもは年々減少し、対照的に親がいるにもかかわらず虐待、放任などの理由により施設入所に至る児童が増加している（保坂・四方 2007）。このように、児童養護施設（一九九七年の児童福祉法改正以前は「養護施設」）に入所する児童が抱えている困難は、親の不在や家庭の経済問題などから、深刻な養育上の問題である被虐待にシフトしてきた。これはすなわち、「施設に入所する子どもは特別な支援を必要としている」ことを意味している。

児童虐待では、「予防・発見→保護→ケア」という連続的で包括的なケア体制が必要である。二〇〇〇年に制定された「児童虐待の防止等に関する法律」（以降、「児童虐待防止法」）はその後三回の改正を経て、児童虐待の防止と発見に一定の効果があったと考えられる。また、ケアについても、とくに児童養護施設に心理職が配置された一九九九年以降、心理支援の試みが蓄積されてきた。さらに、二〇一五年度には児童福祉施設の最低基準が大きく改善され、ケアスタッフの増員が図られることになった。それでも学齢期では子ども四人に対して一人のスタッフ配置となっており、欧米諸国と比べても十分な体制とは言えない。例えば、フィンランドでは「子ども一人に対して大人が約二人つく」（坪井・松本・野村・鈴木・畠垣・森田 2013）配置が実現しているという。

「社会的養護として被虐待児をどうケアするか」という大きな課題に対して、これまでは生活場面を中心とした心理・行動的な「問題」へのアプローチが重視されてきた（例えば、ポストトラウマティックプレイなど）。しかし、虐待を受けた子どもは身体的な発育の遅れや認知の偏りなど、その困難は多岐にわたっている。とりわけ、入所児童の学習の遅れは、高口（1993）による詳細な報告があるように、二〇年以上も前から重要な支援の課題であったが、これまでは子どもの個人心理療法や生活体験の不足を補う個別の生活支援に重点が置かれ、学習支援と教育保障はほとんど取り上げられてこなかった。施設入所児（あるいは退所児：施設経験者）は虐待によるトラウマの他に、実際にどんな困難を抱えているのだろうか。

東京都福祉保健局（2011）による「東京都における児童養護施設等退所者へのアンケート調査報告書」によると、回答者（六七三名）の収入状況は約八割が〇～二〇万円未満であり、学歴は中卒の割合が高く（二三・四％）、中卒者の正規職員割合は二九・七％となっていた。さらに、全体の四〇・六％が施設退所後一年未満に離職を経験しているという。これらのことからも、多くの退所児（施設経験者）が不安定な生活状況を余儀なくされているであろうことは想像に難くない。

また、施設入所児の高校進学後一年の高校中退率は七・六％と全国平均二・一％の約三倍であった（全国児童養護施設協議会調査研究部 2006)。こうした、高校卒までたどり着けない子どもの存在を視野に入れる必要がある。坪井(2013)による施設入所児の多くがいわゆる「学力困難校」に進学しているという指摘、「教育困難校」の「卒業率」の低さを踏まえ、高校中退を「『子ども』から『大人』への移行プロセスの途中で行き場を失ってさまよう危険性」と捉える保坂(2012)の論考は、施設入所児の置かれた困難な状況を理解することに役立つ。施設経験者が貧困の連鎖に陥ることのないように、早い時期から適切な教育支援が実施されなければならない。

しかし、施設入所児は学校において学業や行動面で多くの困難を抱えており(村松 2014c)、登下校時の送迎や施設スタッフの付き添い登校を求められることも少なくない。実際、少なからぬ施設入所児が地域の学校で「不適応」状態になっていることは、「貧困の世代的再生産論は、貧困の個人責任論と親和性がある」(松本 2013)ことと同様に、学校教育がまだこの現象に十分対応できておらず、個のレベルでの認識にとどまっていること、あるいは「特別扱いしない」学校文化(盛満 2011)の特徴を示すものと言えよう。

教育社会学において、学業成績を左右する要因は、「家族の有する経済資本・文化資本・社会資本の多寡・親の意識的戦略的な働きかけの有無」であるという(西田 2011)。被虐待児の低学力を、個人の問題ではなく、虐待に至らざるを得なかった長期にわたる「養育システムの失調」(村松 2015)の影響と考えれば、その支援も個ではなくシステムでの対応が求められる。このシステムを形成するのは、子どもを取り巻くすべての関係者である。とりわけ子どもの学習支援に関しては、施設と学校の連携・協働が欠かせない。

本書では、まず虐待を受けた子どもたちへの心理支援の動向について概観し、その中から浮かび上がってきた他(多)職種連携について検討する。これらの議論をもとに、「施設－学校」連携を取り上げ、校区に施設をもつ小学校でのフィールド調査から、施設入所児への学習支援、教育保障に関する実践モデルを提供したいと考える。

（2）施設入所児の教育保障

虐待体験のある施設入所児を支援するのは、主に施設のケアワーカーであり、また心理職と考えられる。さらに、施設入所児は校区の学校に通学し、教職員と個別的関係を深め、学校活動に取り組んでいく。愛着障害では、対人関係の不安定さや落ち着きのなさ、あるいは自信のなさなどが指摘されるが、こういった困難による心理・行動問題は施設だけでなく学校でも繰り返される可能性がある。34頁で詳しく述べるが、Kahn & Antonucci（1980）は、個人の幸福感やストレスを緩和させるのは個人のネットワークであると指摘している（図1）。施設入所児に対する心理面接や生活支援といった個別アプローチは重要だが、その後の社会生活を踏まえると、個人（子ども）の援助ネットワーク、つまり家庭に代わって子どもの情緒を受け止められ、かつ具体的な支援が切れ目なく提供され続ける環境としての「施設入所児の育ちのネットワーク」がクローズアップされてくると考えられる。一般家庭の子どもは両親、きょうだい、祖父母、親戚、友人、近隣や地域の知り合い、学校の教員や習い事の指導者など多くの人や場所からなるネットワークの中で育っていく。同様に、社会的保護下にある子どもたちにとっても育ちが保障されるネットワーク（施設入所児の育ちのネットワーク）が提供されなければならない。

本論における「施設入所児の育ちのネットワーク」は、社会的養護のシステムにおいて、子どもとかかわることになった施設スタッフ、原家族、児童相談所、学校、地域などからなる関係者や機関であり、このネットワークを構成するメンバーそれぞれが協力し合いながら子どものニーズと成長に沿った支援を提供していく営みと定義したい（図2）。しかし、施設入所児の約半数が「悲しい時に誰も頼る人がいない」と答えたという報告（村瀬 2003）は、このネットワークが彼らにとって想像以上に希薄なことを物語っている。

社会的養護、とりわけ児童養護施設入所児の支援に関する本論の基本的立場を以下に示す。なお、本研究における「施設入所児の育ちのネットワーク」に関しては、施設入所児の生活の大部分を占める施設と学校に注目し、

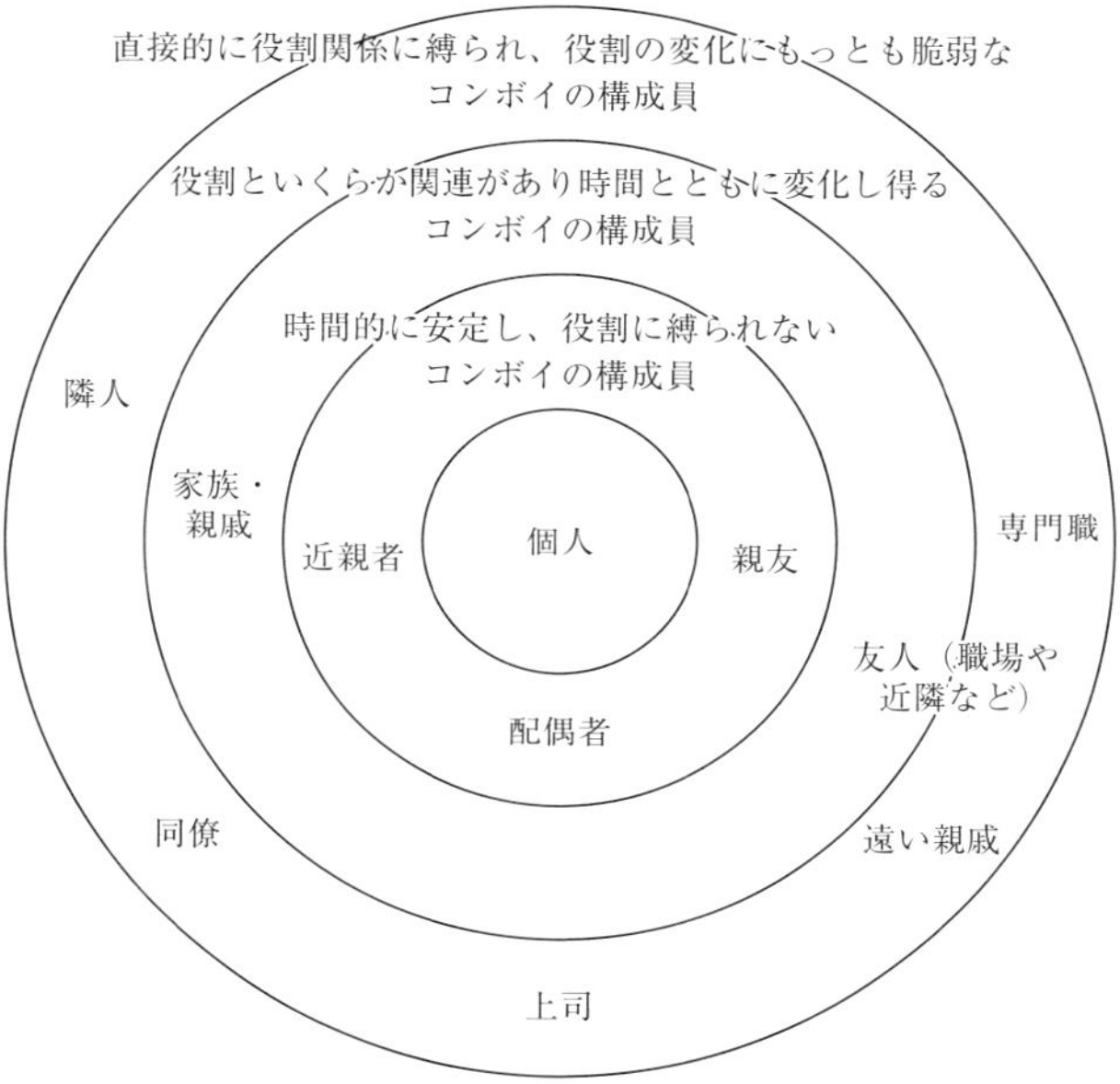

図１　コンボイ（護衛隊）の一例（Kahn & Antonucci, 1980）

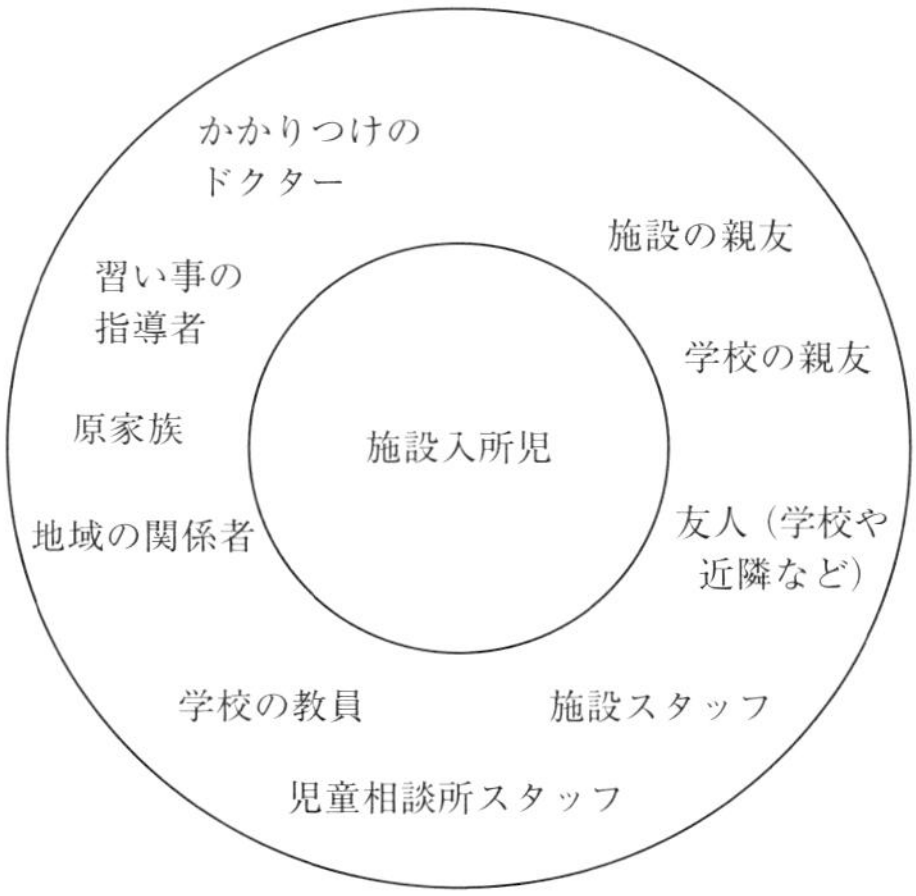

図２　施設入所児の育ちのネットワーク

その連携・協働を取り上げる。

①児童養護施設に入所する子どもたちはかつてと異なり、児童虐待等の深刻な困難を抱えている。

②その困難に対し、個々の心理支援や生活支援が行われてきたが、子どもが本来多くの大人たちに見守られて育つことを踏まえると、ネットワークによる支援こそが求められる。

③「施設入所児の育ちのネットワーク」を担う学校の存在は重要であり、彼らの教育保障のために何が必要かが明らかにされなければならない。

「施設入所児の育ちのネットワーク」づくりのためには、「学校と施設」の協力関係（連携・協働）が欠かせない。しかし、「学校と施設」連携・協働がいかにあるべきかについての研究はほとんど手つかずの状況である上に、施設を校区にもつ学校が施設入所児の受け入れを暗に拒否する姿勢を見せたり、施設入所児の通学に際して施設スタッフの付き添いや、子どもの服薬を学校側が要求するなど、両者の協力関係は十分とは言えない現実がある。さらに「施設－学校」連携の基盤を形成する学校システムは、校長交代によって大きく影響を受ける可能性がある。このことを踏まえ、本書では以下の三点を明らかにする。

①「施設入所児の育ちのネットワーク」としての「施設－学校」連携はどのように育まれていくのか。このことについて、新たに開設した児童養護施設と学校の関係づくりを事例として分析する。なお、施設にとって「施設外連携」は重要だが、子どもの生活基盤となる「施設内連携」に困難はないのかも合わせて検討し、社会的養護における連携・協働のあり方について考察する。

②学校における施設入所児と教師の関係づくりを、特別支援教育の実践から考察する。

表1　子どもの行動チェックリスト教師用（TRF）

コンピテンス項目	現在の学業成績、学校生活での様子、子どものよいところなど		
問題行動項目	尺度1	ひきこもり	内向尺度
	尺度2	身体的訴え	内向尺度
	尺度3	不安／抑うつ	内向尺度
	尺度4	社会性の問題	
	尺度5	思考の問題	
	尺度6	注意の問題	
	尺度7	非行的行動	外向尺度
	尺度8	攻撃的行動	外向尺度
		その他の問題	

（注）内向尺度は尺度1～3の合計得点から、尺度1と3で重複する項目103を除した値で算定される。

③施設入所児にとっての学びの環境に大きな変化が生じないための方法・視点は何か。校長交代を経験した校区に施設をもつ学校、および教育委員会の対応について、システムとしての学校教育という視点から検討を加える。

第二節　本書の研究方法

1．質問紙法

校長交代の影響の量的把握には、「子どもの行動チェックリスト教師用（TRF 5-18）」を用いた。被虐待児の標準的行動・情緒評価尺度として、Achenbach（1991）によって開発されたChild Behavior Checklist／4-18（CBCL四～一八歳用、以下CBCL）がある。

CBCLは保護者が記入する。教師が記入するものとしてTeachers Report Form（TRF）があり、子どもの行動、情緒の問題を量的に把握できることになっている。TRFはCBCLと一部に異なる質問があり、表1のような構成からなっている。問題行動尺度は、「あてはまらない」「ややまたはときどきあてはまる」「たいへんまたはよくあてはまる」の三件法で回答され、それぞれ〇～二点の得点化が行われる。尺度は、総得点、内向尺度得点、外向尺度得点とそのプロフィールからT得点が求められ、臨床領域、境界域、一般域の識別ができるようになっている。本書では、このTRFの日本語版を用いた。

2．フィールドワーク

（1）学校と施設への調査

学校と施設の連携・協働の状況と課題を調査するために、児童養護施設とその入所児が通学する小学校の教員に面接調査を実施した。施設と小学校は関東、ならびに中国地方にあり、小学校は教育委員会への依頼を経て、施設は直接の依頼で面接の場が設定された。

（2）フィールドとのかかわり

前記の研究実施中、特別支援教育の関係者からある小学校の実践を知る機会を得た。この学校は校区に児童養護施設をもつ二〇〇名規模の小学校であり、児童のうちの約一割が施設から通学している子どもたちである。以降、児童養護施設をはるか学園、校区の小学校は夕顔小学校と表記する。同様に、施設スタッフや教員も筆者による仮名とした。

夕顔小学校は特別支援学級四クラスを設置し、特別支援の視点を生かしたユニバーサルデザインの学校運営を行っている。例えば、教室内だけでは十分な支援ができないとき、子どもの個別課題に応じた指導の場が別に用意される。さらに個別学習指導が必要と判断された子どもには、保護者の承諾を得て、マルチメディア教材による専門的支援が行われる。なお、フィールド調査に当たっては所管する教育委員会と学校長の許可を得、子どもの教育活動に支障がないよう最大限配慮した。また、首都大学東京研究安全倫理委員会において研究計画の審査と承認を受けた。

（3）フィールドワークにおけるエスノグラフィとエピソード記述

小田（2010）は、フィールドワークにおけるエスノグラフィとして、「多声的なインタビュー」と「事例を再構成する」ことが重要であると指摘している。本調査における面接調査は、この調査に先立つ一年間の参与観察から「多様な視点」（小田 2010）が反映されるよう対象者を選定し、半構造化面接で行われた。分析データの一つは、夕顔小学校との五年間のかかわりから得られたトランスクリプトである。また、「事例を再構成する」際の方法には、エピソード記述（鯨岡 2005）を用いた。エピソード記述は、保育の現場において主体としての保育者が子どもとの関係を間主観的に記述する質的研究法である。記述においては、読み手の「了解可能性」（鯨岡 2005）が重視され、〈背景〉〈エピソード〉〈考察〉の三要素が丁寧に描き出されていく。筆者の主観と学校状況との乖離を避けるために、エピソード記述は、学校関係者によるフィードバックを経て完成された。

第一部　児童福祉施設で生活する子どもと施設ケアの課題

第一章　社会的養護について

第一節　社会的養育としての社会的養護[1]

厚生労働省による児童養護施設等の社会的養護の課題に関する検討委員会・社会保障審議会児童部会社会的養護専門委員会とりまとめ（2011）「社会的養護の課題と将来像」によれば、社会的養護（Social Care）とは、「『子どもの最善の利益のために』という考え方と、『社会全体で子どもを育む』という考え方を理念」とし、保護者がいない子ども、あるいは保護者のもとで適当な養育を受けることができない子どもを、「公的責任で『社会的に養育』」することなどを目的にしている。

ここで注目すべきは、「社会全体で子どもを育む」という文言であり、社会的養護は一部の専門家や篤志家によるものではないということである。

さらに、社会的養護は次の三機能からなるという。

①「養育機能」は、家庭での適切な養育を受けられない子どもを養育する機能であり、社会的養護を必要とするすべての子どもに保障されるべきもの。

②「心理的ケア等の機能」は、虐待等の様々な背景の下で、適切な養育が受けられなかったこと等により生じる発達のゆがみや心の傷（心の成長の阻害と心理的不調等）を癒し、回復させ、適切な発達を図る機能。

③「地域支援等の機能」は、親子関係の再構築等の家庭環境の調整、地域における子どもの養育と保護者への支援、自立支援、施設退所後の相談支援（アフターケア）などの機能。

そして、これらの機能は一部の子どもだけに用意されるものではなく、一般の子育て支援との連続性が謳われている。子育て、生活支援、心理ケアなどのニーズを必要としている家族、子どもに対し、我々一人一人が可能な支援に取り組んでいくことこそが社会的養護の理念に他ならない。

第二節　社会的養護の現状

厚生労働省「社会的養護の現状について（参考資料）」（2014）によれば、二〇一三年三月末現在で、四万六〇〇〇名ほどの子どもが社会的養護のもとで生活している。我が国では、施設と里親委託の割合はおよそ九対一であり（才村・芝野・松原 2015）、諸外国と比較して里親委託が低い状況にある。厚生労働省は、今後、児童養護施設、グループホーム（地域小規模児童養護施設）、里親等をそれぞれ三分の一に、児童養護施設は小規模グループケアにすることを目指している。(2)

第三節　児童相談所と児童福祉施設

1．児童相談所の役割

社会的養護において重要な役割を担っているのが児童相談所(3)（地域によって名称が異なる）と児童福祉施設である。多くの場合、児童相談所は困難を抱えた子どもと家族の相談窓口となり、施設への入所等、必要な支援を行っている。

児童相談所は児童福祉法第一二条に規定された行政機関で、都道府県、政令市に設置義務がある。二〇一四年四月現在、全国に二〇七ヶ所設置されており、「児童相談所運営指針」には概ね人口五〇万人に一ヶ所設置することとされているが、およそ七〇万人に一ヶ所の設置にとどまっている（才村・芝野・松原 2015）。

児童相談所の業務は、子どもに関する相談、医学・心理学などからの判定、調査や判定に基づく指導、一時保護、里親への助言、施設入所等の措置、市町村が担う相談等の業務に関する市町村間の調整、情報提供、助言など多岐にわたっている。かつては人口一〇万～一三万人に児童福祉司一人が基準であったが、二〇〇五年に人口五万～八万人に一人、二〇一二年には人口四万人～七万人に一人に児童福祉法施行令が改正され、約三～二倍の増員となった。それでも児童福祉司一人が担当するケースは非行、療育判定、不登校、虐待、養子縁組の斡旋など一〇〇ケースほどとされ、例えばアメリカのように一度に二八名を超えるケースは管理できないシステム（粟津 2006）と比較すると、人的配置はまだ十分とは言えない(4)。

なお、子どもは児童相談所の「措置」を経て施設に入通所するが、「措置」という耳慣れない言葉は「行政処分」を示す用語である。措置権者は都道府県知事であり、その執行は児童相談所長に委任されている。入所の場合、子どもの意見は尊重されるが、基本的に入所施設を決定するのは児童相談所長である。

児童相談所には、児童福祉司（ケースワーカー）、児童心理士、医師などの専門職がおり、一時保護所では児童指導員や保育士が子どものケアに当たっている。一時保護は原則として子どもと保護者の同意を得ることになっているが、緊急性の高い場合はこの原則は当てはまらない（児童相談所の判断によって、「緊急一時保護」は児童相談所だけでなく、児童福祉施設でも実施できる）。特別な場合を除いて、保護期間は二ヶ月を超えることはできない。なお、虐待を受けた幼児と非行傾向の子ども、障害を抱えた子どもが同じ場所でケアされること（「混合処遇」）から、現在のあり方は適切でないという指摘がある。

2．児童相談所と子ども家庭支援センター

二〇〇四年に改正された児童虐待防止法において、「地方分権の一環として、児童福祉に関わる相談業務の第一義的な窓口を市町村に改められた」（斉藤・藤井 2012）ことから、市町村が「子ども家庭支援センター」（地域によって名称が異なる）を設置し、児童相談所はその後方支援的な役割を担うことになった。しかし、まだ両者の役割分担は十分でないという指摘があり（斉藤・藤井 2012）、警察、学校、病院などによる機関同士の効果的連携・協働のあり方が模索されている。

3．児童福祉施設の役割

児童福祉施設は、その特徴から大まかに四つに分類される（表2）。

これらの施設は全国におよそ三万三〇〇〇ヶ所設置されている（総務省統計局 2009）。②の子どもの入所施設は

表 2　児童福祉施設の分類

①助産施設、保育所、児童厚生施設（児童館や児童遊園）など子どもの誕生と成長を支援する施設
②何らかの理由で親子が家庭でともに生活することができず、子どものみが入所して支援を受ける入所施設（乳児院、児童養護施設、児童心理治療施設、児童自立支援施設）
③母子共に入所して生活基盤の構築を目指す施設（母子生活支援施設）
④障害児入所施設

表 3　入所施設の概要

	乳児院	児童養護施設	児童心理治療施設[5]	児童自立支援施設
対象年齢	乳児または幼児（必要に応じて就学前まで入所可能）	保護者不在、被虐待等、養護が必要な児童（必要に応じて幼児と20歳までの入所が可能）[6]	18 歳未満の児童（必要に応じて 20 歳までの入所が可能）[6]	18 歳未満の児童
特徴	乳児（障害児を含む）の心身の健康と発達を保障する	安定した環境の提供と、生活、学習、家族支援を行いながら、自立を支援する	心理的・精神的問題を抱えている子どもたちに、心理治療を実施するとともに、施設内の分級と連携しながら総合的な治療・支援を実施する	非行などの行動問題および「家庭環境その他の環境上の理由により生活指導等を要する児童」に対し、心の安定と自立に向けた支援を行う（保護処分としての入所措置があり、設置母体は大多数が公立）
スタッフ	医師、看護師、保育士、児童指導員、栄養士、心理士等	児童指導員、保育士、栄養士、嘱託医、心理士、家庭支援専門相談員等	医師、心理士、児童指導員、保育士、看護師、栄養士等	児童自立支援専門員、児童生活支援員、栄養士、嘱託医、精神科医師、調理員等
施設数	131	595	38	58
入所児数	3,069	28,831	1,310	1,544

（注）施設数と入所児童数は、「社会的養護の現状について（参考資料）平成 26 年 3 月」から引用した。

全国に約七〇〇ヶ所あり、子どもたちが他児やスタッフと生活をともにしながらそれぞれの課題に取り組んでいる。表3に主な入所施設の概要を記載した。

この他にも、地域に根ざしたきめ細かな支援を行う児童家庭支援センター（その多くは児童養護施設に併設されているが、単独での設置もできる）、義務教育終了後に就労する児童が入所する自立援助ホームなどがある。児童福祉施設は現在、入所だけでなく、児童家庭支援センターによる「育児相談・育児支援」やデイサービス、ショートステイ、トワイライトステイといった短期間の育児支援、里親への相談・援助などさまざまな支援を実施している。

本書は、児童養護施設での調査を主としているため、以下に児童養護施設についてより詳細に記述する。

第四節　児童養護施設の状況

1. 家庭的養育と施設の小規模化

児童養護施設は、児童福祉法によって以下のように規定されている。

「児童養護施設は、保護者のない児童（乳児を除く。ただし、安定した生活環境の確保その他の理由により特に必要のある場合には、乳児を含む。以下この条において同じ。）、虐待されている児童その他環境上養護を要する児童を入所させて、これを養護し、あわせて退所した者に対する相談その他の自立のための援助を行うことを目的とする施設とする」（児童福祉法第四一条）

児童養護施設は、一九九七年の児童福祉法の改正で、養護施設から改称された。またこのとき、結核児等を受け入れてきた虚弱児施設が廃止され、その多くが児童養護施設に移行した。児童養護施設への名称変更は、それまで施設が担ってきた養護機能に加え、子どもの自立支援と退所後のアフターフォローまでを含めた支援内容の拡大とリンクしている。

二〇一一年には、厚生労働省・児童養護施設等の社会的養護の課題に関する検討委員会・社会保障審議会児童部会社会的養護専門委員会によって「社会的養護の課題と将来像」がまとめられ、施設の小規模化や里親委託の推進などが謳われた。また、二〇一二年には、厚生労働省雇用均等・児童家庭局長通知による「児童養護施設運営指針」が示され、「家庭的養護と個別化」が社会的養護のキーワードとなった。この指針では、「社会的養護は、従来の『家庭代替』の機能から、家族機能の支援・補完・再生を重層的に果たすさらなる家庭支援（ファミリーソーシャルワーク）に向けた転換が求められている」と指摘され、家庭的養育や自立支援、また心理ケアのための多職種連携などの基本理念が述べられている。

表４　施設寮舎形態の推移

寮舎の形態	規模	全体の割合	
		2008年	2012年
大舎	20名以上	75.8%	50.7%
中舎	13～19名	19.5%	26.6%
小舎	12名以下	23.4%	40.9%

こうした国の基本姿勢に呼応するように、施設は小規模化してきている（表4）。六人ほどの児童を分園でケアする「地域小規模児童養護施設」の設置も可能になった。

2. 児童養護施設での子どもの生活

施設というと大部屋に何人もの子どもがひしめいているという印象をもつ人がいるかもしれない。かつてはそんな状況も部分的に見られたが、先に述べたように、施設は小規模化とユニットケアが進められている。ユニットケアは、施設によって違いはあるが、おおよそ４ＬＤＫのマンションを想像してもらえるとよい。そこで六名ほどの子どもが起居をともにしている。ユニットにはスタッフがおり（宿直者もいる）、給食ではなくユニットごとで調理している施設もある。

入所児は幼児から高校生まで年齢が幅広いため、幼児は幼児ユニットで生活し、地域の幼稚園に通っていることが多い。施設は伝統的に「縦割り」と呼ばれる異年齢集団を基本的生活単位にしてきたところがあるが、近年は比較的年齢が近く、同性の集団が志向されつつある。子どもは校区の学校に通学している。

見学程度なら、家庭に近い穏やかな生活を垣間見ることができる。しかし、以下で述べるように、障害や虐待体験などさまざまな困難を抱えている入所児が多い。そのため、心理職が配置され、施設独自の働き方をしている。

３．多職種協働の場としての児童養護施設

施設スタッフとして、一九九九年度から心理職配置（二〇一一年度から義務化）が、二〇〇五年度からはファミリーソーシャルワーカー配置が実施され始めたことに代表されるように、児童養護施設は児童指導員、保育士といったいわゆる直接処遇職員だけではない多職種による連携が求められる場となった。「家族機能の支援・補完・再生を重層的に果たすさらなる家庭支援」とはまさに、施設入所児や家族を包む施設内外のネットワーク機能を構築していくことと見なすことができる。この際には、学校や地域とのネットワークづくりも視野に入ってくる。これらは、臨床心理学において「コミュニティ心理学」や「（臨床心理学的）地域支援」として実践されてきたことと一部重なり、当然、狭義の心理面接や心理療法の比重は小さくなる。しかし、社会的養護における多職種協

働のあり方の検討はまだ十分ではなく、具体的な教育プログラムもない（村松・塩谷・山邊 2014）。施設に役立つ多職種協働モデルを構築する第一歩として、すでに現場において試行錯誤されている実践の中から共有可能な理念・理論を見出していくことが適切と考えられる。

第五節　社会的養護における「共同養育」システム

Kahn & Antonucci（1980）は、個人のストレスを緩衝し、より幸福な生活に導く要因にソーシャルサポートがあり、生涯にわたるソーシャルサポートのネットワークとして「コンボイ（護衛隊）」を想定した。コンボイは、「役割モデル」と「アタッチメントモデル」からなり、その個人の役割（例えば「子ども」「青年」など）とアタッチメントのあり方によって生涯変化していく。高橋（2013）は、コンボイを形成する他者は平均七〜八名ほどと指摘しているが、社会的保護下にある子どもたちは養育者の離職、離婚、転居など流動的な生活を経験してきた上に、家族からの分離を余儀なくされている。さらに保護された施設はスタッフの離職率が高く、安定した他者（大人）関係をもちにくい状況がある。彼らにとってのコンボイが限定的・流動的にならざるを得ないことは想像に難くない。

施設入所児にとってのマイナス要因である「流動的な生活状況」をどう考えればいいのだろうか。佐藤（2014）の論考によると、デンマークの社会的養護においては、施設入所や里親委託といった「家庭外ケア」から予防的介入を重視した「家庭内ケア」にシフトしてきており、その実践において特筆されるのは「学校や保育所との連携であり、そこに社会的養護分野と普遍的子育て支援施策の連続性がある」ことであるという。我が国においても、江戸時代には「仮親」という共同養育システムがあった（香山 2009）。やまだ（1995）は、母親から離れて育つことは「中世においては常態であった」とし、その喪失を家族、社会、文化がどう認知し、受容できるかによってその体験がもつ意味が異なってくると指摘している。流動化し多様化する社会の中で、子育てを担うのは「家族」であり、一部の「養育者」（主に母親）であるという偏った認識が児童虐待に至る遠因であるとすれば、子育てに最終的責任をもつのは社会であるという「共同養育」の発想が求められてくると考えられる。実際に、ヒトがチンパンジーなどの類人猿と異なるのは、「共同繁殖」のシステムを獲得したことによるという（長谷川 2011）。

筆者は最近、都心の電車内で大声で泣く我が子をあやす母親を気遣った初老の女性二名が「本当に、大変ね え」とさりげなく声をかけ、親子の下車駅ではベビーカーを降ろすことを手伝い、そのまま皆が一緒に下車した光景に出くわした。たまたま下車する駅が一緒だったのかもしれないが、少子高齢化の時代に、それぞれが次世代を担う子どもと養育者をどうサポートできるかを考えさせられた。「共同養育」の合意形成とシステムづくりは容易なことではないが、児童養護施設でのケアは「共同養育」の一形態と見なすことも可能だ。そして、流動的な生活を余儀なくされてきた子どもだからこそ、成長の節目をともに実感し、祝えるようなきめの細かい支援が必要となる。「中学生会」「高校生会」を組織し、子どもの意見を施設処遇に反映させる実践を行っている施設もある。子どもは成長とともに姿形だけでなく、生活スタイルや生活状況が変化していく。ただ変化は、例えば青年期が「疾風怒濤」となぞらえられるほどに、危機を秘めてもいる。「共同養育」としての施設ケアは、子どもの発達、成長を見据え、「節目節目に必要な大人が現れ続ける」多職種協働、すなわちネットワークによる支援の場であり、それぞれの専門職がこの支援チームの一員であることを強く認識しなければならない。

髙田（2008）は児童福祉におけるネットワークを重視し、「ネットワークの中でのつながり方は、一対一で直面し向かい合う関係とは異なる。他の援助職との協働は、共に援助目標に向かうもので、横並びでヴィジョンを共有するいわば共同注視の関係である。（中略）その過程で、ネットワークの共通言語ができあがる」と指摘しており、筆者の「施設入所児の育ちのネットワーク」による支援はこの主張と大きな違いがない。ただ、これまで「施設－学校」連携は十分吟味されることがなく、施設内連携・協働のあり方も実践者の理念にとどまってきたと言わざるを得ない。医療領域における「専門職連携教育」はさまざまなモデルが示されているにもかかわらず、児童福祉領域における「多職種連携教育」は未整備である（村松・妙木・金丸・塩谷 2016）という状況が、その証左となっていると指摘できる。

これらのことを踏まえ、「施設入所児の育ちのネットワーク」による支援が安定して機能するためには何が必要かがあらためて問われる必要がある。本研究では、地域におけるネットワークの担い手としての学校を重視し、「施設－学校」連携のあり方を、主に質的方法を用いて検討するとともに、施設内連携については量的な手法からその傾向を明らかにしたいと考える。

（1）本章第一節から第五節の一部は、村松（2017）から引用した。

（2）厚生労働省子ども家庭局による「新たな社会的養育の在り方に関する検討会」は、「新しい社会的養育ビジョン」を二〇一七年八月に発表した。このビジョンでは、二〇一六年に改正された児童福祉法に基づき、子どもが権利の主体であって、社会的養育は特別養子縁組や里親による養育を中心にすることを明確にし、具体的な数値目標も示した。これにより、施設ケアは一〇年以内に完全な小規模化と子どもの受け入れ年数の制限など、大幅な変更を余儀なくされることになった。

（3）厚生労働省は、児童相談所を設置している自治体のうち、約三割の自治体で児童相談所から「こども家庭センター」「子ども女性相談センター」等への改称があり、利用者の混乱を招かないよう、児童相談所以外の名称を用いるときには、後ろに「(児相)」（児童相談所の略称）と補記するよう要請するとしている（毎日新聞二〇一六年八月一四日）。

（4）二〇一八年七月に政府の関係閣僚会議は、「児童虐待防止対策の強化に向けた緊急総合対策」を発表した。厚生労働省はすでに二〇一六年度から二〇一九年度まで、専門スタッフの増員、資質の向上、関係機関との連携強化などからなる「児童相談所強化プラン」を実施しているが、この前倒しや、相談ケースが転居した際の児童相談所間における情報共有の徹底などが図られることになった。この背景になったのは、二〇一八年三月に目黒区で当時五歳の少女が両親から二年にわたる虐待を受け死亡した事件である。児童相談所はこの間も家族に関与してきたが、「緊急性がない」と判断し、一時保護などの対応をとらなかった。

（5）二〇一六年の児童福祉法改正により、「情緒障害児短期治療施設」から名称変更となった。

（6）厚生労働省の「社会的養護自立支援事業」によって、大学進学等自立のための支援継続が必要な場合、二二歳までの入所が可能となった（厚生労働省雇用均等・児童家庭局長通知 2017）。

第二章　児童養護施設で暮らす子どもたち

第一節　児童養護施設入所児童の変化

1．虐待を受けた子どもの増加

一九六二年にアメリカの小児科医ヘンリー・ケンプ（Kempe, H.）らによって、殴られた子どもの症候群（battered childsyndrome）が提唱されて以降、子どもへの意図的な暴力などの不適切な養育がアメリカで社会問題化した。我が国で児童虐待が注目されてきたのは一九九〇年代以降であり、二〇〇〇年になって「児童虐待の防止等に関する法律」（以降、「児童虐待防止法」）が成立するに至った。児童虐待防止法はその後、「虐待を受けたと思われる場合も通告対象となる」（通告義務の拡大）「児童の安全確認等のための立入調査等の強化」「親権停止及び管理権喪失の審判について、児童相談所所長の請求権付与」等三回の改正を経て現在に至っている。「虐待が疑われる場合には通報すること」が国民の責務とされた他、児童相談所と関連機関（病院や警察等）の連携・情報共有が適宜見直されたことなどから、児童相談所の児童虐待対応件数は二〇一六年度に一二万件（速報値）を超えることになった。また、警察による児童虐待事件の検挙件数（警察庁生活安全局少年課 2016）も増加の一途に

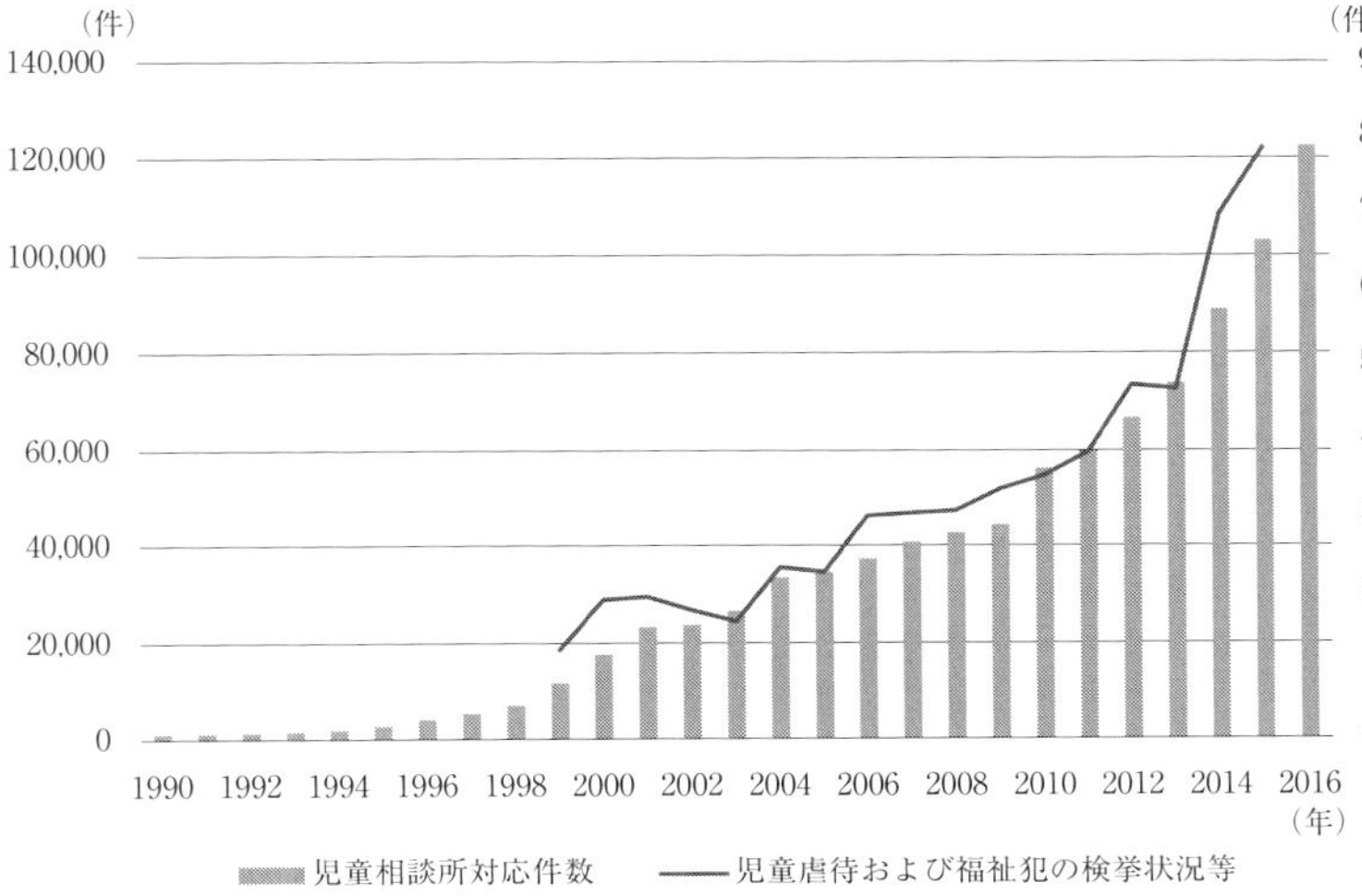

図３　児童相談所での児童虐待相談対応件数（左軸）と児童虐待検挙件数（右軸）

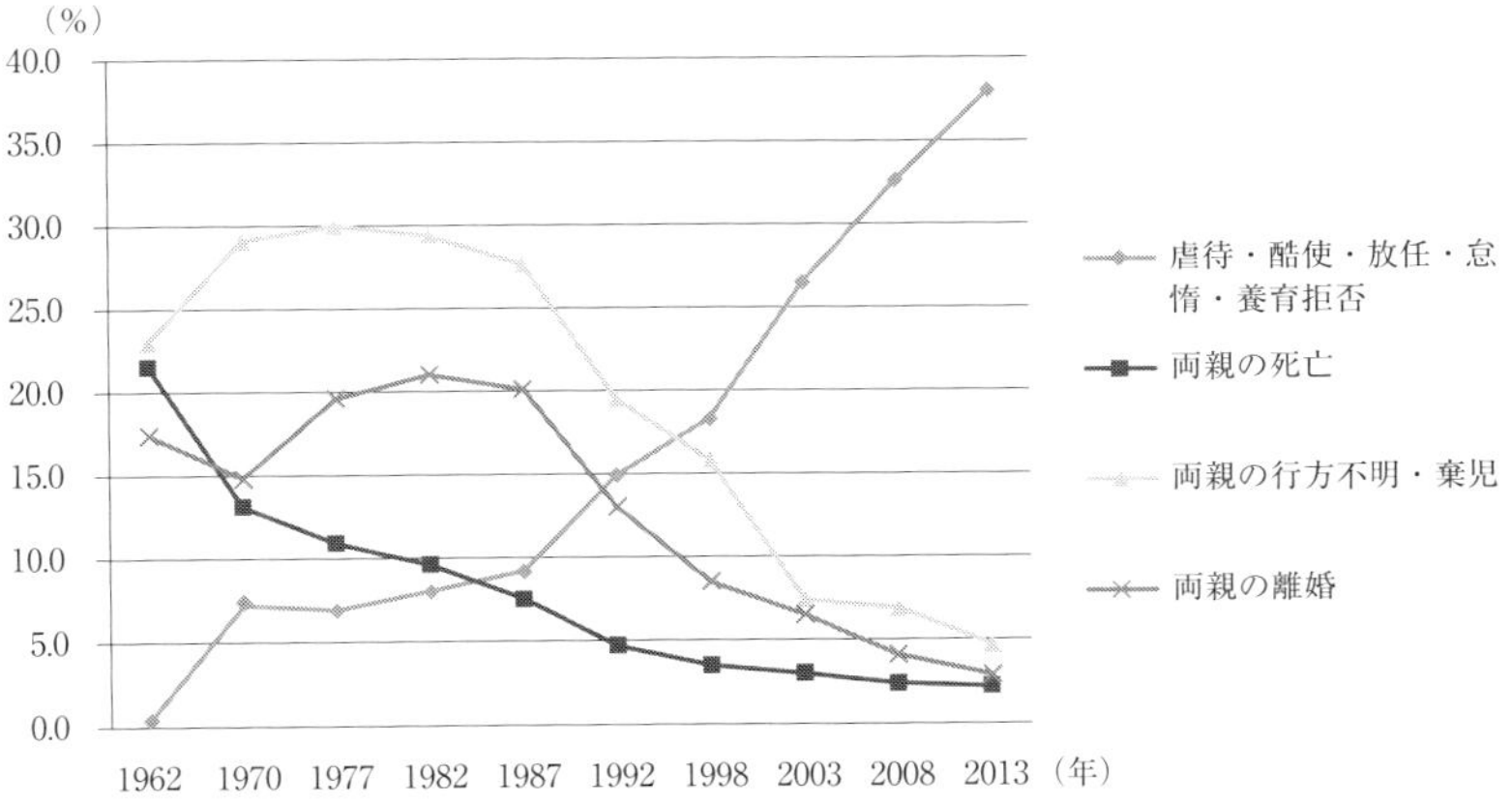

図４　養護問題発生理由別児童養護施設入所児童の推移

（注）1962～1998年までは保坂・四方（2007）を転載。2003年と2008年は、厚生労働省雇用均等・児童家庭局『児童養護施設入所児童等調査結果の概要』（2004, 2009, 2015）を参照。なお、「養育拒否」は1987年まで該当項目がなく、1992年以降の統計値を合算した。

ある（図3）。

保坂・四方（2007）による児童虐待の文献研究によれば、一九七〇年代は「一般の人々にも専門家の間にも、虐待の実態が十分知らされていなかった時代」、一九八〇年代は「専門家が危機感を持って調査研究を行った時代」であるという。そして一九九〇年代以降は「児童虐待をめぐる文献は飛躍的な拡大を見せ、大きな転換期を迎えることになる」と指摘されている。図4に示したように、児童養護施設への入所理由は、「両親の死亡・行方不明・離婚」が減少し、代わって「虐待・酷使・放任・怠惰・養育拒否」が明らかに増加している。両親（またはそのどちらか）がいながらも、親子関係にさまざまな問題を抱える複雑な事例が増加してきたことが読み取れる。

2．障害をもつ子どもの増加

厚生労働省が五年おきに発表している「児童養護施設入所児童等調査結果」によれば、一九九八年以降、児童養護施設では障害のある子どもの割合が上昇し、二〇一三年は一九九八年の約二・八倍となっている（図5）。図6に、身体虚弱、肢体不自由、聴覚障害、言語障害、てんかんを除く障害の内訳を記載した。

身体虚弱、肢体不自由、聴覚障害、言語障害、てんかんの割合は一五年間ほとんど変化がない。対照的に、知的障害は約三倍に増加している。ＡＤＨＤ（注意欠如・多動症）やＬＤ（学習障害）、発達障害児の割合を考えると、児童養護施設には複合的な困難、それもいわゆる「目に見えない障害」を抱えた子どもたちが入所してきていることが分かる。なお、「その他の障害等」は、二〇〇三年の調査で増加したが、それ以降は減少した。これは二〇〇八年の調査からＬＤと広汎性発達障害が新たに調査項目に加わったためと考えられる。しかし、二〇〇八年、二〇一三年のいずれの調査でも一定割合を維持している。これらには、被虐待の影響であるＰＴＳＤ

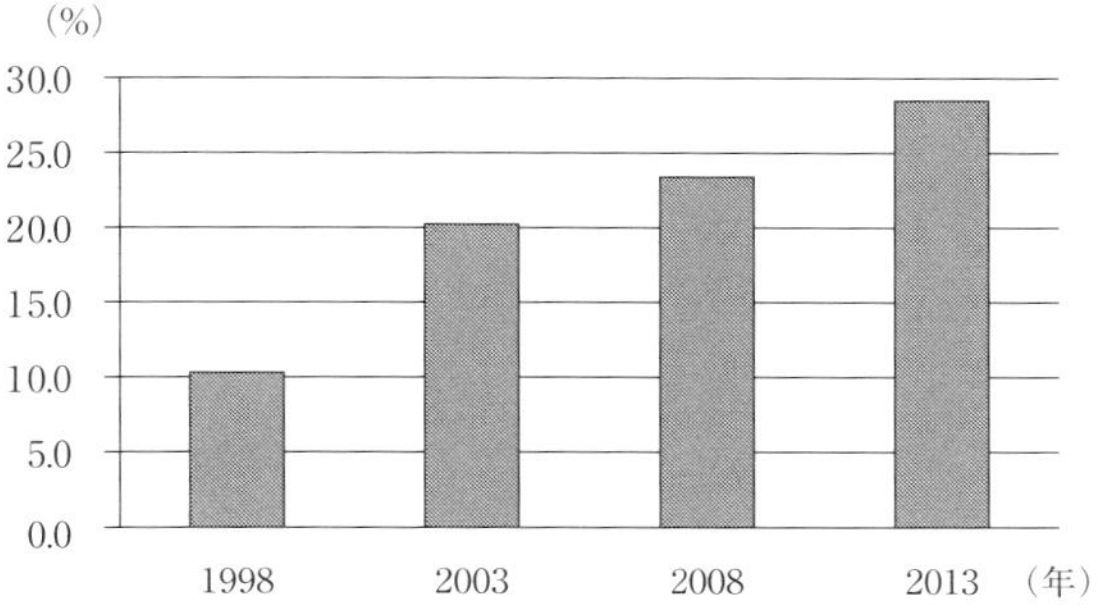

図5　児童養護施設における障害のある子どもの割合

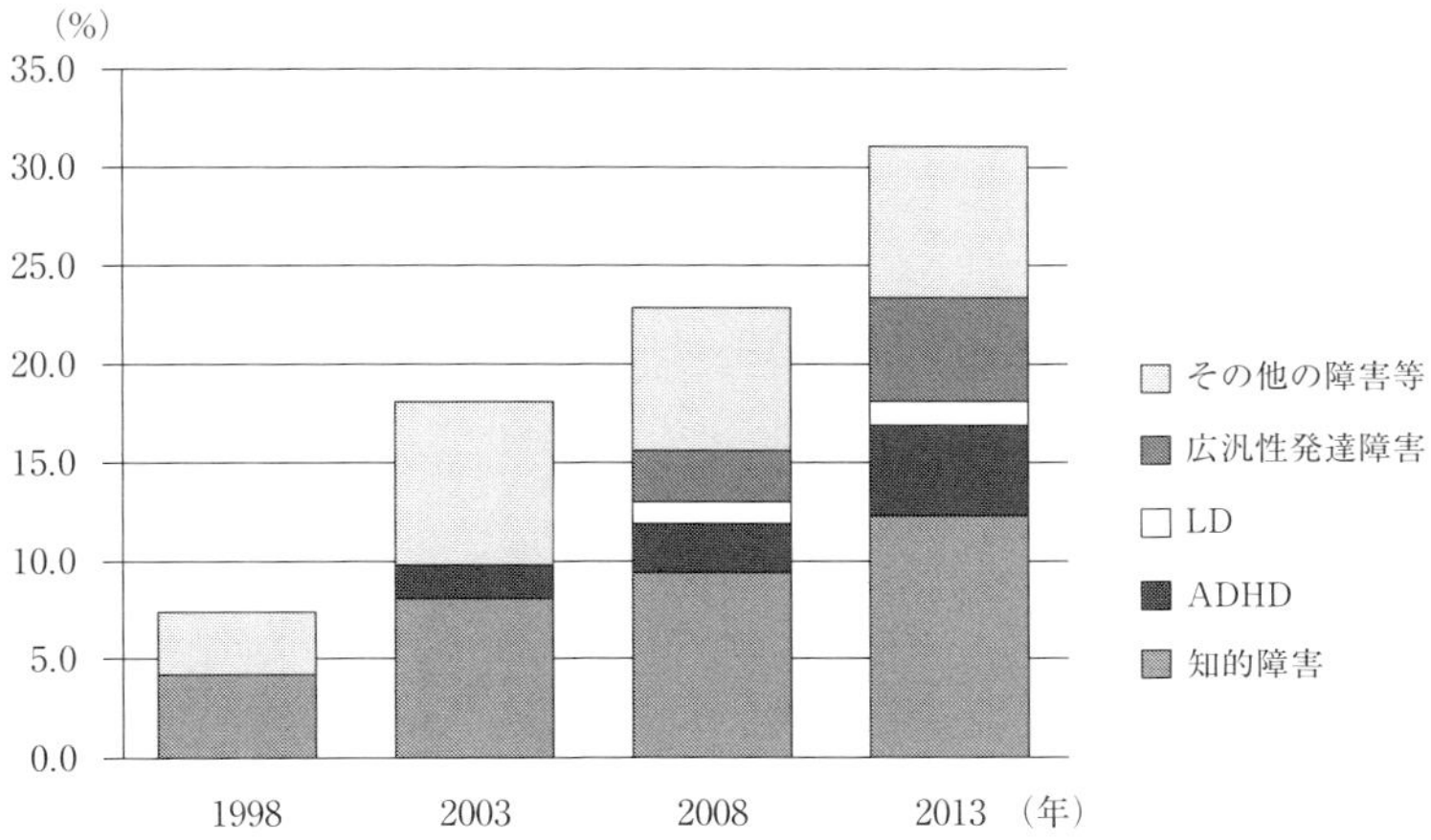

図6　障害の内訳（重複回答あり）

（注）身体虚弱、肢体不自由、聴覚障害、言語障害、てんかんを除く。ADHDは2003年、LDと広汎性発達障害は2008年から調査項目として加わった。

表5　学業に遅れと知的障害のある子どもの割合

	学習に遅れがある	知的障害
児童養護施設	28.2%	12.3%
情緒障害児短期治療施設	51.5%	14.0%
児童自立支援施設	59.3%	13.5%

(Posttraumatic Stress Disorder：心的外傷後ストレス障害)、愛着障害（反応性愛着障害、脱抑制性社交障害）、さらに反抗挑戦性障害や社会不安障害等が含まれていると推測される。

表5は、二〇一三年の同調査（2015）における「知的障害」と「学業に遅れがある」入所児童の割合である。知的障害を抱えた子どもの割合は児童養護施設、情緒障害児短期治療施設（現、児童心理治療施設）、児童自立支援施設でほとんど変わりがない。しかし、「学業に遅れがある」子どもの割合は大きく異なる。この一つの要因として、情緒障害児短期治療施設と児童自立支援施設はほとんどの場合、施設内に校区の分級が設置されているため、子どもの学習状況を把握しやすいことが考えられる。この「施設内学級」的な分級は、特別支援学級の分級が多く、教員も手厚く配置されている。対照的に、児童養護施設入所児は施設外にある校区の学校、つまり一般家庭の子どもと同じ学校に通学している。子どもと教員の接点、施設と学校（学級）の接点が少なくなることから、子どもの学力把握が十分でない可能性がある。しかし、知的障害、発達障害を抱えた子どもの割合を考えると、児童養護施設入所児の学習、あるいは学校適応の困難が想定される。

筆者らの四年間の研究（保坂・村松・中山 2009：保坂・村松・中山・大川・長尾 2010：保坂・村松・大川・長尾・坪井・片柳・石井 2011：保坂・村松・大川・坪井 2012）では、施設に入所している子どもが通う校区の学校と施設の連携・協働のあり方が、面接調査とフィールド調査から検討された。これらの調査研究から、入所児童の教育を保障する「学びの土壌の変化」は、いまだ整っていないことが指摘された。施設入所児の変化に合わせて、彼らの育ちの基盤となる「施設－学校」連携によるネットワークのあり方があらためて検討される必要がある。このことについては、第二部で詳細に取り上げることとする。

第三章　児童虐待とその理解

第一節　児童虐待とは(1)

1．虐待の分類

第二章第一節で児童相談所が対応する虐待ケースの件数を記載した。このケース数の伸びは、例えば家庭の養育機能が低下しているのではないかといった限定された問題として捉えるより、育児は家庭に限定された私的な営みではなく、社会がその一端を担うものという認識が明確になりつつあることの表れと考えるべきであろう。実際、児童虐待防止法では、虐待の通告は子どもにかかわる専門家だけでなく、「国民の責務」となっている。

厚生労働省による児童虐待の分類は表6の四つである。

ネグレクト（neglect）は、育児放棄や養育拒否といった訳語があるが、「ネグレクト」とそのまま表記されることが多い。なお、訳語に関しては、典型的な外傷である「陽性外傷」に対して、ネグレクトを「陰性外傷」と呼ぶ岡野（2009）の提案がある。「虐待」は「子どもに対して有害な行為をする」こと、「ネグレクト」は「子どもに必要なことを親が提供しない」こととされ、この二つは子どものダメージや親の心理も異なる可能性がある

表６　児童虐待の分類

身体的虐待	殴る、蹴る、投げ落とす、激しく揺さぶる、やけどを負わせる、溺れさせる、首を絞める、縄などにより一室に拘束する　など
性的虐待	子どもへの性的行為、性的行為を見せる、性器を触る又は触らせる、ポルノグラフィの被写体にする　など
ネグレクト	家に閉じ込める、食事を与えない、ひどく不潔にする、自動車の中に放置する、重い病気になっても病院に連れて行かない　など
心理的虐待	言葉による脅し、無視、きょうだい間での差別的扱い、子どもの目の前で家族に対して暴力をふるう（ドメスティック・バイオレンス：DV）　など

ことから、「子どもの虐待とネグレクト」と併記して用いられることがほとんどである（西澤 2010）。関連する事柄として、近年居所不明のため「不就学」になっている子どもたちの存在が社会問題化している（詳しくは、保坂 2013）。不就学や不登校の背景には、「教育ネグレクト」が存在する可能性があるため、諸機関が連携しながら積極的な対応をしていくことが求められる。

2．児童虐待の現状と予防

小林（2002）によって行われた、全国約四〇種類一万九九〇〇機関への悉皆的調査によれば、虐待把握時の平均年齢は六・一プラスマイナス四・五歳であった。性的虐待は四％と欧米に比べて極端に少ない。虐待者は全体で見ると約８割が実父母だが、性的虐待では実父が四二％、継父が二四％となる。性的虐待の特徴的なリスク要因として、母親の交際相手など家庭内に内縁関係の非血縁者がいることが指摘されている。

虐待を受けた子どものうち、乳幼児は五六％を占めており、毎年の推定発生率は「五歳までは凡そ四人に一人、六〜九歳は五〇〇〜七〇〇人に一人」と算出された。さらに、保護時には約八割がケアの必要な状態であった。養育者に依存すること、自分では抱えられない情動を養育者に受け止められてもらい分化させていくこと、自らの能力を発揮できる活動の拠点（「安全基地」：Bowlby, 1988）をもつことなど、五歳までに子どもが経験することは限りなく大きい。この大切な時期に虐待を受けることは、子どものトラウマ体験となって、心身の成長に重大なダメージを与えることになる。

二〇一五年度の全国の児童相談所による児童虐待対応件数は、小林の調査年度の二〇〇〇～二〇〇一年からおよそ四～六倍に増加している。この背景には、児童虐待の社会的関心が強まったこと、児童相談所と警察など関係する機関との連携が進んだこと、虐待の定義が広がりドメスティック・バイオレンス（ＤＶ）に晒された子どもも心理的虐待として通告されるようになったことなどがある。そのため、虐待の発生率には変化があるかもしれないが、「実際には通告実数の一・四倍程度が発生し、各機関では毎年の累積数を抱えている」という小林による指摘を踏まえれば、児童虐待は必ずしも特別な家庭にのみ起こる特異的な現象とは言えないと考えられる。

さらに、性的虐待は家庭内の「秘密」にされ、子どもへの支援が始まってから明らかになることが少なくない。西澤（2010）も、欧米の性的虐待の年齢分布は思春期以前にもピークが見られるが、我が国では一二歳頃の思春期をピークとした「一峰性（単峰性）」であり、思春期以前の虐待が見逃されている可能性があると指摘している。この意味でも、家庭内に内縁関係の非血縁者がいることなどのリスク要因を踏まえた早期対応が必要となる。Caplan（1964）による予防精神医学の視点を援用すれば、「児童虐待を防ぐこと」（第一次予防）、「児童虐待の早期発見と支援」（第二次予防）、「虐待という困難を生きている子どもと家族の社会参加を図ること」（第三次予防）が児童虐待対応に際して重要になる。第二次予防（支援）について、本研究では心理・生活支援はこれまでのレビューにとどめ、「施設入所児の育ちのネットワーク」構築をキーワードに、「施設ー学校」連携と、学校における子どもの育ちについて考察する。

児童虐待を防ぐために、二〇〇八年に「児童福祉法」が改正され、「乳児家庭全戸訪問事業」「養育支援訪問事業等子育て事業の法定化および努力義務化」などが定められた。前者はいわゆる「こんにちは赤ちゃん事業」（地域によって名称が異なる）と呼ばれるもので、生後四ヶ月までの乳児がいる家庭すべてを訪問し（事業主体は市町村）、子育て支援に関する必要な情報提供などを実施するものである。二〇一一年七月一日現在の全国平均実施率は九二・三％で（厚生労働省 2012）、地域によって差が見られた。こういった施策と平行して、関係する機関が乳児健康診査や予防接種等の保健事業の情報提供と、子育て支援が可能な関係づくりを進める必要がある。とくに健康診査の未受診は児童虐待のリスク要因と考えられるため、保健所、子ども家庭支援センター、児童相談所、保育所、幼稚園、そして小学校といった地域の関係機関が情報共有をできる制度づくりが求められる。困難な家庭や養育者ほど支援を求めにくいものである。東京都豊島区が実施しているような妊婦届けを出してから出産後までの切れ目のない子育てサービス（「ゆりかごサービス」）は、有効な子育て支援モデルの一つと考えられる。つまり支援を用意しておくだけでなく、必要な子育て支援に家族がたどり着けるよう、その情報を得やすくしておく工夫（accessibility）が児童虐待の予防においても重要と考えられる。

3．トラウマとしての虐待と身体への影響

トラウマに関して、我が国では一九九五年が一つの大きな転換点になったと言える。一月には阪神淡路大震災が、三月には地下鉄サリン事件という未曾有の事態が発生した。これらの事態は、災害、事故、事件などは、人は身体が傷つくだけでなく、心もまた傷つくことを知る契機となった。

トラウマ（trauma）はもともと身体の傷を示す用語であったが、次第に心の傷としての位置づけが強くなってきた。産業革命以降の近代化は、私たちに大きな利便性をもたらしたが、科学技術の発達は大規模な鉄道事故や殺傷率の高い戦争などのマイナス面を同時に抱えてきた。とくにベトナム戦争帰還兵の精神病理と社会不適応の深刻さが、心の傷としてのトラウマへの注目を高めることになった。

トラウマによる精神的失調である心的外傷後ストレス障害（ＰＴＳＤ）の症状は、アメリカ精神医学会（American Psychiatric Association）による「精神疾患の分類と診断の手引」（DSM-5：2013）によると、「侵入（再体

験)」「回避」「認知と気分の陰性の変化」「覚醒度と反応性の著しい変化」の四群に分けられている。「侵入（再体験）」は、フラッシュバックに代表されるように、自分の意志とは関係なく自分にとって苦しい体験が想起されてしまう。多くの場合、発汗や動悸、ふるえなどの身体反応が伴う。就寝中に外傷にまつわる悪夢でうなされることもある。

あまりにも衝撃的な事態に直面したとき、人はその事態への「感度」を低くしたり、体験そのものと距離をとってショックを弱めようとする。それは自分を守る正当な試みであるが、あまりに過度になると、社会生活からひきこもってしまったり、物事への感じ方の幅を狭めてしまい、何事にも興味が湧かなくなってしまうことがある。「回避」「認知と気分の陰性の変化」はこのように、自己防衛としての適応的側面と、不適応的側面の両方をもっている。

「覚醒度と反応性の著しい変化」は、再び外傷的な体験に遭遇しないよう常に警戒モードでの生活を余儀なくされている状態である。あたかも見慣れない人間を警戒する動物のように、それは生物としてのヒトの自然な反応であると言うこともできる。筆者は一二年間、児童福祉施設（情緒障害児短期治療施設）に常勤心理職として勤務したが、被虐待経験のある入所児の中に、自分の身の周りでトラブルがあると遠くからでもそれを聞きつけ、「何？　何があったの？　教えて！」と事態に関与したがる子どもがいた。この子どもは夜間の入眠困難も強く、心身の警戒を解くことが容易ではなかった。被虐待児は、過活動で多動なことが少なくなく、発達障害児特有の行動と重なって見えることがある。後に述べるように、児童虐待と発達障害の重複または鑑別は、重要な課題となっている。

事件や事故、災害などの一回性のトラウマと、児童虐待やドメスティック・バイオレンス（ＤＶ）などの反復的・慢性的トラウマによるストレスと症状は、同様と見なせるのだろうか。Herman（1992）は反復的・慢性的トラウマによる多彩な症状を捉えるために、複雑性ＰＴＳＤ（complex PTSD）を提唱した。また、複雑性ＰＴＳＤと関連する診断としてＤＥＳＮＯＳ（その他に特定されない極端なストレス障害：disorder of extreme stress not otherwise specified : van der Kolk, McFarlane, & Weisaeth, 1996）が提案され、議論されている。

ただ、トラウマを受けた人すべてが明らかな症状を示すわけではなく、東日本大震災では遅発性のＰＴＳＤが報告されている。性的虐待研究のメタ分析では、アセスメントを実施した時点で二一～四九％の対象者が症状を示していなかった、という報告もある（Kendall-Tackett, Williams, & Finkelhor, 1993）。ＰＴＳＤは、トラウマの性質や加害者との関係性、個人のパーソナリティ、器質的要因、環境的要因といった複雑な要因を背景にもつ症状と考えられるだろう。

また、児童虐待によるトラウマは、子どもに生物学的な影響を与えるという指摘がある。友田（2006）の著作では、児童虐待による海馬の体積の縮小など脳へのダメージ、また低体重、低身長など身体発育面への影響などが紹介されている。この他にも感情を司るとされる扁桃核の誤作動が、本来は「恐れ」を感じる必要のない場所で「恐れの回路」を活性化してしまう結果、思考が介在しない闘争－逃避反応を繰り返してしまうという（岡野 2006）。さらに、虐待を受けた子どもは、そうでない子どもよりも脳波異常の出現率が二倍高いという研究（伊東 2003）を踏まえると、児童虐待は子どもの身体にも大きな影響を与え、それはさまざまな症状となって子どもの日常生活を困難なものにしていると考えられる。児童虐待への支援では、こういった生物学的な影響も考慮していく必要がある。

4．施設における虐待を受けた子どもへの支援

（1）トラウマへのアプローチ

虐待を受けた子どもに、いずれの治療を試みる際にも、まず子どもの生活面の安全確保が大前提となる。ただ、子どもが施設や里親など、ひとまず安全と見なされる環境に移ってからも、行動の問題や、抑うつ感、不安感が

全面に出て、援助者との関係が立ち行かなくなることがある。

こうしてトラウマへのアプローチが必要となるが、現在トラウマ治療には、認知行動療法（ＣＢＴ）やＥＭＤＲ（眼球運動による脱感作および再処理法）、薬物療法などが有効であるとされている。

もし保護者が治療に参加することができるなら、Cohen, Mannarino, & Deblinger（2006）によるトラウマ焦点化認知行動療法（ＴＦ－ＣＢＴ）が有効な治療モデルを提供してくれるだろう。トラウマに向き合いながら自らの成育歴を振り返り、自身の歴史を再構成していくアプローチとしては、ナラティブ・エクスポージャー・セラピー（ＮＥＴ：Schauer, Neuner, & Elbert, 2005）がある。ＴＦ－ＣＢＴ同様、トラウマへの暴露が求められるため、子どもに少なくない負担が生じる。施設におけるＮＥＴの実践も聞かれるようになってきたが、施設は子どもの生活環境を中心につくられているため、特別な治療アプローチのための態勢を取ることが難しい（緊急時対応や刺激の少ない環境の準備など）。このため、治療への導入には十分な配慮が求められる。

（２）虐待を受けた子どもへのプレイセラピー

これらの理由から、施設ではプレイセラピーがもっとも多く用いられ、多くの実践報告がある（例えば、村松2002：樋口 2008a）。虐待を受けた子どものプレイセラピーでは、子どもが治療者を激しく痛めつけたり、親役になった子どもが子ども役の治療者を虐げる反復的な遊びが出現することが多い。このプロセスを概観してみたい。

Ａ君は小学校六年生のとき、父親による身体的虐待がもとで筆者が勤務していた施設に入所した。施設への入所前には、地元の学校で授業中の離席が目立ち、担任の制止に対してもパニックになって泣き叫ぶことが頻繁にあったという。

この施設は心理職である筆者の他にケアワーカーの担当もおり、子どもや家族をチームで支援するシステムをとっている。紙面の都合上、ケアワーカーが教員とのかかわりは割愛せざるを得ないが、心理面接と生活支援、そして学校での活動は施設における子ども支援の三本柱であることを明記しておきたい。なお〈　〉内は筆者の発言である。

A君は、初回の面接から落ち着きなくプレイルームを動きまわり、次々とおもちゃ棚を開けては「こんなのもあるんだ」と独り言のようにつぶやき確認していく。筆者はプレイルームの端に丸椅子を置き、〈何か面白そうなものあるかな〉〈（そんなものもあるって）びっくりかな〉と静かに声をかけるが、ほとんど応答がない。〈はじめての場所で、緊張してるかな……〉とそっと言葉を運ぶと、小さくうなずく。やがて、トミカタワー（ミニカーの駐車場）を取り出し、「これやろう！」と言う。パトカーや救急車、ウルトラマンたち、恐竜や泥棒、ヘビなどのフィギュアを次々と運び、やがて「先生も手伝って！」と応援を要請する。筆者がA君の指示通りにフィギュア運びに加勢すると、「ケイドロ（警察と泥棒のごっこ遊び）やろう！　先生泥棒ね」と言う。すぐに役割が変わり、A君が泥棒となって、「手下のサル」を率い、トミカタワーを「アジト」にして次々と悪事を働く。周囲に置かれたパトカーも為す術がない。そこへ「ウルトラの父が登場！」し、泥棒とサルを改心させ、「平和な街」へと変貌を遂げる。しかしその平和はつかの間で、恐竜や毒グモがウルトラの父を「悪の大王」に変身させ、街を粉々に破壊し尽くす。こういった遊びが延々と繰り返された。あるとき、あまりに救いのない状況の繰り返しに筆者が〈今日も全滅だね……救われないね……〉とつぶやくと、「これだけは残しておく」と小さな男の子のフィギュアを生存させた。翌回の面接では、ヘビやクモが跋扈する箱庭作品をつくり、「気持ち悪い……」と言う。〈確かにぞっとするような箱庭だね……A君、大丈夫？〉と言うと、棚から仏像をもってきて箱庭の上方に置き、拝む。〈大変なことになりませんように〉と筆者も一緒に手を合わせた。

近年施設ケアにおいて、親子というユニットの基本的関係性であるアタッチメント（Bowlby, 1969）に注目が集まっている。アタッチメントは、対象（養育者）との間で利用可能性（availability）の予測ができ、接近可能であり（accessible）、応答性があること（responsive）を土台にしている（林 2010）。子どもの自己の発達では、子どもの内的感情が反映された養育者との情緒的な相互交流（情動調律：Stern, 1985）が欠かせない。したがって、「応答性」はその量ではなく、質が問題となる。とはいえ、子どもと養育者の間に最初から調和の取れた応答性があるわけではなく、応答性はその感度と質を高めていくことを志向する過程そのもの、と理解できる。虐待を受けた子どもとの関係づくりでは、この場が、自らの情動を受け止められ、自分が保持できるように変換し得る可能性を子どもが実感できるようなやりとりが求められるだろう。A君が自分の中の怖い世界を「気持ち悪い」と言えたことは、怖さを対象化する過程であり、子ども自身が正体不明な情動に振りまわされないための礎石となったと考えられる。

こういった関係ができると、やがて子どもは自身の虐待体験を生々しく演じ、それが十分に演じ尽くされると、かすかに芽生えた自己感覚をもとに現実的な人間関係のテーマなどをプレイルームに持ち込むようになる。自己感覚が確かなものになっていく過程では、自らの虐待体験を言葉にして振り返ることもある。児童虐待は、子どもの体験を断片化してしまうが、それはあまりに苦しい体験が繰り返されたとき、解離（dissociation）という、その体験を自己から分離して自分を守ろうとするメカニズムが働くことがあることからも了解されよう。自らの虐待体験の振り返りは、バラバラになった自己をまとめ上げていく「自己の歴史化」（村松 2012）の過程と考えることもできる。ただ、バラバラな自己のかけらは、隙間なくまとめ上げられるわけではない。それは、ところどころに欠損がある自己イメージと考えられる。

Bowlby（1969, 1973）は、アタッチメントを通して子どもの心の中に対象が内在化され、子どもに保護や支援が必要なときにその対象がどう応じてくれるかがパターンとして認識されると指摘した。これは、内的作業モデル（Internal Working Model：ＩＷＭ）と呼ばれるものであり、この相互的かかわりでは、実際に子どもにとって保護者が何をしてくれるのかという「主観的な評価」が含まれている。自分（子ども）を慈しむ役割を担っている者（養育者）が、同時に恐怖の源であるという体験をしてきた被虐待児にとって、その他者（養育者）とのかかわりから形成される自己イメージは、非常に混乱したものになるとともに、「なぜかは分からないけれど、本当のところ、結局は誰にも助けてはもらえない自分」という救いのないものになることが考えられる。彼らはよく「どうせ自分なんか」と口にするが、それはこの「救われなさ」からくる欠損感を反映していると考えられる。

筆者は、虐待を受けた子どもたちが思春期・青年期を迎えたとき、抑うつ感に苛まれたり、環境の変化にうまく対応できないことを少なからず目にしてきた。思春期・青年期は、自己の身体や認識、環境の変化とともに、自己イメージが際立つ時代である。この時期に彼らが再び不安定になる背景には、この欠損感があるのではないかと考えられる。施設でのプレイセラピーで、まとまりのある「自己」をつくり上げるという重要な営みに取り組んだ子どもたちに、引き続く支援をどう構想するか。虐待を受けた子どもたちの長い回復過程を見据えた支援では、この「欠損感」への視点が重要になってくる。

（3）児童虐待とアタッチメント

アタッチメントは、精神分析家であるBowlby（1969）によって提唱された生物学的背景をもつ概念である。アタッチメントで重要となるのは、子どもにネガティブな情動が体験され、それが養育者等から適切に制御・調整されることである（遠藤 2009）。フラストレーションを感じている子どもが養育者に「くっつく」（物理的、心理的）ことによって、その状況が改善される行動制御システムがアタッチメントの本質であり、愛情（affection）、温かさ（warmth）などとは区別される。物理的接近とともに、アタッチメントでは感受性と応答性、つまりコミュニケーションの質が問われることになる。なお、数井・遠藤（2005）と遠藤（2009）の指摘に従って、診断名としての「愛着障害」以外は本書でも「愛着」というプラスの情緒が連想される訳語は使用せず、アタッチメントと表記することにする。

アタッチメントは、ストレンジ・シチュエーション法（ＳＳＰ）で測定することができる（Ainsworth, Blehar, Waters, & Wall, 1978）。この実験において、乳児と養育者の「分離－再会」のコミュニケーションパターンは、三つの異なる型が見出された。Main & Solomon（1990）は、組織的な三つの型に加え、「分離－再会」のパターンが一貫しない未組織型のＤタイプを提唱し、このタイプの子どもの中には虐待を受けた子どもがいることを指摘した。

虐待を受けた子どもは、大人に対して誰彼かまわず過度に馴れ馴れしい行動をとったり（脱抑制タイプ）、また逆に、苦しいときでも大人に援助や接触を求めないなど反応に乏しい場合（抑制タイプ）がある。その言動が、子どもの社会生活に影響を与えている場合には、愛着障害として、それぞれ「脱抑制型対人交流障害（Disinhibited Social Engagement Disorder）」「反応性愛着障害（Reactive Attachment Disorder）」と診断されることになる。

それでは乳児期に身に付いた重要な養育者とのコミュニケーションパターンは変更されないのであろうか。アタッチメントのモデルは、「階層的組織化」モデル（母親との関係を基盤に父親、祖父母へとアタッチメント対象が広がっていく）、「統合的組織化」モデル（どの対象も対等に影響する）、「独立的組織化」モデル（それぞれの対象が独自に異なる側面に影響をもつ）といった展開がある（初塚 2009）。村上・櫻井（2014）の研究でも、アタッチメント対象の拡大が示唆されている。柴田・高橋（2015）が、子どもは複数の他者それぞれに愛情を満たす数種の心理的機能を割り振っており、この「人間関係の心理的枠組みの表象を愛情のネットワークと名づけることにした」と述べているように、子どもにとって「利用可能で、近づいても最悪の結果にならず、どんなときでも自分に関心を示し続けてくれる」と思えるような対象（人的資源）とサポートの場（社会資源）が維持され続けることが必要と考えられる。社会的養護、および代替養育において、家庭に近い養育環境は重要であるが、理念が先行するのではなく、「長期的に子どもをサポートするために環境や制度がいかにあるべきか」こそが問われなければならない。筆者は、社会的養護におけるこのネットワーク、ソーシャルサポートを「施設入所児の育ちのネットワーク」と呼んできた。そして、このネットワークによる支援が維持され続ける営みが、虐待を受けた子どもの抱える欠損感への手当になると考えられる。

（4）アタッチメントとメンタライゼーション

精神分析学者のFonagyは、成人アタッチメント研究における自己モニタリングの研究から、自他の心の状態全般に対する注意であるメンタライジングを提唱した（Fonagy, 2001）。Fonagyによれば、メンタライジングは「世界に関する体験を仲介する心というものがあるということを悟るプロセス」であり、自己認識にとどまらない心全般に対する知識である。養育における養育者のメンタライジングが子どもの表象システムを生み出し、その表象システムが子どものメンタライジング機能を活性化させていく。

アタッチメントに困難を抱えている子どもは、このメンタライジングが不確かなため、外界の事象を額面通りに受け入れたり、対照的に非現実的な認知方略（解離、否認など）を取りがちで、思考や感情が介在する内的世界と外的現実の相互作用に開かれていないことが多い。虐待を受けた子どもが考えること、葛藤や気まずさを抱えることを苦手としており、すぐに怒り出したり、反対にぼーっとしたり、表情がコロコロ変わることなどは、先の岡野（2006）による生物学的指摘に加えて、メンタライジングシステムの失調からも了解できるかもしれない。「精神療法とは、患者のメンタライジング力を回復させるか、あるいは点火させる努力として理解することができる」（Wallin, 2007）とすれば、援助者によるメンタライジングの試みが、虐待を受けた子どものアタッチメントとメンタライジングの回復（獲得）にとって重要になると考えられる。アタッチメントとメンタライジングは「関係性」「間主観性」を重視した心理療法の実践として、今後の展開が期待される。

（5）児童虐待と発達障害

虐待を受けた子どもの特徴として、「他者に共感する能力の低さ」「自己評価の低さ」「学校での学習問題」「ひきこもり」「頑固さ」「多動性や衝動性」などがある。実際、虐待を受けた子どもは、過活動で多動なことが少なくなく、しばしば発達障害児特有の行動と重なって見えることがあり、「虐待にもとづく発達障害群」（発達障害の第四グループ）というカテゴリーが提唱されてもいる（杉山 2007a）。

発達障害を抱えた子どもが虐待を受けやすいという指摘（渡辺 2007）は重要であるが、初塚（2009）が述べるように、「子どもの側にも何らかの要因が想定される発達障害と先行する養育環境の重大な影響が考えられる子ども虐待と愛着障害とは、原因と結果の観点からも明確な区別が必要」となる。

このことについては、杉山（2007b）によるルーマニアのチャウシェスク政権崩壊後の孤児研究のレビューが役に立つ。ルーマニアからイギリスに渡り、当初自閉症、または広汎性発達障害と診断された子どもたちが、知的障害を伴った三名以外、その二年後の再調査時点で自閉症症状は大きく改善し、反応性愛着障害であることが明らかになったという。

さらに杉山らの治療経験では、「反応性愛着障害の場合は対人関係のあり方が著しく変化していくのが認められた」と紹介されている。これらを踏まえると、以下の四つの指摘が可能となるだろう。

①子どもの行動問題は養育環境の影響を受ける（発達障害と愛着障害に類似点が生じる）
②愛着障害の子どもは、対応する大人によって反応が異なる
③愛着障害は（表面的には）症状の改善が早い
④発達障害はゆっくりと改善していく

教育領域を中心に、「発達障害バブル」（高岡 2008）と見なされるような状況が出現している。発達障害であっても被虐待であっても、子どもと質のよいコミュニケーションを目指すことに変わりはない。私たちは「診断」や「類型化」に頼りすぎるのではなく、目の前にいる子どもの支援のために、これまでの育ち（生育史）や現在の状況から総合的に判断し、よりよいアセスメントをしていく必要がある。このときのキーワードは「個別性」（子ども個人のありようを見ること）であり、困難を抱えた子どもとの関係づくりに欠かせない「感受性」「応答性」であることは言うまでもない。

（6）子どもの育ちと環境

子どもの育ちにおける環境要因は非常に重要な要素である。それでは、遺伝と環境の関係はどう整理したらいいのだろうか。Marcus（2004）によれば、遺伝子は強力で柔軟な「自己制御レシピ」であり、環境からの手がかりによって「選択肢」を提供する役割を担っているという。保坂（2010）は遺伝と環境について、「遺伝－環境論争は次のように書き換える必要がある。環境（経験）と遺伝を対立するような二者択一的なものとしてとらえるのではなく、人間が環境から経験によって学習することは遺伝（生得性）がもたらすもっとも重要な産物のひとつである」と述べている。遺伝と環境は、相互に作用しながら子どもの育ちに影響を与えていることになる。

筆者が大学付属の教育相談施設に勤務していた際、他者との情緒的交流を不得意とし、大変限定された対人関係しかもたず、こだわりとも見なされる独特な価値観をもつがゆえに、自身で対処できない何らかの困難に出くわすと、その支援を他者に求めることができずに自傷行為に及ぶというクライエントに出会ったことがある。高校卒業時、保護者とこのクライエントの社会参加に際して発達障害の診断が役に立つかどうか検討した折に、保護者から「いままでも何とかやってきたので、これからも大丈夫だと思います」と告げられたことがある。実際、クライエントの就職活動に際して、保護者はクライエントのペースと興味を尊重し、学校の教員や他の家族とともに無理のない活動を保障した。結果的に、クライエントにふさわしいと思われる就職先を見つけ、このクライエントは社会に巣立っていくことになった。筆者にとって、たとえクライエントに生得的に不利な要因があったとしても、環境要因によってそれが目立たなくなる（補われる）ことを学ぶ貴重な経験となった。

虐待を受けた子どもたちに対しても、彼らの力がよりよく発現し得るような育ちの環境をあらためて用意する必要がある。それはケアワーカーや心理職といった援助者との個別的関係だけでなく、他の援助者（例えば、他のケアワーカーや学校の教員）との関係性を含むものである。「施設入所児の育ちのネットワーク」はいかにあるべきか。第五章では、代替養育の場である施設内の連携・協働の状況を調査し、続いて第二部では、施設の外側において子どもの重要な育ちを担っている学校と施設の連携、さらに学校における子どもとの関係づくりについて検討を加える。

（1）本節の一部は、村松（2015）から引用した。

第四章　社会的養護における連携・協働

第一節　ネットワーク支援における連携・協働

1．子どもの成長における containment

Alvarez（1992）によれば、「剥奪児」は心の中に自分でない対象のイメージを所有することができず、それゆえ彼らにとって必要なのは、「不在になり得る対象の特性ではなく、戻ってくる対象の特性や対象を戻ってこさせることのできる自分の力について学ぶ」ことであると指摘している。被虐待児への支援において、前章で概観した個人心理治療（支援）は重要だが、セラピストとの間で「戻ってくる対象」を学んだ子どもたちが、その体験をそれ以外の支援者との間にどう広げていくことができるかについては明確な示唆がない。さらに、成人が幼少期のアタッチメントを維持するには、変化の少ない外的環境が必要になるという指摘を踏まえると（Wallin, 2007）、被虐待児にとって個人的な関係を深めていくだけでなく、「施設入所児の育ちのネットワーク」が広がっていくことを意識した支援が重要になると考えられる。

施設入所児にとって、担当者は大切な対象に違いないが、彼らの成長を長い目で見るなら、施設全体が彼らを

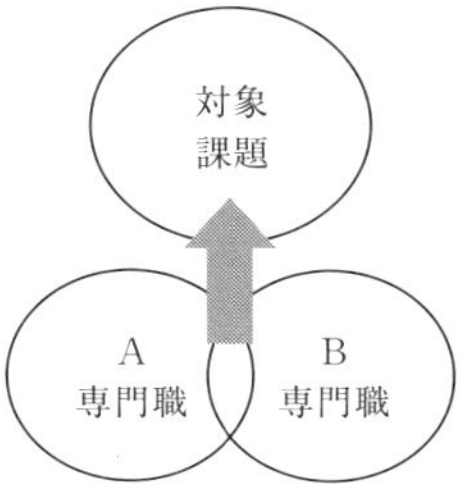

図7　連携（cooperation）のスタンス

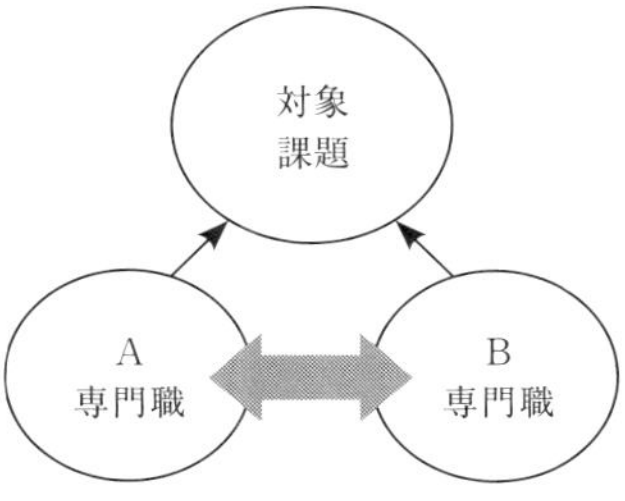

図8　協働（collaboration）のスタンス

育んでいると実感できる体験、そして施設もまた地域に根ざし、相互扶助のネットワークに組み込まれているという体験は欠くことができない。家庭の子どもが親子関係だけで育つわけではなく、友人、親戚、地域の人たちによるネットワークの中で成長することと同じモデルと言える。Bion（1967）はクライエントとの治療関係において、包み込まれ意味づけられる体験のすべてをcontainmentと呼び、それがクライエントの思考を発達させると指摘したが、入所施設のスタッフや地域の関係者（学校など）が施設入所児にcontainmentを提供する環境が形成されれば、代替養育はさらなる専門的展開を見せることになるだろう。その際のキーワードが、連携・協働である。

2. 連携と協働

野中（2007）によれば、そもそも"linkage""coordination""cooperation""collaboration"は、いずれも「連携」と訳されることがあるという。その上で野中は、構成員相互の関係性の密度から、第一段階の「linkage＝連結」、第二段階の「coordination＝調整」、第三段階の「cooperation＝連携」、第四段階の「collaboration＝協働」と異なる訳語を当て、その意味を区分することを提案している。

以上から、連携は、例えば「再生可能エネルギーのみによる街づくり」の取り組みにおいて、行政、建築技術者、発電技術者といった専門職同士がそれぞれの専門性の枠組み内で協力する際に用いられる用語と考えられる（図７）。一方、協働は、共通の目的ために、専門性の垣根を越えて相手の領域の一部と重なり合いながら、対象や課題を支援することと指摘できる（図８）。本書では後者の理念を志向しつつも、教育現場では馴染みのある「連携」または「連携・協働」と記述する。

第二節　施設内連携・協働の難しさ

虐待を受けた子どもへの心理的ケアを目的として、一九九九年から児童養護施設への心理職配置が始まり、二〇〇七年度には全国の六六・五％の施設で心理職が配置された（吉村 2010）。心理職の援助アプローチは、基本的にいわゆる「クリニックモデル」を前提にしているが、生活施設における心理面接（心理療法）は「クリニックモデル」に依拠できない。樋口（2008b）が指摘するように、「日々の生活の中に起こるさまざまなことがセラピーの中に持ち込まれやすいため、枠組は不安定かつ曖昧になりやすいという危険を孕む」のが施設における心理面接の特徴であると考えられる。心理面接という「非日常」は、「日常」の現実生活がある程度安定しており、この両者の境界が明確であるときにはじめて成り立つ。しかし、施設という生活空間の中での心理面接は、境界づくりという設定から困難がつきまとう。心理職の専門性とは何かがあらためて問われかねない状況において、心理職は他職種とうまく連携・協働できているのだろうか。

村松（2013a）が全国の施設心理職三八三名に実施した質問紙調査によれば、施設における心理面接の困難さは、「子どもの状態のわかりにくさ」「他職種との連携」「過去に学んだ心理面接の考え方が通用しない」といった質問紙項目と関連があり、これらは「施設における心理面接の困難要因群」と命名された。そして、この「施設における心理面接の困難要因群」は、施設での勤務経験年数に影響を受け、新人（経験〇〜二年）はベテラン（経験六年以上）よりも、また中堅（経験三〜五年）はベテランよりも得点が有意に高かった。なお、この「新人」「中堅」「ベテラン」という呼称は、「施設のケアワーカーは一年目が初心者、三年で中堅、五年でベテラン」という児童福祉領域の言説に従っている。そう言われるほどにケアワーカーの離職が多いが、井出（2010）によれば、施設の心理職も経験三年未満の若い女性であることが一般的な姿であるという。児童福祉施設は経験の蓄積が期待しにくく、連携・協働を育みにくいという構造的問題を抱えている。ただ、連携・協働がまさに「共同作業」であることを踏まえれば、心理職が感じている連携・協働の難しさを、すべて「経験不足」に帰すことは無理があるだろう。施設における連携・協働はなぜ難しいのかを知るためには、心理職とケアワーカーの認識をより詳細に検討する必要がある。このことは今後の児童福祉におけるチーム支援を考える上で欠くことのできない課題と考えられるので、第五章であらためて実証的に検討したい。

第五章　児童養護施設におけるケアワーカーと心理職の連携・協働

第一節　心理臨床と多職種協働

心理臨床には、治療契約に基づく安定した構造とカウンセラーの中立性などを基本とした面接モデルがある。来談者が、普段は意識されることのない自分や、現実生活との接点を見出していくことを通じて、来談前よりも生活の質が改善したと見なされたとき、心理面接の役割は終わることになる。この意味で、心理臨床は伝統的に「受動的」な立場を維持してきたと言える。

亀口（2002）は協働を、「所与のシステムの内外において異なる立場に立つ者同士が、共通の目標に向かって、限られた期限内に人的・物的資源を活用して、直面する課題の解決に寄与する対話と活動を展開すること」と定義しており、この指摘に従えば、協働は基本的に「能動的」な営みと考えられる。心理臨床におけるこのスタンスの違いが、前章における施設内連携の難しさに関連していると考えられる。

ただ、我が国において多職種協働を専門教育の中に取り入れている分野は、医療領域の一部を除いてほとんどないため、この困難はある意味で当然の結果であると指摘できよう。心理、福祉だけでなく、教育においても、学部レベル、大学院レベルともに多（他）職種と協働して問題（課題）を解決するスキルを学ぶ機会はほぼない状況にある。筆者は医療領域の専門職連携教育（interprofessional education：ＩＰＥ）を児童福祉の領域で実践できないかと考え、科学研究費の助成を受け「児童福祉版専門職連携教育プログラムの開発」を試みた（村松・妙木・金丸・塩谷 2016）。プログラムの開発に先立ち、連携・協働を相互関係的な営みと捉え、施設の心理職、ケアワーカーそれぞれにとって「他職種連携」に影響を与えている要因を明らかにするために、質問紙調査を実施した。

第二節　調査の対象および方法

医療領域における協働尺度であるCollaborative Practice Scales（ＣＰＳ：Weiss & Davis, 1985：小味・大西・菅田 2010）をもとに、一三項目の「協働実践尺度心理職版」を作成、二〇一四年八～一〇月にかけて二〇名の施設心理職に予備調査を実施し、分析と文言の修正を行った。次に、修正を経て完成した「協働実践尺度心理職版」をもとに、施設心理職とケアワーカーそれぞれにケアワーカー版の文言について意見を聞き、「協働実践尺度ケアワーカー版」を作成した。これまで述べてきたように、児童養護施設は多職種協働の場である。そこで、職場内サポート（職場環境要因）がケアワーカーと心理職の連携・協働に与えている影響を調べるために、特別養護老人ホームの介護スタッフを対象に開発された同僚・上司からの「職場内サポート尺度（一六項目）」（蘇・岡田・白澤 2005：壬生・神庭 2013）を用いることにした。

また、職場環境要因と同様に個人内要因もケアワーカーと心理職の連携・協働との相互作用が想定される。ここでは、職業的アイデンティティの一つである有能感を取り上げることにした。笠原（2001）によれば、介護職員の仕事意識は、「やりがい」や「満足感」と強く関連しているという。有能感は、それらの肯定的感情を規定する一側面と考えられ、特別養護老人ホームの介護職を対象に、専門性や内発的動機づけ、組織の中で自分の能力が発揮されることなどを評定するために開発された「有能感尺度（二〇項目）」（蘇・岡田・白澤 2005：壬生・神庭 2013）を、児童養護施設に即した文言に修正して用いた。調査は二〇一四年一二月〜二〇一五年二月にかけて実施した。方法は次の通りである。

①協働実践尺度ケアワーカー版：児童養護施設八ヶ所に調査を依頼し、一九五名の回答を得た（回収率八九・〇％）

②協働実践尺度心理職版：全国五八九ヶ所の児童養護施設に調査票を送付し、二五八施設から三二〇名の回答を得た（回収率四三・八％）

なお、協働実践尺度心理職版では、ケアワーカーとの協働に「自立支援計画」の共同作成が影響を与えているのではないかと考え、「自立支援計画」への関与を問う質問項目を加えた。これは、筆者の児童福祉施設勤務経験において、年に二回、担当ケアワーカーと施設の中に設置された学級の担任それぞれの意見をもとに自立支援計画を作成するプロセスが、お互いのケース理解を深めるのに大変役立ったという体験があるためである。自立支援計画は、二〇〇四年の児童福祉法改正、および児童福祉施設最低基準等の改正によって、児童相談所や児童福祉施設に義務づけられたものである。児童養護施設では、常勤スタッフとして子どもの日常的なケアに当たっているケアワーカーが中心になって策定されることが多く、心理職がどう関与しているかについては明らかになっていない。その状況を把握するとともに、協働との関連を検討することを意図した。

質問紙は巻末の資料1に協働実践尺度ケアワーカー版を、資料2に協働実践尺度心理職版を掲載した。

第三節　結　果

1．調査対象者について

（1）ケアワーカーについて

一九五名の平均年齢は三四・四一歳（ＳＤ＝一〇・五三）、施設経験年数は八・二二年（ＳＤ＝八・七三）であった。常勤が九割を占め、女性が多い。また、ケアワーカーの経験年数と心理職との協働の関連を検討するために、各群の人数がほぼ均等になるよう経験年数を三群（一～三年、四～八年、九年以上）に分けた。その詳細が、表7、表8である。表9は保有資格を示したものだが、「児童指導員」という資格はないため、主に職場での立場を反映した内容になっている。国家資格である保育士有資格は約半数だが、社会福祉士は一五％に満たない。少なくないケアワーカーが、資格がないままに児童福祉業務に就いている状況がある。

（2）心理職について

三二〇名の平均年齢は三二・九七歳（ＳＤ＝七・五二）、施設経験年数は五・七五年（ＳＤ＝四・三六）であった。心理職の経験年数とケアワーカーとの協働の関連を検討するために、各群の人数がほぼ均等になるよう経験年数を三群（一～三年、四～八年、九年以上）に分けた。その詳細を表10、表11に示した。施設心理職は女性が多く、経験三年以下が四割を占めた。これは、経験三年未満の女性が標準的な施設心理職の姿であるという井出（2010）の指摘と同様であった。表12は保有資格を尋ねたものだが、民間資格である臨床心理士保有者は二〇一〇年に実施した筆者の調査（村松 2013a）より一〇％ほど高くなっている。臨床心理士の職場として児童養護施設が根付

表 8　ケアワーカーの経験年数別内訳

	常勤	非常勤	計
1～3 年	62 31.8%	9 4.6%	71 36.4%
4～8 年	63 32.3%	4 2.1%	67 34.4%
9 年以上	52 26.7%	5 2.6%	57 29.2%
計	177 90.8%	18 9.2%	195 100.0%

表 7　ケアワーカーの性別と勤務形態

	常勤	非常勤	計
男	71 36.4%	7 3.6%	78 40.0%
女	106 54.4%	11 5.6%	117 60.0%
計	177 90.8%	18 9.2%	195 100.0%

表 9　ケアワーカーの保有資格内訳（重複回答あり）

児童指導員	保育士	社会福祉士	教員免許	精神保健福祉士	認定心理士
98	87	28	36	3	7
50.3%	44.6%	14.4%	18.5%	1.5%	3.6%

表 11　心理職の経験年数別内訳

	常勤	非常勤	計
男	69 21.6%	19 6.0%	88 27.6%
女	169 53.0%	62 19.4%	231 72.4%
計	238 74.6%	81 25.4%	319 100.0%

（欠損値 5）

表 10　心理職の性別と勤務形態

	常勤	非常勤	計
1～3 年	92 29.2%	34 10.8%	126 40.0%
4～8 年	71 22.5%	37 11.7%	108 34.3%
9 年以上	71 22.5%	10 3.2%	81 25.7%
計	234 74.3%	81 25.7%	315 100.0%

（欠損値 1）

表 12　心理職の保有資格内訳（重複回答あり）

臨床心理士	認定心理士	精神保健福祉士	保育士	その他	資格なし
217	76	6	15	63	25
67.8%	23.8%	1.9%	4.7%	19.7%	7.8%

いてきたことの表れとも考えられる。

2．協働実践尺度の分析

（1）ケアワーカー版の分析

「協働実践尺度ケアワーカー版」一三項目について「全くあてはまらない」から「よくあてはまる」まで六件法で回答を求め数値化したのち、項目分析を行った（表13）。一三項目のいずれも天井効果、およびフロア効果は見られず、正規分布が確認されたため、すべての項目を採用した。一三項目について主因子法・バリマックス回転による因子分析を行い、一つの因子に絶対値〇・四九以上の因子負荷量をもち、かつ他の因子で〇・四六以上の因子負荷量をもたないという基準で項目を整理した。その結果、三項目が除外され、二因子一〇項目が抽出された。第一因子は「専門性の共有と相互役割の明確化」、第二因子は「専門的知識と意見の主張」と命名した。全体（10項目）の信頼性係数αは〇・八八一、各下位尺度では〇・八四二と〇・八七六であった（表14）。

（2）心理職版の分析

「協働実践尺度心理職版」一三項目について「全くあてはまらない」から「よくあてはまる」まで六件法で回答を求め数値化したのち、項目分析を行った（表15）。一三項目のいずれも天井効果、およびフロア効果は見られず、正規分布が確認されたため、すべての項目を採用した。一三項目について主因子法・バリマックス回転による因子分析を行い、一つの因子に絶対値〇・四三以上の因子負荷量をもち、かつ他の因子で〇・四〇以上の因子負荷量をもたないという基準で項目を整理したところ一項目が除外され、三因子一二項目が抽出された。第一因子は「協働の実践と満足感」、第二因子は「専門的意見の主張」、第三因子は「専門性の相互理解と実践」と命

表 13　協働実践尺度ケアワーカー版記述統計量

No.	質問項目	度数	最小値	最大値	平均値	標準偏差
1	私はケアワーカーとして、子ども支援で期待される役割について心理職に尋ねている。	188	1	6	3.90	1.18
2	私は、ケアワーカーの専門性をはっきりと意識して援助を行っている。	192	1	6	4.27	0.96
3	私は、子どもや家族に関するさまざまな情報を、心理職と十分に共有している。	192	1	6	4.20	1.15
4	私は、心理職の専門性についてよく理解している。	194	1	6	4.20	1.05
5	心理職の考えと私のケアワーカーとしての専門的見解に相違があるときには、そのことをはっきり述べている。	192	1	6	4.05	1.11
6	私は、心理職と自立支援計画の立案や実施における相互の役割について話し合っている。	190	1	6	3.84	1.37
7	私は、心理職に対して、子どもの援助に有効だと考える方法を積極的に提案している。	190	1	6	3.57	1.28
8	私は、心理職との協働に満足している。	192	1	6	4.43	1.23
9	私は、子どもの成長や自立に向けた具体的支援について、心理職と合意できている。	188	1	6	4.34	1.10
10	私は、心理職の心理支援が適切でないと判断したときはそのことを心理職に伝えている。	188	1	6	3.52	1.23
11	私は、心理職の支援方針がよりよい結果に結びつかないと予測するときには、心理職にそのことを伝えている。	187	1	6	3.50	1.26
12	子ども支援における心理職との協働にやりがいを感じる。	189	1	6	4.40	1.21
13	私は、ケアワーカー独自の実践について心理職の理解を得るように心がけている。	186	1	6	4.11	1.10

表 14　協働実践尺度ケアワーカー版因子分析結果

(n=180)

	I	II
専門性の共有と相互役割の明確化（α =0.842）		
私は、子どもや家族に関するさまざまな情報を、心理職と十分に共有している。	**0.83**	0.17
私は、心理職と自立支援計画の立案や実施における相互の役割について話し合っている。	**0.74**	0.17
私は、子どもの成長や自立に向けた具体的支援について、心理職と合意できている。	**0.63**	0.20
私はケアワーカーとして、子ども支援で期待される役割について心理職に尋ねている。	**0.60**	0.35
私は、心理職に対して、子どもの援助に有効だと考える方法を積極的に提案している。	**0.58**	0.23
私は、ケアワーカーの専門性をはっきりと意識して援助を行っている。	**0.53**	0.23
私は、心理職の専門性についてよく理解している。	**0.49**	0.23
専門的知識と意見の主張（α =0.876）		
私は、心理職の心理支援が適切でないと判断したときはそのことを心理職に伝えている。	0.19	**0.96**
私は、心理職の支援方針がよりよい結果に結びつかないと予測するときには、心理職にそのことを伝えている。	0.28	**0.83**
心理職の考えと私のケアワーカーとしての専門的見解に相違があるときには、そのことをはっきり述べている。	0.45	**0.60**
固有値	3.16	2.34
分散の説明率	31.60	23.35

表 15　協働実践尺度心理職版記述統計量

No.	質問項目	度数	最小値	最大値	平均値	標準偏差
1	私は心理職として、子ども支援で期待される役割についてケアワーカーに尋ねている。	188	1	6	3.90	1.18
2	私は、心理職の専門性をはっきりと意識して援助を行っている。	192	1	6	4.27	0.96
3	私は、ケアワーカーの専門性についてよく理解している。	192	1	6	4.20	1.15
4	私は、子どもや家族に関するさまざまな情報を、十分にケアワーカーと共有している。	194	1	6	4.20	1.05
5	ケアワーカーの考えと私の心理職としての専門的見解に相違があるときには、そのことをはっきり述べている。	192	1	6	4.05	1.11
6	私は、ケアワーカーと自立支援計画の立案や実施における相互の役割について話し合っている。	190	1	6	3.84	1.37
7	私は、ケアワーカーに対して、子どもの支援に有効だと考える方法を積極的に提案している。	190	1	6	3.57	1.28
8	私は、ケアワーカーとの協働に満足している。	192	1	6	4.43	1.23
9	私は、子どもの成長や自立に向けた具体的支援について、ケアワーカーと合意できている。	188	1	6	4.34	1.10
10	私は、ケアワーカーの指導が適切でないと判断したときはそのことをケアワーカーに伝えている。	188	1	6	3.52	1.23
11	私は、ケアワーカーの支援方針がよりよい結果に結びつかないと予測するときには、ケアワーカーにそのことを伝えている。	187	1	6	3.50	1.26
12	子ども支援におけるケアワーカーとの協働にやりがいを感じる。	189	1	6	4.40	1.21
13	私は、心理職独自の実践についてケアワーカーの理解を得るように心がけている。	186	1	6	4.11	1.10

表 16　協働実践尺度心理職版因子分析結果

(n=317)

	I	II	III
協働の実践と満足感（α =0.840）			
私は、ケアワーカーとの協働に満足している。	**0.79**	0.18	0.16
子ども支援におけるケアワーカーとの協働にやりがいを感じる。	**0.72**	0.27	0.19
私は、子どもの成長や自立に向けた具体的支援について、ケアワーカーと合意できている。	**0.67**	0.29	0.19
私は、子どもや家族に関するさまざまな情報を、十分にケアワーカーと共有している。	**0.56**	0.33	0.19
私は、ケアワーカーと自立支援計画の立案や実施における相互の役割について話し合っている。	**0.49**	0.34	0.10
専門的意見の主張（α =0.876）			
私は、ケアワーカーの支援方針がよりよい結果に結びつかないと予測するときには、ケアワーカーにそのことを伝えている。	0.34	**0.80**	0.13
私は、ケアワーカーの指導が適切でないと判断したときはそのことをケアワーカーに伝えている。	0.28	**0.79**	0.16
ケアワーカーの考えと私の心理職としての専門的見解に相違があるときには、そのことをはっきり述べている。	0.30	**0.61**	0.35
私は、ケアワーカーに対して、子どもの支援に有効だと考える方法を積極的に提案している。	0.31	**0.58**	0.39
専門性の相互理解と実践（α =0.692）			
私は、心理職の専門性をはっきりと意識して援助を行っている。	0.06	0.12	**0.81**
私は、心理職独自の実践についてケアワーカーの理解を得るように心がけている。	0.39	0.28	**0.51**
私は、ケアワーカーの専門性についてよく理解している。	0.31	0.23	**0.43**
固有値	2.78	2.54	1.58
分散の説明率	23.20	21.20	13.10

表 17　協働実践尺度ケアワーカー版の経験年数別比較

	専門性の共有と相互役割の明確化	専門的知識と意見の主張	協働尺度全体
1〜3 年平均（SD）n=68 ①	26.62（5.68）	9.91（3.17）	36.53（7.95）
4〜8 年平均（SD）n=60 ②	29.23（5.58）	11.89（3.09）	41.13（7.90）
9 年以上平均（SD）n=52 ③	29.68（5.88）	11.56（3.06）	41.31（7.84）
	①－② *	①－② **	①－② **
	①－③ **	①－③ **	①－③ **

（* $p<0.05$　** $p<0.01$　*** $p<0.001$：欠損値 15）

表 18　協働実践尺度心理職版の経験年数別比較

	協働の実践と満足感	専門的意見の主張	専門性の相互理解と実践	協働尺度全体
1〜3 年平均（SD）n=123 ①	17.65（4.45）	13.33（3.35）	12.56（2.21）	43.62（8.20）
4〜8 年平均（SD）n=104 ②	18.65（4.57）	15.83（3.34）	13.71（2.05）	48.18（8.72）
9 年以上平均（SD）n=80 ③	20.75（4.28）	17.48（3.15）	14.33（2.10）	52.60（8.10）
	①－② ***	①－② ***	①－② ***	①－③ ***
	①－③ ***	①－③ ***	①－③ ***	②－③ **
		②－③ **		②－③ **

（* $p<0.05$　** $p<0.01$　*** $p<0.001$：欠損値 13）

名した。各尺度の信頼性係数αは〇・八七六〜〇・六九二と第三因子のみ満足のいく結果が得られなかったが、一二項目の全体ではα=0.900と十分な結果であったため、この尺度構成で分析を進めることにした（表16）。

（3）協働実践尺度の経験年数比較

経験年数と協働実践尺度得点の関連を検討するために、ケアワーカーと心理職、それぞれの経験年数を独立変数に、協働実践尺度と下位尺度得点を従属変数にして一要因分散分析を行ったところ、有意差があった（それぞれ、$F(7.44)=p<0.01$, $F(6.59)=p<0.01$, $F(7.94)=p<0.001$）。同様に心理職の一要因分散分析でも有意な結果が得られた（それぞれ、$F(28.54)= p<0.001$, $F(12.07)=p<0.001$, $F(41.06)=p<0.001$, $F(18.68)=p<0.001$）。表17にケアワーカーの、表18に心理職のTukey法による多重比較の結果を示した。

ここでは便宜上、経験一〜三年を「新人」、四〜八年を「中堅」、九年以上を「ベテラン」と区分すると、ケアワーカーは、協働実践尺度全体と二つの下位尺度それぞれで、「新人」と「中堅」「ベテラン」との間に有意な差があった。心理職版の下位尺度「専門性の相互理解と実践」でも同様の傾向が示された。心理職版のその他の下位尺度「協働の実践と満足感」では、「新人」「ベテラン」、「中堅」と「ベテラン」において、「専門的意見の主張」と「協働実践尺度全体」では、「新人」と「中堅」、「新人」と「ベテラン」、「中堅」と「ベテラン」の間に有意差が認められた。ケアワーカーの協働意識は、「新人」が「中堅」「ベテラン」より得点が低く、心理職との連携・協働では、「新人」へのサポートの必要性が示唆された。一方、心理職は経験年数とともに協働実践尺度得点が高くなっている。ケアワーカー、心理職ともに経験が連携・協働の指標となるものの、それぞれの職種では異なる傾向が示唆された。

（4）経験年数と職場環境、個人内要因

協働に影響を与えるのは経験年数だけなのだろうか。筆者が児童福祉施設に勤務していた際、職場のチームワーク（チーム支援）とスタッフのそれぞれの仕事への意欲が職場のコミュニケーションによい影響を与えていた。多職種協働の場としての児童養護施設でも、職場環境要因と個人的要因がそれぞれ重要と考え、職場環境要因として「職場内サポート」（上司・同僚サポート）を、個人内要因として「有能感」を設定した。

まず、経験年数によって「職場内サポート」と「有能感」に違いはあるのだろうか。このことを検討するために、「職場内サポート尺度」「有能感尺度」の尺度得点について、経験年数を独立変数とする一要因の分散分析を実施し、その差を検討した（Tukey 法）。表19、表20はその結果である。

分散分析の結果、ケアワーカーは上司サポートのみで有意差が認められた（$F(8.51)=p<0.001$）。また、多重比較（Tukey 法）の結果、「新人」の平均値が「中堅」「ベテラン」よりも有意に高いことが示された。一方、心理職は上司サポートと有能感で有意差が認められた（それぞれ、$F(3.79)=p<0.05$, $F(9.43)=p<0.001$）。上司サポートでは、「新人」が「ベテラン」よりも、有能感では、逆に「ベテラン」が他二群よりそれぞれ有意に高いことが明らか

表19　ケアワーカーの結果

	経験年数 1～3年①		経験年数 4～8年②		経験年数 9年以上③			
	平均	SD	平均	SD	平均	SD	*F* 値	多重比較
上司サポート	32.07	5.57	29.40	6.08	27.67	6.64	8.506 ***	①>② ** ①>③ ***
同僚サポート	31.73	4.83	30.42	6.54	29.57	4.48	2.585	
有能感	67.17	9.79	66.71	10.39	68.02	9.92	0.262	

（* p<0.05　** p<0.01　*** p<0.001：欠損値 2）

表20　心理職の結果

	経験年数 1～3年①		経験年数 4～8年②		経験年数 9年以上③			
	平均	SD	平均	SD	平均	SD	*F* 値	多重比較
上司サポート	28.92	6.01	27.13	6.60	26.49	7.66	3.787 **	①>③ **
同僚サポート	29.11	5.45	28.06	5.88	28.55	6.14	0.920	
有能感	64.41	9.38	66.63	10.06	70.38	9.60	9.434 ***	①<③ *** ②<③ **

（* p<0.05　** p<0.01　*** p<0.001：欠損値 10）

となった。経験の浅いケアワーカー、心理職にとって上司サポートの重要性が示された。また、心理職では、有能感が経験年数に従って高まっていくケアワーカーとは異なるキャリア発達モデルが示唆された。これらのことは、それぞれの職種の協働要因を検討する際の指標となると考えられる。

（5）協働に影響を与える要因

協働実践尺度ではケアワーカーは二因子構造を示したが、心理職は三因子構造となった。その違いを見てみると、心理職は「やりがい」や「満足感」といった心理的（関係的）要因がケアワーカーとの協働に関与していることが推察された。このことを踏まえ、ケアワーカー、心理職のそれぞれの協働に影響を与えている要因をより詳細に検討するために、協働実践尺度得点を目的変数に、経験年数、および職場における関係要因である同僚・上司サポート、やりがい等の心理的要因からなる有能感を説明変数として重回帰分析を実施した。重決定係数（R^2）はケアワーカー〇・二七八、心理職〇・五六四であり、それぞれ〇・一％水準で有意であった。非標準化係数（B）と標準回帰係数（β）、および説明変数間の相関を、ケアワーカーは表21、表22に、心理職は表23、表24に

表 21　協働実践尺度との関連（ケアワーカー）

	B	β	
経験年数	3.239	0.321	***
上司・同僚サポート	0.216	0.275	***
有能感	0.254	0.308	***

（* p<0.05　** p<0.01　*** p<0.001）

表 22　説明変数間の相関（ケアワーカー）

	経験年数	同僚・上司サポート	有能感
経験年数	—	-0.272 ***	0.032
上司・同僚サポート		—	0.276 ***
有能感			—

（* p<0.05　** p<0.01　*** p<.001）

表 23　協働実践尺度との関連（心理職）

	B	β	
経験年数	3.224	0.284	***
上司・同僚サポート	0.191	0.221	***
有能感	0.519	0.573	***

（* p<0.05　** p<0.01　*** p<0.001）

表 24　説明変数間の相関（心理職）

	経験年数	同僚・上司サポート	有能感
経験年数	—	-0.124 *	0.235 ***
上司・同僚サポート		—	0.177 **
有能感			—

（* p<0.05　** p<0.01　*** p<0.001）

表25　協働実践尺度ケアワーカー版の下位尺度別重回帰分析結果

	専門性の共有と相互役割の明確化（n=178）		専門的知識と意見の主張（n=181）	
	B	β	B	β
経験年数	1.965	0.306 ***	0.826	0.270 ***
上司・同僚サポート	0.116	0.235 **	0.035	0.150 *
有能感	0.152	0.290 ***	0.075	0.299 ***

（* p<0.05　** p<0.01　*** p<0.001）

表26　協働実践尺度心理職版の下位尺度別重回帰分析結果

	協働の実践と満足感（n=299）		専門的意見の主張（n=296）		専門性の相互理解と実践（n=301）	
	B	β	B	β	B	β
経験年数	1.072	0.188 ***	1.624	0.350 ***	0.570	0.203 ***
上司・同僚サポート	0.144	0.330 ***	0.029	0.082	0.018	0.085
有能感	0.216	0.473 ***	0.173	0.467 ***	0.126	0.559 ***

（* p<0.05　** p<0.01　*** p<0.001）

示した。なお、ＶＩＦ（Variance Inflation Factors）の値はケアワーカー版で、「経験年数」「上司・同僚サポート」「有能感」のそれぞれで一・〇九、一・一八、一・一〇、心理職版で一・〇九、一・〇六、一・一一あり、いずれも多重共線性問題の指標である一〇以下であった。

　ケアワーカーにおいて、「経験年数」「上司・同僚サポート」「有能感」のすべてが心理職との協働に影響を与えていたが、「経験年数」の影響がもっとも強いことが示唆された。心理職もケアワーカーと同様に、すべての要因がケアワーカーとの協働に影響を与えているが、有能感がとくに重要な要因と考えられた。

　さらに、協働実践尺度の下位尺度別の違いを検討することにした。前記と同様に、協働実践尺度下位尺度得点を目的変数に、経験年数、職場内サポート、有能感を説明変数として重回帰分析を実施した。重決定係数（R^2）はケアワーカー〇・二二五、心理職〇・四五〇であり、それぞれ〇・一％水準で有意であった。（表25、表26）。

　ケアワーカーの下位尺度「専門性の共有と役割の明確化」では経験年数の影響が、「専門的知識と意見の主張」では有能感の影響が比較的大きかった。一方、心理職は「協働の実

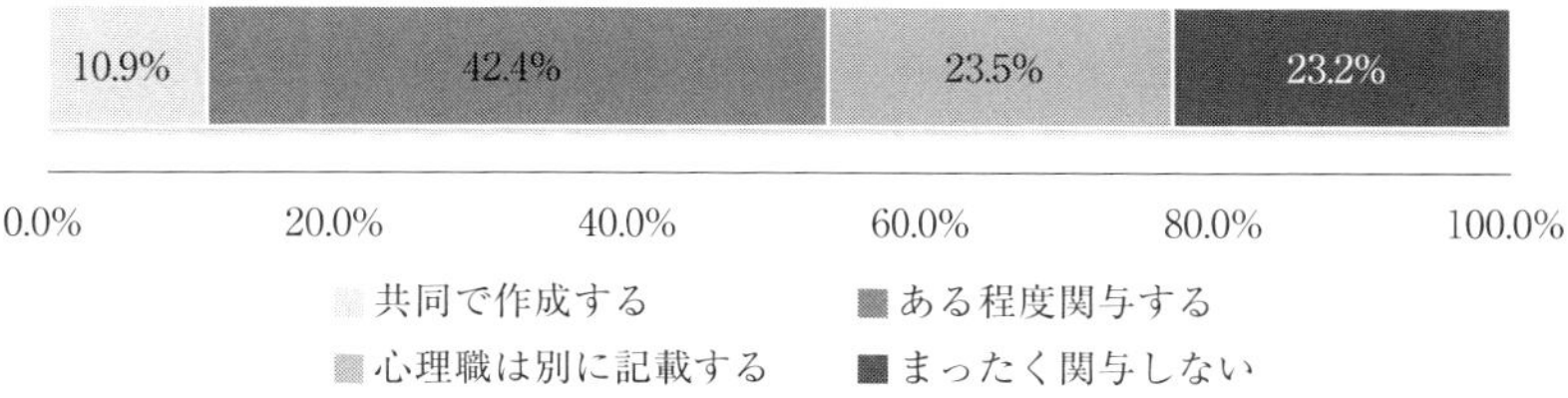

図９　心理職の自立支援計画立案への関与

表27　自立支援計画の立案と協働尺度得点の関連

		n	平均値（SD）	多重比較
共同で作成する	①	33	57.12（9.80）	①＞③ **
ある程度関与する	②	128	53.30（9.27）	①＞④ ***
心理職は別に記載する	③	71	50.52（9.41）	②＞④ ***
まったく関与しない	④	70	46.93（8.10）	

（* $p<0.05$　** $p<0.01$　*** $p<0.001$）

践と満足感」において有能感とともに上司・同僚サポートの影響が強かった。有能感はケアワーカーとの協働に大きく関係していることが示唆されるとともに、「専門的意見の主張」「専門性の相互理解と実践」では有能感と経験年数が影響を与えていた。

（6）心理職の協働意識を高める要因

心理職には、追加項目として自立支援計画立案への関与を尋ねた。自立支援計画は、施設における子どもの個別支援（処遇）の重要な指針である。それぞれ「共同で作成する」「ある程度関与する」「心理職は別に記載する」「まったく関与しない」の中から回答を求めた。図９は、その結果である。回答のあった三〇二名のうち、八割近くは何らかの関与があったが、二三・二％はまったく関与していなかった。次に、協働実践尺度得点との多重比較（Tukey法）を実施した。表27はその結果である。

心理職が自立支援計画に関与することが（「共同で作成する」「ある程度関与する」）、そうでない場合よりもケアワーカーとの協働に大きな影響を与えている可能性が示された。

第四節　考　察

1．ケアワーカーと心理職の協働意識

協働実践尺度はケアワーカーと心理職で因子構造が異なり、ケアワーカーの二つの下位尺度はいずれも「新人」より「中堅」「ベテラン」の方が高い得点を示した。一方、心理職の下位尺度、「専門性の相互理解と実践」では、「新人」「中堅」に比べて「ベテラン」の得点が高かったが、「協働の実践と満足感」「専門的意見の主張」「協働実践尺度全体」では、概ね経験年数が高くなるにつれて得点が上昇していくことが示された。

全体としては、ケアワーカーは経験年数の影響が大きく、とくに「新人」と「中堅」「ベテラン」の間に節目があった。一方、心理職は有能感の影響が強い。

この差異を検討するために、各下位尺度と職場環境要因、個人内要因との関連を見てみたい。職場内サポートである「上司・同僚サポート」はケアワーカー、心理職のいずれも「上司サポート」が「新人」に影響を与えていた。さらに、心理職は個人内要因である有能感の高まりが協働に寄与していた。さらに、ケアワーカーでは「専門的知識と意見の主張」で、心理職は「専門的意見の主張」において、個人内要因である有能感がより影響していた。これらはいずれも他職種との対話であることから、経験の蓄積によって自信が得られ、多職種連携の対話が深まっていくことが考えられる。これらの展開のために、とくに「新人」にとって「上司サポート」のもつ意味は大きい。

調査の結果からは、次のモデルが示唆されよう。

①ケアワーカーの協働は、上司のサポートを受けつつ、経験に応じて「役割の明確化」が進み、「専門知識と意見の主張」に自信をもてるようになる

②心理職の協働は、上司からサポートを受けつつ「協働の実践と満足感」が深まり、経験から得た自信をもとに「専門的意見の主張」が志向され、それがさらに「専門性の相互理解と実践」につながっていく

ケアワーカーの二因子構造は、医療モデルの役割分担を前提にした協働（例えば、小味・大西・菅田 2010）と似通っている。ケアワーカーの主な仕事は、入所児の生活支援であり、衣食住における生活習慣の確立を支援することにある。こういった、いわば子どもの日常ケア、とくに行動面の支援に基づく協働意識は、早い時期に上司からのサポートを受けてスキルを学び、その後はあまり変更されない可能性がある。一方、心理職は三因子構造になっており、経験年数や役割といった外側の枠組みよりも、「やりがい」や「満足感」といった心理的要因がケアワーカーとの協働に影響を与えている可能性がある。心理職の仕事は、被援助者の心の動きを推察しその変化を見守っていくことにある。ケアワーカーとの協働でも、「関係」を意識したかかわりを目指す結果、やりがい等からなる有能感の影響が続くのではないか。このように見てくると、ケアワーカーの協働は「体験的協働意識」に基づき、心理職の協働は「関係的協働意識」に基づくと指摘できよう。

筆者の児童福祉施設勤務経験では、子どもの事例検討の際に、心理職は心理学や精神医学の臨床・発達理論をもとにした共通理解が図られたが、ケアワーカーは「心理の先生が言っていることは分かるけど、自分たちがどうすればいいのかは今ひとつ分からない」という発言をしばしば耳にした。協働実践尺度下位尺度でも、心理職は有能感の影響がもっとも大きいが、ケアワーカーは経験年数と有能感はあまり変わらないことが示唆された。これらのことから、連携・協働におけるケアワーカーの体験と実践を「役割」といった外的枠組みに依拠するのではなく、自らの意見や主張が心理職に影響を与えているという内的動因（有能感）にどう結びつけていくかが

今後の課題と指摘できる。それは対話の相手としての心理職との共同作業であり、ケアワーカーの「体験的協働意識」が「関係的協働意識」に向かうプロセスとも考えられる。そう考えると、協働実践尺度におけるケアワーカーと心理職の因子構造の違いは、同僚としての心理職だけでなく、援助対象者（子ども）との主たるかかわりの違いを反映したものとも言える。このことについては次項でさらに検討してみたい。施設におけるケアワーカーと心理職の協働では、こういったそれぞれの職種の「違い」を学び、「お互いの職種の相互理解と対話」を促進する必要がある。

この両者の違いをつなぐのは、どんな体験になるのだろうか。おそらくそれは、自立支援計画である。自立支援計画は、子どもの「いま」を前提に、これからの具体的支援を構想していくものである。この対話のプロセスは、通常の家庭における養育者同士（父母）の対話に相当する。ケアワーカーと心理職が協力して子どもの支援を構想することは、代替養育の重要なエッセンスと考えられる。このことについては、第三項であらためて検討する。

2. 協働と専門性

ケアワーカーの協働実践尺度得点は、「新人」と「中堅」「ベテラン」の間に差が見られた。ケアワーカーの協働にとって経験年数がもっとも影響を与えていたことを考えると、ケアワーカーの協働における「新人」時代の経験の意義は大きいと言える。

一方、心理職は経験年数とともに、協働意識が高まっていく。心理職が施設での経験を積むことによって有能感が育まれ、それがさらに協働意識につながると考えられる。

この背景には、ケアワーカーと心理職の専門性の違いがあるのかもしれない。本調査からも、ケアワーカーの保有資格は国家資格である保育士有資格こそ約半数だが、社会福祉士は一五％に満たず、少なくないケアワーカーが資格のないまま児童福祉業務に就いていることが明らかになった。ケアワーカーは「専門性の確立」を課題としており、現在は経験からの学びを手がかりにしていると考えられる。村松・塩谷・山邊（2014）は、連携・協働研究のレビューから、連携・協働に求められることとして、「専門性の確立」を挙げている。前項で指摘した異なる協働意識を、専門性の違いという視点からあらためて見てみたい。

児童福祉領域におけるケアワーカーの専門性は、伝統的な「集団養護」の発想にも表れているように、「子どもに生活習慣を身に付けさせ、社会性を涵養すること」にあると考えられる。一方、心理職の専門性の特徴は、「子どもの心の動きを捉え、子どもが自らの心理的な課題に向き合うための自我の力を得ること」と、そのための支援の中に見出される。ここでは子どもの心の動きに沿った関係づくりが主要なテーマになる。大まかに捉えると、ケアワーカーは「社会性」という子どもにとっての「外側の枠組み」を、心理職は「心の動き」という「内側の枠組み」を、お互いの連携・協働においても重視していると想定できる。この専門性を特徴づけるベクトルの違いが、ときとして両者の連携・協働を難しくさせる要因の一つなのかもしれない。しかし、心理職の協働意識が経験年数とともに高まっていく有能感と関連があることを踏まえると、協働の体験は、「当事者が新たな気づきを得ること」と理解することができる。協働の可能性は、この変化のプロセスにも見出すことができるだろう。その変化につながる機会が、自立支援計画立案におけるケアワーカーと心理職の相互的かかわりにあると考えられる。

3. 多職種協働の場としての自立支援計画

本調査では、四分の一の心理職が自立支援計画にまったく関与していなかった。しかし、自立支援計画への心理職の関与が深まると、協働の認識に大きな違いが見られた。自立支援計画の立案は、ケアワーカーにとっての重要な業務だが、ケアワーカーと心理職の協働を実効あるものにするために大きな役割を果たす可能性が示された。

自立支援計画はケース（子ども）理解の重要な共有ツールである。この営みを通じて心理職の協働意識が高まるとすれば、ケアワーカーとともにケースを十分検討する機会は両者の相互理解にとって貴重なものとなるだろう。医療領域における多職種協働では、対象者（被援助者）のありようを単職ではなく多職種の意見が反映されたグラデーションで捉えることを基本にしているという（大塚 2014）。共同して自立支援計画を立案することは、ケース検討の場として、子どもの多様な理解（グラデーション的な理解）や「当事者の新たな気づき」を促進する場になり得ると考えられる。

イギリスにおける専門職連携の促進機関であるＣＡＩＰＥ（英国専門職連携教育推進センター：2002）の実践を参考にすれば、施設における協働に必要な要素は「施設内の状況に知悉していること」「お互いに学び合おうとしていること」「ともに行動する姿勢を欠かさないこと」と考えられる。これらを集約した場が、自立支援計画立案を含むケース検討であると指摘できる。

対話、相互理解、相互尊重、そして相互作用は、それぞれの専門性を超えて機能するためのキーワードになるだろう。そのために必要な具体的な試みは何か。アタッチメント研究の領域で、リサーチと臨床実践の統合が模索されているように、対人援助は専門性の垣根を越えて融合しようとすることが求められている。

本研究は一回の調査で得られたデータを分析したものであり、とくに重回帰分析に関して明確な因果関係を明らかにはできていない。今後、協働実践尺度と経験、同僚・上司サポート、有能感に関する調査研究を継続し、因果関係についての詳細な分析が必要と考えられる。

第五節　結　語

多職種連携・協働に必要な事柄は、以下のようにまとめることができる。

①相互理解のために、それぞれの専門性の違いを認識すること
②専門性が異なる者同士で継続的に活動すること
③連携・協働の相互作用によって、当事者が新たな視点を得たと実感できること

多様な神経ネットワークが大脳機能の多様性を生むように、一つの見方に限定されない支援のあり方は、よりよい支援に結実するはずである。連携・協働が支援の多様性を目指すものであるとすれば、その具体化に当たってケースを通じた対話と相互理解が重要な視点を与えると考えられる。それは、「体験的協働」と「関係的協働」が混じり合う領域を提供してくれるものでもあるだろう。

それでは、専門職同士の相互理解、ケース理解を通した融合する領域の発見はどのようなプロセスや要因を必要とするのか。この全体像を描くためには、量的研究よりも質的研究が必要になると考えられる。本章では施設内連携に焦点を当てたが、第二部では子どもの地域社会における重要な成長基盤である学校を取り上げたい。そして、まだ十分に研究されていない「施設ー学校」連携を素材として、施設入所児の成長に資する連携・協働と、教育的支援のあり方について検討を加えたい。

第二部　社会的養護と学校教育

第六章　施設入所児支援の課題

施設で生活する子どもたちの多くが虐待体験をもっていること、それゆえ彼らの日常生活にはトラウマや対人関係上の困難が大きな影響を与えていることを概観してきた。そういった困難に対処するために心理職の配置義務化がなされたが、子どもとの関係づくりでは、五感を活用した実践（内田・稲垣・一色 2009：村松 2013b）や身体感覚を意識したアプローチ（村松 2004）など、これまでの心理支援のモデル以上に細やかな工夫が必要になる。また、施設における重要な課題である多職種協働は、共有できるモデル、理論が存在せず、依然として個々の実践に委ねられている。

そして、施設の中ではある程度適応できても、高校進学や就職後に不適応になる子ども（施設経験者）は少なくない。「生活環境が変わる」ということは、子どもの発達にとって不可避的なものであり、それは成長を後押しするものであると同時に、危機を招来するものでもある。このように、施設で暮らす子どもたちは、「困難の連鎖」を抱えて生きていると言える。

変化、移行のストレスを緩和するのは社会的支援（ソーシャルサポート）であると考えられる。山本（1986）は、コミュニティ心理学の立場からHouse（1981）の概念規定を援用し、「情緒的支援」「道具的支援」「情報的支援」「評価的支援」の四つの社会的支援行動を紹介した上で、「臨床場面で重要なのは、当面の支援する対象者が現実にどの程度の社会的支援ネットワークをもっていて、どこが欠けていて、どの部分を補わなくてはならないかを査定することであり、さらに、その補うべき社会的ネットワークをどのように組織し提供するかということである」と述べている。虐待を受けた子どもの心理的ケアや生活支援はさまざまに論じられてきているが、困難な生活を余儀なくされてきた子どもたちの重要な社会的ネットワークの一つである学校教育の位置づけをどう考えるべきなのだろう。

施設に入所する子どもにとってまず保障される必要があるのは、「不当に脅かされない安心できる環境」である。そして、その環境は「安定」していなければならない。通常、この環境は「家庭」によって提供される。こうして子どもは養育者との安定した関係（二者関係）と、安定した「家族」というグループ体験（三者関係）を確かにして就学することになる。

小学校は一人の教員と学級の子どもたちのかかわりという「一対多」の構造を基本にしている。これは「三者関係モデル」に他ならない。そして、子どもたちに求められる「ルール」は、基本的に三者関係の認識であり、その体験そのものから学んでいく。しかし、施設入所児はその前の段階である「二者関係」の躓きを抱えている場合が多い。結果として、学校に混乱した（あるいは子どもが強く求めている）二者関係が持ち込まれ、それに学校が対応できずに、施設入所児に対して「学校不適応」のレッテルが貼られることになると考えられる。施設入所児には、学校においても二者関係の視点、つまり「子どもとの関係づくりのプロセス」が求められてくる。学校が施設入所児にとって「安心できる場」「安定した学びを提供できる場」として機能するためには、どういった方法が構想できるだろうか。

さらに、「社会的養護の課題と将来像」（厚生労働省・児童養護施設等の社会的養護の課題に関する検討委員会・社会保障審議会児童部会社会的養護専門委員会とりまとめ 2011）では、今後一〇数年以内に、児童養護施設と乳児院本体施設（児童養護施設はすべて小規模ケア）、グループホーム等、里親・ファミリーホームを三分の一ずつにしていく目標を掲げている。これまでは少なくとも義務教育の範囲内において、学校は校区に施設があることを認識できた。しかし、これからは社会的養護を受けている子どもが地域に「分散」していくことになる。困難な人生を歩んでこざるを得なかった施設入所児への教育支援は、その校区の学校だけが担う限定的なものだったが、今後は特別なニーズを抱えた子どもへの支援は特別なものでなくなる可能性が高い。学校関係者は社会的養護の現状を踏まえ、施設や里親との連携を模索していく必要に迫られている。

ここに、社会的養護において補うべきネットワーク、「施設－学校」連携をどう組織していくかがあらためて問われることになる。ただ、東京都社会福祉協議会児童部会（2004）の調査では、施設と学校の協力体制の問題点や弊害として、「校長・教頭等の幹部職員の考え方によって大きく協力体制が変化する」「校長や教頭の異動によって、関係が微妙にかわる」という回答があった。これらを踏まえると、施設を校区にもつ学校が抱える三つの課題が指摘できる。

①施設との連携・協働はいかにあるべきか
②学校における「子どもとの関係づくり」を可能にするのは、どういった教育的配慮か
③学校の管理職交代の影響を少なくするためには、どんな工夫が考えられるか

第一部では「施設入所児の育ちのネットワーク」としての「施設内連携」を考察したが、第二部ではさらに施設の外側でこのネットワークを担う学校を取り上げ、施設と学校の関係づくり、施設入所児と教員の関係づくり、管理職（校長）交代による影響への対策といった全体のネットワークを安定させるための要因について検討する。「施設－学校」連携は、施設とその校区の小学校へのインタビュー調査と、新たに開設した児童養護施設と小学校の連携を事例として分析し検討される。施設入所児と教師の関係づくりは、施設を校区にもつ小学校を

フィールドに参与観察からなる研究を行う。また、この小学校で期せずして起きた校長交代を分析し、管理職交代の影響を少なくする要因について、学校システムの視点から考察する。いずれも、これまで行われてこなかった「施設－学校」連携に関する調査研究である。これらの研究から、児童福祉分野における「施設外連携」や多職種協働に資するモデルを提供したい。

第七章　施設で暮らす子どもと学校教育

第一節　児童養護施設入所児の学びの難しさ

施設入所児の学習と学校をめぐる問題について取り上げてみたい。厚生労働省雇用均等・児童家庭局「児童養護施設入所児童等調査結果の概要」（2015）によると、児童養護施設入所児の二七・四％に学業の遅れがある。高口（1995）による入所児の学業成績を施設職員に尋ねた調査では、「上」「中」「下」「促進学級・特殊学級」の四分類のうち、「下」「促進学級・特殊学級」が小学校低学年では四一・五％、高学年は四四・八％、中学生に至っては六〇・七％という結果になっている。施設入所児の学習問題は相当深刻な課題だったと言える。

この高口の調査は一九八九〜一九九一年にかけて行われたが、一九九一年には、「養護施設における不登校児童の指導の強化について」という厚生省児童家庭局長通知が出ている。これは「指定施設」において心理相談などを実施するモデル的な事業と理解できるが、かつては養護施設（一九九七年に「児童養護施設」に改称）に存在しなかった不登校児が国の対応を引き出すほどに増加した、という意味で、学校関係者は養護施設に入所してくる子どもが変化しつつあるという認識をもつべき事態であったと考えられる。

全国の児童相談所における児童虐待相談対応件数の調査は一九九〇年に開始されている。一九九一年に養護施設における不登校児童の通知が出されたということは、施設入所児の学校不適応が顕在化しつつあったことを示すものであり、その背景には第一部第二章で示したように、児童虐待など親子関係にさまざまな困難を抱える複雑な事例の増加があったと考えるべきだろう。児童養護施設は、二〇年以上も前から学習困難と学校不適応を抱えた被虐待児を入所させ支援するという極めて困難な状況に置かれていたのである。

施設入所児の学校生活と教育保障は重要なテーマであったにもかかわらず、これまでほとんど研究が行われてこなかった。施設入所児の変化に合わせて、彼らの学校生活の基盤となる「施設－学校」連携と、施設入所児の教育活動を支援するための方法があらためて検討される必要がある。

第二節　施設入所児の学校不適応

これまで虐待を受けた施設入所児の支援は、児童相談所や施設心理職による心理的援助や施設内での生活支援に主眼が置かれ、多くの臨床的実践研究が報告されてきた。一方、義務教育年齢の子どもが一日の半分を過ごす学校での問題や課題などについては、子ども虐待と学校環境について諸外国の動向を述べたもの（数井 2003）、児童虐待への学校対応に関する包括的調査研究（玉井 2004）、児童養護施設に学習ボランティアを導入して子どもの学習機会を増やし、自己肯定感を促進しようとする試みについての報告（桑原・田中・中村・江田 2009）、教育の立場から全体指導と個別指導の見極めなどについての指摘（尾木 2004）などがあるものの数は少なく、実践現場では手探りの状況であることが推察される。施設に入所した子どもは、学校でどんな生活を送っているのだろうか。

東京都社会福祉協議会児童部会（2004）「『入所児童の学校等で起こす問題行動について』調査」によれば、回答のあった都内の五三施設中、「学校で起こす問題行動で継続的に困っている」入所児の割合は、小学生低学年で二四・〇％、小学生高学年二三・六％、中学生二七・一％であった。そして、ほとんどの児童が複数の問題を抱えているとされ、それは大まかに「暴力・暴言・けんか・いじめる等の攻撃型」（三三・六％）、「多動・落ち着かない・じっとしていられない」という「授業妨害・立ち歩き」（四四・五％）、「不登校・登校渋り・登校拒否」（二五・九％）の三つに分類された。

神奈川県社会福祉協議会（2010）による調査でも、施設入所児が、学校においていかに困難な課題を抱えているかが示された。二〇〇二年度に文部科学省によって行われた「通常の学級に在籍する特別な教育的支援を必要とする児童生徒に関する全国実態調査」との比較では、「学習面か行動面で著しい困難を示す」（一般集団六・三％、施設入所児三六・九％、以下同じ）、「学習面で著しい困難を示す」（四・五％、二六・四％）、「行動面で著しい困難を示す」（二・九％、二五・五％）、「学習面と行動面ともに著しい困難を示す」（一・二％、一四・九％）施設入所児の割合が一般集団に比べてかなり高くなっている。

被虐待体験のある施設入所児は、深刻なトラウマや対人関係上の困難を抱えている上に、家族から離れての集団生活を余儀なくされるという点でも、深く傷ついている。したがって、彼らの「学校不適応」という現象は、単に「学校の秩序を乱す問題行動」と捉えられるものではなく、子どもの家族背景や生活状況への理解を欠くことができない。さらに、児童虐待のリスクが経済的な問題によることを踏まえれば、彼らの「学校不適応」は社会が抱える課題と見なされる必要さえある。西田（1994）が教育困難校での生徒指導において、「生徒の家庭背景が『授業以前の問題』に取り組まざるを得ない要因となっている」と指摘するように、虐待を受けた子どもたちの自己イメージの低さ、不確かさを考えると、まさに「授業以前の問題」である彼らとの関係づくりという視点からの特別な支援が求められる。

第三節　施設と学校の連携・協働

児童虐待が我が国で社会問題化した一九九〇年代以降、発見と保護のシステムは整えられつつある。児童虐待の対応ではその予防を大前提にしつつ、「予防・発見、保護、ケア」がひと組になって進められる必要があり（村松・岡 2013）、とくに保護され施設入所になった子どもの援助は、児童相談所、入所施設、入所した子どもが通う校区の学校などがそれぞれの専門性を生かしながら連携・協働していくことが求められる。児童虐待の背景には、経済的問題や社会的孤立、子どもの生得的要因など複数の困難が存在している。複雑な困難を抱えた子どもへの支援は、当然のことながら「複数の専門職による総力戦」になり、ここに連携・協働の質が問われることになる。

ところで、子ども支援の基盤である施設と学校の関係づくり（協働）は機能しているのだろうか。伊藤（2007）の調査では、「子どもが通う学校の理解がない」と感じている施設スタッフは五二・五％に上る。施設入所児の学校不適応を踏まえると、子どもの学校生活の困難は、施設スタッフと教職員の関係に大きな影響を及ぼしていると考えられる。ただ、一五・九％の施設スタッフが「子どもの学力が上がらない」ことを負担に感じているものの、三一・〇％が「子どもが学校で誉められた時」に充実感を感じていた。子どもの学びと学校との協力関係は、施設スタッフの業務において非常に重要な要素となっていることが推察される。

「施設－学校」間の協働システムが構築されていないことは、かねてより指摘されていることである（例えば、玉井 2004）。本書第二部第八章、第九章において、施設スタッフと施設を校区にもつ小学校教員への面接調査を通じて、「施設－学校」連携の現状と課題を明らかにする。また、第一〇章では、開設して間もない施設と小学校の協働が築き上げられる過程を「事例」として分析し、連携・協働に欠かせない要因の抽出を目指す。

第四節　虐待を受けた子どもの学業に関する海外の研究

数井（2011）による被虐待児の学校（学習）問題に関する海外文献の詳細なレビューによれば、彼らの困難は「社会性・対人関係の領域」と「学業の領域」に大別できるという。「社会性・対人関係の領域」では、Kurtz, Gaudin, Wodarski, & Howing（1993）が学校における被虐待児の学習と社会情緒的な問題を指摘している。また Potter（2010）によれば、虐待（とくに性的虐待）を受けた子どもは仲間集団から逸脱的行動を取る傾向にあって、個人的な非行傾向とともに社会資源（社会的関係）の乏しさが学業成績を低くさせるメカニズムとなっていた。

また、継続的な虐待は、子どもの算数と読解の得点に望ましくない影響を与えており、長期的な虐待のダメージが示唆されている（Coohey, Renner, Hua, Zhang, & Whitney, 2011）。ＰＴＳＤを抱えたネグレクト児は、ＩＱ、読字、算数、また視覚や言語記憶に影響を受けるという指摘もある（De Bellis, Hooper, Spratt, & Woolley, 2009）。

Paradise, Rose, Sleeper, & Nathanson（1994）が、性的虐待を受けた子どもの問題行動や学業に影響を与えているのは、長期間の有害な心理社会的環境であると述べているように、子どもの学業や学校適応は「望ましくない環境の影響」が大きい。結果として、ネグレクト児は成績が悪く身体的虐待を受けた子どもは懲罰的問題を起こしやすくなったり（Eckenrode, Laird, & Doris, 1993）、被虐待児とネグレクト児は留年や停学、あるいは処罰の対象として報告されやすくなる（Kendall-Tackett & Eckenrode, 1996）。虐待を受けた子どもの学習困難の要因として短期記憶の障害など（宮尾・鈴木・池田・小笠原・渡邊・五十嵐・酒井・髙田 2008）が報告されており、器質的問題は否定できない。ただ、Lowenthal（2001）のレビューでは、「質の低い混乱した生活環境」が学習刺激を抑制するとともに、子どもの自尊心を著しく低下させる結果、長期的にはとりわけネグレクト児への影響が大きいと指摘されている。生活環境、学習環境への配慮・工夫は、虐待を受けた子どもの学習支援に際して重要な視点になるだろう。

さらに虐待の結果、子どもは低い成績や、欠席、留年など、さまざまな学校問題や特別支援プログラムに紹介されやすくなる（Kinard, 1999）。そして、特別支援教育を受けている子どもの中には、困難な養育背景をもつ情緒障害を抱えた子どもがおり（Lee & Jonson-Raid, 2009）、小学校と特別支援学校の教員はトラウマと愛着剥奪についての知識を得ることが重要であるという意見がある（O'Neill, Guenette, & Kitchenham, 2010）。一方、Weinberg（1997）は虐待とネグレクト児への対応では、「保護のニーズが優先されて教育ニーズが十分汲み取られていない」と述べており、海外においても虐待を受けた子どもに対する特別支援教育のニーズは高く、そのあり方が問われている。このことは、学校における学びに先立つ、特別支援教育における虐待を受けた子どもと教員の「関係づくり」の重要さを際立たせることになる。本書第一一章でこのことが取り上げられる。

第五節　施設入所児の教育保障における教育委員会の役割

二〇〇二年に、文部科学省が「学校教育法施行令第二二条の三に規定する就学基準」の一部改正を実施した。このことによって、「認定就学制度」など市町村の教育委員会は、ノーマライゼイションの観点から、多様な教育形態に対応できる修学相談を求められることとなった（文部科学省初等中等教育局長通知 2002）。さらに、二〇〇七年には特殊教育に代わって特別支援教育がスタートし、子どもの個別ニーズに合った教育支援が目指されている。「特別支援教育体制推進事業」では都道府県教育委員会を中心に、特別支援連絡協議会、巡回相談の実施、専門家チームなどの整備が進められているが、市町村教育委員会もそれぞれ独自の対応を模索している。このように、教育委員会の役割は現在多岐にわたっており、とくに多様なニーズを抱えた学校現場への支援はますます重要な課題となっている。それでは、教育委員会による社会的養護、とりわけ児童養護施設を校区にもつ学校への支援体制の現状は、どうなっているのであろうか。

大川・保坂（2012）による都道府県教育委員会への「児童養護施設入所児童の状況把握に関する実態調査」によれば、回答のあった二四都道府県において、施設から通学する児童・生徒数を把握している教育委員会は二五％（六県）、施設から特別支援学級に在籍する児童・生徒の割合でも同様に二五％（六県）となっていた。この数値の通り、実際に支援施策を行う市町村教育委員会が把握している可能性もある。ただ、公立幼稚園に在籍する障害幼児を都道府県県庁所在地市・区の教育委員会がどれくらい把握しているかという金・園山（2008）の実態調査によると、回答のあった三四市のうち、人数の把握は七六％（二六市）が行っていたものの、「障害児の人数、障害の種類・程度、必要な配慮事項」といった具体的調査は五四％（一四市）にとどまっていた。特別支援教育においても、子どもの支援までを見据えた教育委員会による実態把握はまだ十分に進んでいない状況がある。施設入所児の年齢は厚生労働省が五年ごとに発表している「児童養護施設入所児童等調査結果」に掲載されているが、学年を把握することはできない。学年を明らかにするという発想がないことを踏まえると、施設入所児の学校教育における現状はさらに教育委員会に届いていない可能性が高い。

これまで述べてきたように、施設入所児は看過できない教育困難の中にいる。彼らへの組織的支援、また「施設－学校」連携をより機能的なものにしていくためには、学校の責任者である校長と、管轄地区の教育行政を担う教育委員会の理解が欠かせない。とくに校長交代によって、学校の教育環境に大きな変化がもたらされる場合があり、このことが「施設－学校」連携に少なくない影響を与えている。これまで指摘してきたように、被虐待児が不安定な環境での生活を余儀なくされてきたことを考えれば、施設入所児にとっての「学校環境の安定性」はもっと注目・配慮されるべき重要事項に違いない。校長交代は学校にとって避けられない事態だが、学校環境の変化を少なくするための取り組みが施設を校区にもつ学校に求められている。

第一二章では、施設を校区にもつ小学校が体験することになった校長交代において、「施設入所児の育ちのネットワーク」の重要な要素である「学校環境の安定性」のために機能した要因は何かを、教員へのインタビューから明らかにする。

第八章　児童養護施設―学校連携の現状と課題――学校からの視点を中心に

第一節　問題と目的

学校と施設の連携の必要性についてはしばしば言及されてきたが（玉井 2004など）、このことを議論するに当たって、連携・協働を困難にしている要因を明らかにする必要がある。例えば、子どもに関する情報は、どのようにして、どこまで共有されているか、また困難な育ちをしてきた子どもを教育するための学校側の体制（担任の任期など）は状況に即したものであるか、という個別的な問題についてである。システム論的見地に従えば、ある問題に対する介入は包括的な情報収集から始められる（近藤 1994）。施設入所児に、施設と学校が「安定した学びの環境」を提供するために何が求められるのか。本章では、このことを明らかにしたい。

第二節　調査方法

筆者が関東にあるA県の児童養護施設を校区にもつ小学校を訪れ、教員に面接調査を行った。学校選択に当たっては、まず学校規模（全校児童数）と校区の施設規模（入所定員）のデータをもとに、全校生徒に一定割合（およそ五～一〇％）の施設入所児が通学していることが想定される小学校を抽出した。小学校に一定割合の施設入所児がいるということは、施設入所児の支援に関する施設と学校の頻繁なかかわりがあり、両者の連携の状況を詳細に検討できると考えたためである。小学校の抽出後、所管する教育委員会に教員への面接調査を依頼し、承諾を得た。

A県は都市部と地方部の差が大きく、とくに地方部は田園地帯が広がるのどかな地域である。面接調査は二〇〇九年八月から二〇一〇年二月まで、計六ヶ所の小学校に勤務、あるいは直近まで勤務していた六人の教員を対象に、一回約一時間の半構造面接として実施された。面接に際しての共通質問項目は以下の通りである。

①学校の規模と特別支援学級
②施設から来る子どもの数
③担任の交代サイクル
④施設と学校の「公的な連絡」あるいは「その他の連絡」体制
⑤子どもの生育史について
⑥学校側から見た施設との協力・連携の課題

共通質問項目①～④に、施設の状況を加えた面接調査結果の概要を表28に記載した。学校の規模は、二〇〇名前半から七〇〇名後半の学校までと差がある。とくに注目したいのは特別支援学級の数で、多いところで五クラスを設置しているなど、各校にばらつきが見られた。

録音されたインタビューから得られたトランスクリプトをもとに、川喜田（1967）のＫＪ法を参考にして、特

施設から来る子どもの数	担任の交代サイクル	施設との連絡
10名前後 各学年に1、2名 各クラスに1名ほど	原則毎年クラス解体、担任も交代	施設の担当者と必要に応じて随時
15名ほど 各クラス1～3名 特別支援学級の在籍児もいる	「1年契約」で担任が交代	公的な連絡会は年に1回 施設は学期ごとを希望 あとは各担当者とその都度実施
20～30名 各スラスに1名ほど	2年持ち上がりが多いが、ケースバイケース	年に2回、施設に行く交流会と学校に来てもらう合同研修会 その他、その都度実施
60～70名 各クラス2～5名 特別支援学級の9割が施設から来る子ども	原則毎年クラス解体、担任も交代	施設担当とは夏の個人面談 月1回、施設の心理士と特別支援コーディネーター、生徒指導担当が面談する予定
15名ほど クラスに1名程度 特別支援学級には5名ほどが在籍	原則毎年クラス解体、担任も交代	毎月施設の担当者が来校して特別支援学級担当者と情報交換を行う その他の子についても、その場を利用して打ち合わせをしている（児相のかかわりなども含めてかなり緊密）
30名ほど 各クラスに1名程度	原則、2年持ち上がり 状況によって異なり、施設児を含む学級が混乱し、年度末に1年で担任交代となった学級もあった	校長と施設長が年に1回ほど面談 その他は、施設側担当者との個別的かかわりが中心 学校と施設全体の連絡体制はなかった

で表記した。

表 28　学校—施設の状況とインタビュー結果の概要

	インタビューの 教師プロフィール	学校規模	施設の形態と規模＊1
① A 小	女性 昨年まで施設のある G 小に勤務	約 300 名 単学級で 1 クラス 40 名ほど 特別支援 1 クラス	大舎 定員クラスⅠ
② B 小	女性 男性	全校約 200 名 1 クラス 24 ～ 34 名の単学級 特別支援 2 クラス	大舎 定員クラスⅠ
③ C 小	男性	800 名 特別支援学級 2 クラス	大舎 定員クラスⅡ
④ D 小	女性	約 600 名 特別支援学級 5 クラス	大舎 定員クラスⅢ
⑤ E 小	女性	約 300 名 特別支援学級 2 クラス	大舎 定員クラスⅠ その他小規模グループケア
⑥ F 小	女性	約 900 名 特別支援学級は現在の 6 クラス以下	大舎 定員クラスⅡ

＊1）施設の特定を避けるため定員は三段階（30 ～ 50 名がクラスⅠ、50 ～ 70 名がクラスⅡ、70 名以上がクラスⅢ）

徴的な発言を集めラベル化した。続いて内容の近いラベルを集めグループ化し、共通するテーマを見出した。以下、現象学のテーマ分析の視点から、教員の面接調査プロトコルを適宜引用しつつ詳しく述べることとする。各項目における中心的なテーマを取り上げたため、質問項目と「結果」の項のタイトルが若干違っている箇所がある。なお、F小の教員は調査当時の七年前（二〇〇二年度）までの勤務経験のため、今回は参考資料として補足的に扱うことにした。

第三節　結　果

1．特別支援教育における子どもとの関係づくり

A小では、主に施設の子どもの指導を念頭に置いた特別支援学級（自閉症・情緒障害学級）の設置が検討されていた。特別支援学級の意義について、以下のような意見があった。「施設の子どもには発達障害の子どももいるので、特別支援学級はあった方がいいですね。それにベテランの女の先生ですから、母親的な役割を担うことができます。とても重要だと思います」（B小）

特別支援学級における子どもと教師とのやりとりをもう少し見てみよう。

「六年生の子がいるんですが、一年生からずっとかかわっています」「（施設スタッフは三交替勤務）でも学校に来れば『ぼくだけ』の先生だから、学校は休まなかったです」「去年卒業した子は、四年生のときにこの学校

に来ました。その子はそれまでの一〇年間、子どもだけで生活している状態だったようです。転校当初は心がすさんでいたのか、つばを吐きかけたり切れたりして大変だったんですが、まず信頼関係が大切だと思い、勉強よりもまず、畑仕事を一緒にやったりして四六時中、彼と一緒に生活しました。愛情表現を言葉にすることでだんだん信頼関係ができていったように思います。五年生から少しずつみんなの中に入っていって、六年生になって担任が男性の、ちょうどお父さんみたいな人になって、すごく彼を受け入れてくれて、みんなと一緒に勉強できるようになっていきました」（E小）

虐待を受けた子どもの特徴として、「無気力」「できないことをやりたがらない」という指摘が多かった。一方で、「面白い子がいましたね。クラスの最初のとき、握手を嫌がるんです。嫌だよって逃げ回って。最初の頃は、あまのじゃくなんだろうって思いましたけど、かわいげもありました」（F小）という様子からうかがえるように、虐待を受けた子どもは、対人関係におけるアタッチメント（愛着）の困難を抱えていることが少なくない。学習に取り組む前提は対教師関係である。対人関係をきめ細かくつくり上げていくという意味でも、子どもに即した柔軟なかかわりが可能となる特別支援学級の利点は大きいと考えられる。

2. 施設から来る子どもの数

施設から通っている子どもは、各クラス一名ほどであったが、D小のみ二一～五名と群を抜いて施設入所児の在籍数が多かった。D小は全校約六〇〇名のうち、施設入所児が六〇～七〇名と一割を超えている。これは施設そのものが定員七〇名以上と大規模であり、かつ地域の人口規模も少ないため、相対的に施設の子どもの比率が高くなったと考えられる(1)。

施設から通学してくる子どもが各クラス一名ほどいることになれば、施設を校区にもつ小学校の教師が彼らの担任となる可能性は非常に高くなる。児童養護施設とは何か、児童養護施設に入所している子どもはどんな困難を抱えているか、子どもの養育者とのかかわりをどう考えればいいのかなど、教師たちにとっては日々の教育実践に新たな課題が生まれることになる。こういった課題に対しての、教師、あるいは学校の取り組みが検討される必要がある。

3．担任の交代サイクル

C小以外、すべて毎年担任が代わるというシステムを採用していた。いずれの学校も現システムの開始時期は不明であるが、最近になって始められた、という印象を教員たちはもっていた。担任の一年交代を印象づける意見には、以下のものがあった。

「一〇年くらい前までは、一・二年生、三・四、五・六年という感じで、（学級）解体は三年に行くとき、五年に行くときってだいたい決まってました。どこの学校も。昔は大体一・二年持ち上がり、三・四年はともかく、最後の五・六年は持ち上がりっていうのが多かったです。最近は全部クラス替えですね。人間関係が固定することがやっぱりいろんな問題を引き起こすってことにつながるみたいです」（A小）

「担任が二年っていうのはもう無理。担任の中でも一年だから頑張るっていうのがあって、ああいう（大変な）学校なんですけど、休む人（休職）がいないんですね」（D小）

「その人によると思うんですけれど、本校の場合は、児童養護施設をもっているということで、子どもとの人間関係をつくるのに、一年だとちょっときついかなというところはあるかもしれないですね。でも、逆の言

い方もできるんです。人間関係を崩しちゃった場合は、一年で変わっちゃった方がいいっていうことも言えますから」（C小）

担任の交代に関しては、施設を抱えている学校ということよりも、子ども同士の人間関係、保護者との関係、学校を取り巻く環境などの変化により、結果として一年交代が、いわば「無理のない方法」として定着してきたことがうかがえる。その背景は、D小の教員の意見からより深く知ることができる。

「自分の中には一年勝負みたいなところがあります。一年でとにかくやろうっていうのがあるので、来年に持ち越してここを伸ばそうっていう感覚があまりないんです。なので（受け持ちが）二年になったときに、二年は二年できっといろいろ出てくるんだろうな、私は経験していないから分かりませんが、子どもたちの中にも苦しさも出てくるかもしれないですね。あの子たちも一年だから我慢しているところはあるかもしれないですし」（D小）

一年だからこそお互いに混乱しない関係を維持できる可能性が高いこと、そのためにはあまり深い関係に立ち入らないという対人関係の持ち方を、教員と子どもが無意識のうちに取り入れていると考えることができる。しかし、そこには同時に「このままでもいいのだろうか」という教師の葛藤があるようだ。

「何かが欠けてるなって……」「（教師の言うことを）あーって聞いているけど、通じているのかなって分からない子どもが多いです」「小学校の教員が抑えられないほどの粗暴な子はいません。だけれども、その通じてるのかな、通じてないのかなって部分では不安を感じる子は数名います」（B小）

この指摘にあるように、表面的なかかわりに終わってしまい、「まだ見えない子どもの姿」に近づけないことに漠然とした不安を教師は感じているようだ。

施設入所児を二年間以上受け持つにはかなりのエネルギーが求められる。さらに、困難な養育環境での育ち、そして現在、施設で生活していることが彼らにどんな影響を与えているのかというより深い理解が必要になる。

「子どもによっては、何かをさせようとあまり強く指導しても反発しか来ないし、そこら辺はやっぱりテクニックが必要になってくると思う。あと教師の慣れ、虐待を受けた子どもに対する指導の慣れっていうのも必要だと思うんです。」（C小）

本調査から、施設を校区にもつ学校の担任システムが流動化していることが示された。児童虐待をはじめさまざまな困難を抱えて児童養護施設に入所し、校区の小学校に通学することになる子どもたちを含めた対応として、「担任を毎年交代する」という教育システムを採用している学校がほとんどであった。ただ、A小の教員の発言にもあるように、小学校における担任交代の多くは二年間隔であるようだ。もちろん、担任交代のシステムは地域によっても異なるし、学校によっても異なるため、一概にまとめることはできないが、担任交代の間隔が二年から一年になったのには、必ずしも施設を校区にもつ学校だからという理由ではなく、別の要因が含まれている可能性もある。施設を校区にもつ学校の担任システムの流動化については、さらなる検討が必要と考えられる。

また、施設入所児との関係づくりでは、子どもたちの困難を踏まえた対応が求められ、その技術（視点）を重視する教師の意見を聞くことができた。これらをまとめると、施設入所児を受け入れている小学校の取り組みとして、以下のことが挙げられる。

①子どもたちとの関係の混乱を少なくするために、担任の受け持ちを最小年限にする
②虐待等を経験した子どもとのかかわり方を学ぶ

4．施設と学校の「公的な連絡」あるいは「その他の連絡」体制

すべての学校が、施設担当者との連絡体制はある、と回答した。公的な連絡体制も年に一回はあり、さらに回数や内容の改善を予定している学校もあった（B小、D小）。以下に引用するのは特別支援学級への聞き取りであるが、必要に応じてボトムアップ的にどういう連絡体制を構築していくかについて、参考になる取り組みと考えられよう。

「四月に施設の先生と学校の職員が会いまして、受け持った子どもたちのことを施設の職員の先生がこういう子どもたちですってお話しいただくのが一年に一回、四月に一回ありました。あとは家庭訪問などですね。何かあったときには（子どもは施設で）班に分かれているんですが、班の職員と（子どもに）問題があったときに（個別で）やっていました。私が来た二年目にはじめてＡＤＨＤの激しい子が特別支援（学級）に入りまして、何度も何度も打ち合わせをしました。施設の職員と連絡を密にすることが大事だと思ったんです。そのときの反省をもとに、四年前から月一回、特別支援学級に在籍している子どもたちの担当（施設職員）の方と私たちが、学校で子どもたちの情報交換、学校の様子や家庭（施設）での様子についての打ち合わせ会をして、ノートもつくって記録しています」（E小）

また、C小のように学校と施設が合同研修会を開催するという大変ユニークな試みもある。二〇〇九年には「合同事例検討会」が開かれ、学校と施設の間で、お互いの視点から意見が交換された。また、同年度に児童相談所スタッフを招いての年次全校研修も行ったという。

この研修では、児童福祉司から児童相談所の業務内容と児童虐待を見出すポイントについての解説が行われた。二〇名ほどの教員すべてが参加し、「施設入所児に対して児童相談所で何が行われているかの情報がない」「子どもに関する情報を学校から直接聞いてもいいものなのか」などの質問が寄せられ、ここでも「情報の共有」が意見交換のテーマとなった。

「福祉と教育」の交流を目的とした全校研修会は、C小の校区を含む中学校でも実施された。この研修会は施設から中学校に通学している生徒を対象にした個別の事例検討会であった(2)。この事例検討会には、全校の教員と施設から担当者を含む三名の出席があり、相互に意見交換が行われた。オブザーバー参加した筆者はここで、「学校は夜間でも対応しているのに、施設はなぜもっと熱心に指導してくれないのか」など、学校と施設、相互の「想い」のズレについて話し合われ、それぞれの胸の内が隠されることなく語られるのを目の当たりにすることができた。また、施設職員から子どもの個人情報提供に際して戸惑いの発言があり、「情報の共有」の困難さが浮き彫りとなった。

5．情報共有の問題

そもそも学校における教育活動においては、小学校入学までの養育環境をはじめとするさまざまな情報がその前提になっていると言ってよいだろう。保護者（その多くは父母である親）のもとで育つ子どもの場合、小学校入学前の幼稚園（あるいは保育園）(3)からのさまざまな情報に加え、直接その子どもの養育を担う保護者から伝えられる子どもの性格や行動特性、家族に関する情報等がそれに当たる。当然、入学後に保護者との信頼関係が形成されるにつれて、伝えられていく情報は質量ともに充実することになるが、小学校の担任と保護者の間では日々行われている行為とも考えられる。誕生直後から地域にいる子どもであれば、子ども自身や家族の状況は、同級生や近隣からもたらされることもあるだろう。では、別の場所から施設に入所してくる子どもの情報を学校はどこから、どのように得ているのだろうか。

回答の多くは施設から提供される、というものであった。

「文書にすればA4半分くらい。これだけは注意してくれっていう部分と、こういう状況があったからこういう現状なんですっていう部分は簡略に伝えられます」「個人情報にかかわらない限り、指導に必要な部分についてては（施設は）教えてくれますね」「あまりプライベートなことを教えていただいてもそれを生かす場面が学校生活ではあまりないので。たとえば、ネグレクトを受けているっていう状況くらいで、我々はそういう背景があるんだなあっていうのを踏まえて、じゃあ、いま何しようかっていう形で行きます。こまごま、過去のことを教えていただいても、正直な話、どう生かしていいかっていう部分があります」（B小）

この意見は、家族のプライバシー、とくに「保護者の状況」は聞くことに抵抗がある、ただ、「子どもが六歳までに何をしてもらったか」は子どもとのかかわりで重要な目安（手がかけられているかどうか）となるので、確かめたいというものであった。

別の学校では、以下の意見があった。

「五月くらいに施設を訪問して、クラスが変わったんですけどどうですか？　と話すことで、子どもの様子も分かるし、親御さんがどういう人か見えるんですよね。だから私はすごく家庭訪問は大事だなと思います。それがないと、夏休みにうちは面談するんですけど、それまで親の顔を知らないで子どもと接することになるんです。それはあまりよくないって思います。家庭訪問があったときは施設に行って寮で話を聞く機会があったんですね。それで、今は変わったのかもしれないけど、その当時は（家のこととか）あまり公表しない、したくないじゃなくて、していいのかどうか分からないっていう感じでした。それは（施設の管理職に）確認しないと、みたいな感じでした」「今の（施設での）事情は聞けるんですけど、ここに来た理由とか、今親御さんはどうであるとか、これから引き取る予定はあるのかとか、そういう込み入った話は聞いていいのかも分からないし、ちらっと聞いて『ちょっとそれはね』と言われると、次から聞けなくなるというか、そういう雰囲気はありました」（D小）

「子どもの育ってきた環境を、園の方では、あんまり教えてくれないんです。こっちも聞かなかったんですけど、向こうが言わないのでね。だから、詳しく分からないですけど、他の先生方に聞いても、あまり教えてくれないよっていうような感じでした」「（ある担任のクラスに帰省できる子どもとできない子どもがいる、ということに関して）どうも、夏が近づくと、もう一人の子が荒れるらしいんです。（中略：荒れる子どもは夏休みに帰省していないらしい、ということが人づてに分かった）それがどうも原因のようなんですが、はっきりとは教えてもらってないんです。（中略）だから、それで私たちは、『あ、同じ施設にいても、迎えに来る人、ずーっとずーっと何の連絡もないままいる人、ときどき会いに来る人、どうしてるんだか分からない人、これだけ背景が違う』っていうのを、そのときにはじめて知りました。『じゃあ、全然同じ境遇じゃないんですね』って」「だから、子どもたちの話から分かる範囲……でも、それも（教員から）聞いちゃいけないから、そのポロッポロッと出る範囲で、こっちが推測、推察する程度ですね。私が最後に受け持った男の子は、『お父さんと会った』とか『お父さんが来た』ってことをしょっちゅう本人が言ってましたから、『あ、よかったね』みたいな感じで答えていました。彼の場合は、定期的交流があるっていう雰囲気が感じられましたね。それは施設の方が、家庭訪問の雑談の中でチラッと言ったり、彼自身が作文に、『お父さんが来て、飛行機でおじいちゃんとおばあちゃんの家に行きました』みたいに書いてあったから『じゃあ、お父さん迎えに来たの？』って言ったら、『そうだ』って言うところから分かりました。だから、彼はお父さんがいて、ときどき、長い休みやなんかになると、お家に帰るんです。『お父さんの家はこんな家』とか言って描いたりしてました。その辺の情報のやりとりは、どういう規定になってるか分からなかったんですけど、施設の方に、何となく聞いちゃいけないのかなっていうのもありました」（A小）

回答を見ると「個人情報」の受け取り方はさまざまで、B小では「保護者の状況」と、D小とA小ではその家族の状況に関することは広範囲にわたって「個人情報」と見なされていた。いずれにしても、二〇〇三年に成立し二〇〇五年から施行された「個人情報の保護に関する法律」（以下、「個人情報保護法」）が情報共有の壁になっていることがうかがわれた。

施設と学校の情報共有では、とくに子どもの生育史や家庭状況（家庭的背景）についてどこまでが共有できるのかという基準が不確かで、「聞いてはいけない」「話してはいけない」と、施設および学校がいわば「情報共有の自主規制」を行っている状況がうかがえた。(4)

この「情報共有の自主規制」の弊害として、四月に転入してきた子どもの背景が、半年以上も学校に伝えられなかったというF小の例がある。参考資料ではあるが、以下、提示する。

「よく分からないのですが、とにかく以前のことは教えてくれませんでした。施設に来てからのことは今こんな様子ですって教えてくれましたけど。施設でのトラブルや今、何日も帰ってきていませんとか。でもあまり（子どもの様子が）ひどかったので、施設の担当の方が内々に、ですけど、私たちでは考えられない生活をしてきたんです、って教えてくれました。お父さんは○○にいて、お母さんもそんな、私が想像する範囲ですけど。あまり具体的ではなくて、オブラートに包んだみたいな話でしたね。それも、内々に担当と私だけの話です。具体的な話ではなくて、オブラートに包んだ話でした」「（現在荒れている子どもの背景について聞いたのは）もう秋口に入っていましたね。一一月とか。もう大変でどうにもならない状況のときに、毎日電話なり担当の方が来てくれるなり、話をする中でちょっと話をしてくれました」（F小）

ただ、最近では改善と工夫が見られる学校がある。とくに児童相談所が関与すると家族に関することはほぼすべて学校側にも伝えられるという。

「ここ数年は、転入するお子さんには児相（児童相談所）さんが必ず付いてきてくれるようになったんです。昔はですね、寮のその日の担当だった先生が『今日からお願いします』って感じで、転入の一式、引き出しとか上履きをゾロンと持って、突然来る。子どもも突然学園にやってきて、翌日、突然荷物と一緒に学校に来るのは困るよねって感じていました。私たちもよく分からない子を何となく引き受けるっていう状況だったんです。今はすごく丁寧です」（D小）

「（事前に児相も）寮の先生もいらして、すべて教えてくれましたね（中略）聞かなくても教えてくれる。聞いてもいいんだな、学校も知っててもいいんだなっていうことが分かったんです。それで、学校の方では、『転入生のことは分かるけど、今までいた子どもたちのことは何も分からないよね』ということになって、担任が今知っている情報をとにかく書き出すことにしたんです。前の担任から引き継いだ情報とかも書き出して、その子のファイルをつくろうよってことになったのは、去年（二〇〇八年）の終わりくらいです」（D小）

「突然来る」という表現にあるように、施設入所児が経験する環境の変化は、我々の想像以上であることが多い[5]。さらに、入所中にも家族形態が変化している場合が少なくなく（大嶋 1997）、こういった情報は施設入所児を理解する上で欠くことができない。

6．学校側から見た施設との協力・連携の課題

学校側から見たとき、施設の方針がよく分からないことに学校（教師）が困惑することがあるようだ。

「（教室に）すぐ離席して、出てってしまう子がいたので、彼につられて、この子（施設の子ども）も一緒になって、出てってしまう。教室を出てしまうと施設の方は安全面について手落ちになるので、教室を出すことだけはやめてくれって強く言われました。教室を出て行きそうになったら、止めてほしいって。絶対に他の部屋に勝手に行かせないでほしいって。他の部屋で、事故や怪我があったときに、大変なことになるって考えたようです。やっぱり、園としては、預かっているお子さんだから、っていうところは強調していました」（A小）

F小の出来事は施設と学校が協力していく上で示唆に富むエピソードと考えられるので、参考資料として提示したい。

「（教室を出ていってしまう子どもに対して）学校はこんなに大変なのに、施設は何をやっているのだろうって思いました。学校ではどうにもならなかったので、（施設のスタッフに）来てくれないだろうかって思いました」

「学校としては、施設から来てもらって、子どもに『ちゃんとやれ』って指導してほしかったですね。『座ってなさい』『きちんとやりなさい』と。施設の先生方は背景を知っているから、（子どもが）自分から出てしまうのを自分から帰るようにしたかったんだと思いますね。出ていっても悪いことをしなければ（施設職員は）見ているだけなんです。私たちからすれば、教室から出ることがすでに悪いことなんですけど、でも教室から出ても後ろから見ているだけなんです。だから何しに来ているんだろうっていうのがありました。今から思えば、（施設の職員は自分から戻らせたいと）そんなことを考えていたんだろっていうのがありますけど」（F小）

一方、E小と施設の連携は大変良好で、施設と学校の協力を考える際のヒントになり得る。

「やっぱり同じ歩調で子どもを育てていくってことだと思います。嫌がらず何度も繰り返しやっていくためには、家と学校が同じ歩調で、同じ教え方で、同じようにかかわって子どもに自信をもたせていかないと伸びていかないので、同じ気持ちをもっているというのはとても大事なことかなって思っています」「電話でもお話はするんですけど、できるだけ（施設に）行って、顔を合わせて話します。やっぱり顔を見ながら、面談しながらね。職員と私の信頼関係も大事かなって思いますから」（E小）

E小の教員はこうした発言をまとめて、「同じ立場」「同じ尺度」をもつことが、学校と施設の連携・協働において重要なことと指摘している。「同じ立場」「同じ尺度」は、どのようにしたら得ることができるのだろうか。その一つが、表28で示した学校と施設の定期的な連絡体制であると考えられる。

児童精神科医

小野善郎が語る

思春期の育ちと移行支援

高校教育の常識へのチャレンジ

和歌山県精神保健福祉センター所長
小野善郎

児童精神科臨床と教育の関係

私たち児童精神科医のところにやってくる子どもたちの多くは「学校に行けない」、つまり不登校がきっかけになっています。もちろん、学校に行けなくなっている背景や要因は一人ひとりで異なりますが、子どものこころの診療と学校教育とは切っても切れない関係にあり、子どもの臨床家としては教育と無関係にはいられません。それどころか、子どものこころの問題のほとんどが学校と関連したものであるとすれば、学校がなければ子どもの精神科は不要になるのではとさえ思わされます。

たしかに、学校教育は子どもの育ちには欠かせない要素であり、学校のない子育てはあり得ないかもしれませんが、それにしても学校が子どもたちの生活や親の子育てにこれほどまでに大きな影響を持つようになると、まるで子どもの育ちが教育に支配されているかのように見えます。それがもっとも如実に表れるのが高校受験を控えた中学3年生です。不登校だけでなく、発達障害、さらには虐待や貧困などの過酷な育ちの結果として、学校適応や学力に困難がある生徒たちの前に高校進学は大きな壁になって立ちはだかります。高校進学率が99％となり、高校が事実上の義務教育になった現在では、たとえ中学校で不登校になったとしても、高校に進学しない選択肢はありません。高校を卒業していなければ生きていけないという不安が不登校の子どもたちをさらに追い込みます。

子育ての目標は「大人になること」

不登校にはならなかったとしても、学校教育に支配された子どもの育ちは、成績や受験などの具体的な「目標」や「成果」に追われがちで、幼児教育から大学卒業まで良い教育を受けさせることが良い子育てと思い込まれるほどまでに、子育てと教育は同一視される傾向があります。受験を中心にした教育は、テストの点数や偏差値という具体的な数字で成果を見ることができるので、子どもたちはますます目標に追い立てられることになります。親にとっても志望校への合格が目標になり、最終的には大学受験が子育てのゴールと思い込んでしまいます。

子育ての中で教育の価値が否定されるものではありませんが、少なくとも私たちが勘違いしてはいけないのは、近代国家として成熟し、大学までの教育が広く普及した現在では、教育は明治時代のようなエリートの養成や立身出世の手段ではなくなったとす進学校ではのんびり悩んでいる暇はありませんが、ときには立ち止まって考えることも大切です。どんなに良い大学に入学しても、まだ大人への移行の途中経過にすぎません。それよりも大切なのは、大人になるモチベーションをしっかりと作ることです。

私たちの高校教育についての常識は、今まさに思春期を生きている子どもたちの現実とは大きなズレが生じてきています。事実上の義務教育になった高校教育にはこれまで以上に多様性と柔軟性が求められることになり、学力や偏差値だけで評価されるものとは限りません。私たち大人が画一的な常識にとらわれることは、子どもたちの思春期の育ちに役立たないばかりか、大人への移行の妨げにさえなりかねません。

今こそ形式的な高校教育から脱却して、思春期の育ちの視点から高校教育を根本的に考え直す必要があります。そうしなければ、こころを病む子どもたちはますます増えていくに違いありません。不登校児たちが身をもって訴えている学校教育への疑問に、私たち臨床家は答える責任があります。しかし、高校教育の常識へのチャレンジはまだまだ道半ばです。子どもたちの思いをしっかりと受け止めながら、これからも移行支援としての高校教育を追求していきたいと思います。

小野善郎（おの・よしろう）

和歌山県精神保健福祉センター所長。精神保健指定医、日本精神神経学会専門医、日本児童青年精神医学会認定医、子どものこころ専門医。本業の傍ら、国内・海外のフルマラソン、ウルトラマラソンに数多く参加し走破する多動性サイキアスリート（Psychiathlete：走る精神科医）。

主著●『ラター 児童青年精神医学』（明石書店、2018年）、『思春期の親子関係を取り戻す』（福村出版、2014年）、『子どもの社会的ひきこもりとシャイネスの発達心理学』（明石書店、2013年）、『心の病の「流行」と精神科治療薬の真実』（福村出版、2012年）など多数。

第四節　考　察

1．施設入所児と教師の関係づくりにおける特別支援教育の可能性

施設を校区にもつ学校は、①「子どもたちとの関係の混乱を少なくするために、担任の受け持ちを最小年限にする」、②「虐待等を経験した子どもとの関わり方を学ぶ」ことを実践していた。

児童虐待はいくつかの困難が重なり合って出現するが、その困難の一つに社会格差と貧困があるという指摘は多い（例えば、妻木 2011）。不安定で困難な生活を余儀なくされてきた施設入所児に、どういった教育環境が望ましいのか。①の取り組みは無理のない方法かもしれないが、「学校環境の安定性」という視点からは、比較的担任が代わらない特別支援教育の意義があらためてクローズアップされてくる。入級時には落ち着かず教師に悪態をついていたものの、徐々に落ち着きを見せていったE小の子どものエピソードが特別支援学級の可能性を物語っている。「無気力」「できないことをやりたがらない」「あまのじゃく」などの施設入所児の描写は、被虐待児に特有の「自信のなさ」だけではなく、教師との対人関係における困難と考えることができる。彼らの対人関係のあり方に、理解の手がかりを提供してくれるのがアタッチメント理論であろう。

「自分が受け入れられ、他者（主に養育者）から必要なかかわりを得ることができる」という子どもの発達における認知的枠組みは「内的ワーキングモデル」（Bowlby, 1969：1973）と呼ばれ、自他関係の重要な基盤となる。さらに、Main & Solomon（1990）は子どもと養育者の組織化されていない関係性の表れである「無秩序型」を指摘した。「無秩序型」の子どもは、他者と安定したかかわりをもつことが難しく、素っ気ない態度を取るなど他者との体験の影響を最小限にしようとしたり、また逆に近づきすぎてその関係に翻弄されてしまうなど一貫性

に欠ける傾向がある。

児童虐待や不適切な養育を経験した施設入所児にとって、大人との関係は脅威となる場合が少なくない。「無秩序型」の養育者の態度は、「安全な避難所でありながら危険の源でもある」（Wallin, 2007）という矛盾・混乱したものであるからだ。子どもの発達には自律的探索活動と保護・慰めループである「安全感の輪」（Marvin, Cooper, Hoffman, & Powell, 2002）が成立している必要があり、この活動に何らかの制限が加わるとアタッチメントの障害が想定されることになる（北川 2008）。そしてそれが現実の生活に大きな困難をもたらしているときには、愛着障害と診断される。

第三章、第七章を踏まえると、施設入所児がアタッチメントの問題を抱えており、それが学校における不安定な対人関係に影響を与えている可能性が指摘できる。親子のコミュニケーションルーティンが何らかの理由で十分に体験されなかった子どもは、「相手からの行動を引き出すためにいわゆる『試し行動』という一方的な行動を繰り返す」（村松 2014a）ことがあり、教師と子どもとの関係が「一対多」である教室でその行動問題は起こりやすくなる。施設入所児にとって、遅れ気味な学習だけでなく、対人関係も「個別で安定した育ちの環境」が保障される必要があり、「一対一」の関係をつくりやすい特別支援教育がその可能性を提供すると考えられる。

2．児童養護施設を校区にもつ学校の教育システムづくり

本調査からは、各クラスに一名から数名ほどの施設入所児が在籍していることが示された。その子どもが仮に虐待による深刻な心理・行動的問題を抱えているとしたら、担任が一人で対応し続けることは大きな負担が生じることになりかねない。その負担が担任の一年交代システムに反映しており、結果的に学校環境が流動化しているとすれば、このことへの対策は急務であると言える。

校区内に児童養護施設がある小・中学校約一四〇〇校の学級担任を対象にした調査（玉井 2004）によれば、「担任している学級において、児童養護施設に在籍している児童・生徒数」は一学級あたり平均二・三人であった。そして、学級担任が指導困難性を感じる児童生徒に関して、「単純な在籍数が明確に指導困難性との関連を示した」と指摘されている。

また、東京都社会福祉協議会児童部会が二〇〇四年に実施した調査によると、「学校・幼稚園から苦情・批判があり、児童の起こした問題で協議を申し込まれている施設」は五三施設中四三施設（八一・一％）という高い割合であった。これらのことから、「施設から来る子どもの数が多くなればなるほど、困難が生じやすくなり、施設が学校から苦情を受ける可能性が高まる」ということが明らかになる。「施設側が考えている以上に教員（学校）は施設の子どもたちへの指導の困難性を感じている」（黒田 2009）ことは無視できないことであり、それは結果として両者の連携をますます困難にする要因になっていると考えられる。「一部の小中学校は、『これ以上、子どもを入所させないでほしい』『受け入れは、一学年三人まで』といった入校制限をしている」（黒田 2009）というエピソードは、施設入所児が学校教育からも「排除」されやすいことを物語っている。またこのことは、校長の個人的な判断で施設入所児への偏った対応がなされる可能性を示すものでもある。児童養護施設の子どもたちの学びを保障し、教師たちの疲弊を防ぐために、施設を校区にもつ学校への人的配置は特別に考慮される必要がある。(6)

保坂（2011）は、施設との連携が機能し、安定した環境が維持できている学校には「加配教員」の存在があり、施設入所児が一定数いる小・中学校への「加配教員」配置が必要であると指摘している。二〇〇二年に、文部科学省は同和加配と統合する形で教育困難校への「児童生徒支援加配」を制度化したが、同和地区の学校や教員加配校は家庭との連携に積極的であったという指摘（高田 2009）を参照すれば、校区に児童養護施設をもつ学校の加配教員を「施設コーディネート加配」として制度化することは、施設と学校の連携や子どもの学力向上のために必須の対応と考えられよう。実際、保坂・村松・大川・長尾・坪井・片柳・石井（2011）による児童養護施設を校区にもつ小学校のフィールド調査では、加配教員（児童指導主任）が担任をもたずに、施設との連携および施設入所児の教育支援を機能的に担うという貴重な活動が報告されている。「施設コーディネート加配」の制度化は、施設入所児の学びのためにも、また「施設－学校」連携の安定化（機能化）のためにも喫緊の課題である。施設コーディネート加配教員を中心とした社会的養護への理解の促進は、地域で生活する貧困や離婚家庭、不適切な養育が行われている可能性がある家庭と、その子どもたちへの支援にも貢献するだろう。また、先述した施設を校区にもつ学校への人的配置には、施設に理解のある校長や管理職を配置することも含まれている。このために、社会的養護に対する教育行政の理解と積極的対応が望まれる。

3．施設と学校の情報共有をめぐる問題

校区に施設がある学校で実践されていた①と②の双方に共通するのは、「学校で起きる子どもの行動問題の背景を知り、指導のあり方を工夫すること」、つまり子どもに関する情報をどう共有し、学校教育に役立てていくかということと考えられる。子どもに関する情報、すなわち子どもと家族の歴史といまをもっとも把握しているのは、児童相談所と施設である。そして、学校の情報がこれに加われば、さらに厚みのある子ども理解が可能になる。子どもの学校での成長が家族に伝えられれば、家族支援にもつながる。学校と施設、そして関係者が子どもと家族の背景（その困難な歴史といま）を共有してはじめて、望ましい支援が構想できると指摘されよう。しかし、実際は施設と学校には「情報共有の自主規制」という壁が存在していた。

児童福祉の領域では、「守秘義務」という倫理指針があり、子どもと家族のプライバシーの保護には、「守秘義務」と「個人情報保護」の二重の安全装置が働いている。この前提のもと、関連機関との連携・協働における情報共有はどうなっているのだろうか。

厚生労働省雇用均等・児童家庭局長通知「児童相談所運営指針」(2013) では、心理診断に関する個人情報（子どもの心理検査の結果や保護者に関する情報）に関してはプライバシーの保護が明記されている。「各種機関との連携」(同指針第七章）については、個人情報の保護に留意しつつも、「情報共有と守秘に関する協定を締結したり、要保護児童対策地域協議会を活用するなど、個人情報の保護に配慮した具体的な連携方策を検討すべきである」と言及されている。児童相談所の実践は、「プライバシー保護と他機関との連携」がひと組のものであるという認識に基づいているのだろう。しかし実際には、児童福祉の現場では「個人情報保護」に縛られすぎてしまい、学校との情報共有に齟齬が生じていた。

一方、教育領域のプライバシー保護に関する「個人情報保護」は多くの場合、地方公務員法によって規定されているものの、連携・協働における指針は明確ではない。さらに、児童生徒や保護者と個人的な関与の多い教育領域では、公私の区別が曖昧になりやすく、そのため子どもの個人的背景（個人情報）を他児やその保護者に漏らしてしまうことが生じると考えられる。

本調査から、施設と学校による「情報共有の自主規制」が起きていたことが明らかになった。しかしこの問題は、児童相談所のかかわりによって飛躍的に改善されることが示された。さらに、情報共有が難しい中でも、学校独自の子どものファイルづくりといった興味深い実践が報告された。困難な背景をもつ子どもの支援では、必要な情報が引き継がれることで、一貫し安定した支援が可能になる。この支援の安定性・継続性は、担任の交代における引き継ぎという意味でも重要な試みと考えられる。

4.「施設－学校」連携における事例の共有化の意義

ほとんどの学校が施設との公的な連絡体制を構築していた。この全体的な枠組みを連携・協働のハードシステムとすれば、このシステムが機能するためには、関係者一人一人が自分の意見を表明することができ、その連携・協働チームを構成するメンバーの相互尊重が保障されなくてはならない。この側面は、連携・協働のソフトシステムと見なすことができるだろう。このソフトシステムを育む相互交流の機会として、C小における施設との合同事例検討会が重要な試みになると考えられる。

岩間（2005）は、事例研究の意義として「事例を深める」「実践を追体験する」「技術を向上させる」「援助の原則を導き出す」「実践を評価する」「連携のための援助観や援助方針を形成する」「援助者を育てる」「組織を育てる」の八つがあると指摘している。子どもや家族を育む連携・協働システムもまた、関係者による合同事例検討会などを通じて「育まれていく」必要がある。

合同事例検討会の意義は、「事例の共有化」にあると考えられる。「事例の共有化」の意義は、これまで教員の個人努力に委ねられてきた困難な背景をもつ子どもの教育および支援を、教員集団全員で担う、あるいは学校が組織的に支援体制を整備するということにある。「事例の共有化」は共有可能な子ども支援のビジョンを提供し、「学校環境の安定化」に貢献することが期待できる。施設では、ひと足早く施設全体での事例検討と「事例の共有化」が進んでいる。今後の学校におけるチーム支援の実践では、「事例の共有化」が重要な役割を担っていると言えよう。

C小と施設の合同事例検討会では、一人の子どもの事例を約二時間にわたり教員と施設職員が一堂に会して検討するはじめての試みであったことには意義がある。助言者（講師）からこの事例に関する詳細なコメントがあり、「いま子どもに何が起きているか」を教員と施設職員が共有する貴重な場となった。困難な状況のときほど、目の前の「問題」に目が向きがちになって子どもを厳しく指導しようとしたり、うまくいかないことを関係者に投影し、お互いの確執が深まりやすい。事例検討会において、事例を一つの素材としてともに眺め、理解を深めようとすることにより、参加者は新たな気づきに導かれていく。筆者はこの会に参加し、お互いに生じている確執よりも「問題解決のための手がかりを得たい」という関係者の想いを強く感じた。相互に「子どもの個別理解に基づく対応」を切望していることは、会の最後に「今日、このケースを一緒に振り返って、そういう考えもできるんだということが分かってよかったと思います」と学校関係者から語られたことに象徴されている。

同様の事例検討会は、Ｄ小でも行われていた。ここでも一人の子どもを対象に活発な議論が行われた。この事例検討会ではとくに、助言者（講師）の解説によって事例の困難さが明らかとなり、担任の抱えている負担感が他の教員と共有されたことに大きな意味があったと思われる。[7]

第五節　結　語

児童虐待という困難を抱えた子どもにとって、学校は「避難所」（sanctuary：Horton & Cruise, 2001）であり、そうであるからこそ学校に問題が持ち込まれやすくなる。彼らの過去や現状を知ることなく、学校のルールに従うことを求めれば、「抜き差しならない対立」（西田 2011）が生じ、困難な対人関係がここでも再体験されることになる。貧困の連鎖対策に、親への心理的アプローチなど子どもを取り巻く環境の安定が欠かせないという視点があるが（Schaffer, 1990）、それは虐待を受けた子どもの支援でも同様であろう。人とつながることに困難を抱えた子どもに対しては、支援のネットワークが絶え間なくつながりを提供し続ける必要がある。

しかし、他職種との連携・協働は簡単ではない。吉川（2000）は、スクールカウンセラーと教員の連携に際し、教育相談担当教員の「窓口」としての役割が重要であると述べている。校区に施設をもつ学校が施設との連携・協働に取り組むためには、施設コーディネート加配教員が窓口となり、安定化のためのケースワークを担うことが有効だろう。この取り組みに関しては、教育行政の積極的関与が期待される。

「施設コーディネート加配」が難しい場合には、合同事例検討会による「事例の共有化」が有力な手段になる。子どもと家族の過去といまを知り、その上で自身や関係者との間で何が起こっているのかが吟味されてはじめて、お互いの「関係性」が次第に明らかとなっていく。施設と学校の定期的な情報交換は着実に進んでいるものの、全体として「情報を生かす」ことには至っていない。この意味でも、「事例の共有化」とその根幹をなす「情報共有」が「施設－学校」連携の新たな実践を提供すると期待できる。しかし、困難な背景をもつ子どもたちへの対応は、基本的に学校の担任、子どもが所属する学校、あるいは施設といった「個」、または「個別機関」に委ねられるのではなく、チームなどによる組織的な対応が必要となる。「事例の共有化」は、チーム対応に役立つものの、それだけでは十分とは言えない。組織的対応として、教育委員会が施設の状況を把握し、困難な実情に即した対応が求められる。このことについては、以降の章で順次明らかにするとともに、総括的討論で詳細に述べることとする。

（1）関東甲信越地区児童相談所職員研究協議会では、児童養護施設の子どもを受け入れている山梨県の小学校で地域の在籍児童がいなくなってしまい、施設入所児童のみになったところがあると報告されている（保坂・村松・中山 2009）。

（2）個人情報保護法において、医療の症例研究などは適法とされている（牧野 2006）。なお、関東甲信越地区児童相談所職員研究協議会でも、定期的に学校と施設とで事例検討会を行っているという神奈川県の報告がある。

（3）二〇〇八年に幼稚園教育要領と保育所保育指針が同時に改訂され、子育て支援と小学校との連携が打ち出されている。従来から幼稚園では、学籍や指導要録を小学校に送付することは義務づけられていたが、同年の改訂で保育所も保育所児童保育要録が義務化され、二〇〇九年度から実施されている（無藤 2009）。

（4）二〇一二年三月、厚生労働省雇用均等・児童家庭局長通知による「児童養護施設運営指針」が示され、職員の守秘義務意識の涵養を求めつつも、「関係機関連携・地域支援」、とくに学校との関係では「子どもに関する情報をでき得る限り共有し、協働で子どもを育てる意識を持つ」と明記された。今後、施設と学校の情報共有のあり方に変化のあることが期待される。

（5）大嶋（1997）の調査では、両親の離婚、親の死亡、病気・入院、行方不明などによって入所時に二回以上居住地を移動した子どもが過半数を占めていたという。また、施設入所がはじめてではない子どもも三〇・八％おり、不安定な生活環境の一端をうかがい知ることができる。

（6）長谷川（2009）は、児童養護施設・乳児院の労働者（大阪）の年間勤務時間は二八〇〇時間、当直勤務を含めると三二〇〇時間に達し、これはドイツやフランスの労働者の約二倍であり、過労死のラインとされている三〇〇〇時間をも超えていると指摘している。一方、教員も離職者の増加や新任教員のストレスなどその困難は年々増加している（保坂 2009）。また、近年は異動の間隔も短く、その都度新しい職場や保護者を含む人間関係に適応しなければならないという問題もある。子どもと家族の複雑な困難への支援は、それに取り組めるだけの安定した環境を必要とするが、支援を提供する側にもゆとりがなく、異動や離職といった流動化が起きている。

（7）埼玉県では、教育委員会の主催で小・中学校の教員と施設スタッフが同時に参加する児童虐待研修会が行われている。他職種、他機関との相互理解に向けた共同研修の試みは、施設の子どもや虐待を受けた子どもたちへの新しいネットワークづくりとして意義のある実践と考えられる。

第九章　施設入所児の学校生活と教育保障
――児童養護施設から見た学校との連携を中心に

第一節　問題と目的

施設は福祉領域に属し、学校は教育領域に属している。領域を超えた連携・協働は第一部で指摘したように、我が国ではまだ始まったばかりである。とくに教育と福祉の連携・協働について体系的な取り組みはなく、その相互理解の状況も十分には明らかになっていない。施設と学校の連携・協働を検討するためには、施設と学校双方の見解を比較検討する必要がある。本章では、施設から見た学校との連携の課題を取り上げる。

第二節　調査方法

筆者が関東甲信越・東海・関西・中国地方の児童養護施設を直接訪問し、施設長等の管理職、児童指導員に一回約一時間の半構造化面接を実施した。第八章の調査対象となった小学校の校区にある児童養護施設を調査対象とし、「施設−学校」連携の課題を双方からの意見をもとに検討したかったが、両者から面接調査の承諾を得ら

表29　面接調査対象者

施設	面接調査対象	施設	面接調査対象
A施設	施設長・管理職	G施設	管理職・児童指導員
B施設	管理職	H施設	管理職・児童指導員
C施設	管理職２名	I施設	施設長　（B小）
D施設	管理職	J施設	施設長・管理職２名・心理職　（D小）
E施設	管理職２名	K施設	児童指導員
F施設	児童指導員２名	L施設	施設長

れたのはI施設とD小、J施設とB小の二組にとどまった。児童養護施設に関しては、規模（入所定員）が大きく、施設入所児が校区の小学校に五～一〇％ほどいることが想定される施設を選び、筆者が面接調査の依頼と趣旨説明を文書で行って協力が得られた施設を訪問した。面接調査は二〇一〇年九月から二〇一一年二月まで、計一二ヶ所の児童養護施設を対象に行われた。面接に際しての共通質問項目は以下の通りである。

①施設の規模
②施設スタッフの経験年数
③特別支援学級を含む学校に通う子どもの数
④施設と学校の「公的な連絡」あるいは「その他の連絡」体制
⑤子どもの生育史、親の現状など「個人情報」の共有について
⑥施設側から見た学校との協力・連携の工夫と課題
⑦特別支援学級通級・入級をめぐる問題（親や本人の了解を中心に）
⑧入園児の学習の遅れとその保障について

表29に面接対象者を掲載する。面接対象者を分かりやすく表記するために、管理的な役職は「施設長」「管理職」と記載した。[1] なお、第八章で校区の学校に調査が実施できた施設は、面接対象者欄に小学校の名称を記載した。

川喜田（1967）のKJ法を参考にして、録音されたインタビューから得られた各

質問項目のトランスクリプトをもとに、特徴的な発言を集めてラベル化した。続いて内容の近いラベルを集めグループ化し、共通するテーマを見出した。以下、現象学のテーマ分析の視点から、施設スタッフの面接調査プロトコルを適宜引用しつつ詳しく述べることとする。施設と学校の連携・協働における問題点と対策を抽出するために、本章では前記の③〜⑧における中心的なテーマを取り上げ、そのテーマを各項のタイトルとした。

第三節　結　果

共通質問項目①と④、そして学校や地域との連携において課題になると思われるＰＴＡ活動と付き添い登校の有無をまとめた調査結果の概要が表30である。

以下、「学校と施設の関係づくり」「情報共有と連携・協働の方法」「施設入所児の教育保障」の各視点から考察を試みる。その際、面接調査プロトコルを適宜引用しながら記述することにしたい。なお、引用のうち「　」は被面接者、〈　〉は面接者の発言である。

1．学校と施設の関係づくり

（1）小学校における連絡体制について

日常的な連絡は学級担任と施設担当（もしくは寮担当）との間でもたれることがほとんどだが、大きな問題が生じたときなどの窓口は、全体的に小学校であれば教頭（副校長）や教育相談担当、中学校では校長、副校長や生徒指導担当が担うことが多かった。施設での窓口は施設長と管理職がほとんどだった。

公的連絡会はどの施設においても設けられている。ただ、内容にはかなりの違いがあり、とくに小学校・特別支援学級と中学校との違いは顕著であった。前者は緊密なやりとりがあるものの、後者は保護者会や個別面談が中心で、I施設、L施設を除いては全体の連絡会は実施されていなかった。以下、小中学校別に詳しく述べていく。

一二施設の中でも、J施設の取り組みは、施設スタッフの写真名簿を学校に渡して積極的に関係づくりを行っているという点で興味深い。

「小学校については、四月の家庭訪問の時期の一日を『施設の日』としてもらっています。ここ（施設）にほぼ全員の先生に来ていただいて、私たちの担当職員も皆集まり顔を合わせ、自己紹介をし合い、そのあとにそれぞれの児童の担任教諭と担当とでいわゆる家庭訪問をしていただいています。校長以下、ほとんどの先生、養護教諭の先生も来られます。（中略）また一昨年からは、小学校と中学校については、スタッフの写真名簿もお配りして、児童の担当職員が分かるようにしています」（J施設）

なるべく早い時期に小学校と意見交換の場をもちたいという意向は、K施設からも聞くことができた。最近は、学級解体と担任交代が毎年行われている地域が少なくない。「お互いの顔を知っている」ということは、連携・協働の基本事項と考えられる。

J施設では、この他にも月に一回、管理職と心理職が学校に赴き、教育相談担当と施設から通学する二〇人以上の子どもたち一人一人についての話し合いの場をもっていた。児童の担任は、「友人関係」「学習」「生活」といった項目について、それぞれ簡単な評価とメモを書き入れ事前に教育相談担当に渡しておくのだという。通知票や指導要録といった公的な記録でなく、施設の子どもに関する学校独自の記録が作成されているという点で興

学校窓口	施設窓口	PTA活動	付添い登校
小：校長・副校長・学年主任 中：校長・生徒指導	園長・主任	／	○
副校長	主任	○	○
小：校長 中：副校長	課長・主任	PTAが年に２回ほど清掃のボランティアに来てくれる	○
教頭	部長	○（高校）	○
小：生徒指導 中：副校長	主任２名で小・中分担。中学校担当主任は、必要に応じて教頭・生徒指導教員と協議	○	過去実施。現在なし
校長	施設長	○	／
小：副校長 中：教頭・生徒指導・学年主任	管理職	数年前まで役員を引き受けたが、現在は単発の行事や役割に参加	○
小：教頭 中：生徒指導	管理職２名が小中を分担して担当	○当て職の役員　子ども会　自治会にも参加	以前はあったが、現在は帰園させている
小：担任（かつては加配教員）問題によって教頭 中：生徒指導	担当。問題によって主任	○役員	×
小：教育相談（加配教員） 中：生徒指導	主任・心理担当	／	帰園させて、施設長が対応する
教頭	施設長・統括部	○役員	帰園させて、日勤者が対応する
小：教頭 中：教頭	施設長	○役員	状況によって帰園させ、日勤者が対応する

表 30　施設と学校の連絡・協力体制および施設の地域活動

No.	施設	施設規模	小規模グループケア	地域小規模児童養護施設	学校との連携	
					公的連絡会	その他
1	A施設	小舎	○	○	年１回（６か７月）担任と赴任教員が来園する	
2	B施設	小舎	○	○	小：夏休みに校内研修の一環として、「施設を知る」連絡会を実施 中：個人面談を利用	
3	C施設	小舎	×	×	小、中別の連絡会を年２回実施しており、基本的に全教員が来園する。特別支援教室は年３回	ケースカンファ。施設：課長・寮長・担当・看護師・心理士。学校：校長・副校長・学年主任・担任・養護教諭
4	D施設	中舎・小舎	○	○	小：年１回教育懇談会を会場持ち回りで開催、学校、施設全教職員が会同する 中：各ホームと学校担任の個別協議	必要に応じて教員と主任、担当、心理士による個別カンファ
5	E施設	小舎	○	×	小：全体会年１回の他、週１回情報交換会で主任が生徒指導担当、担任と話し合い 中：新任教員の来園	小：年に６回行うカンファに必要に応じて学校からも参加してもらう。学校でのミニカンファも適宜
6	F施設	小舎	○	○	小：年１回連絡協議会を実施。かつては基本的に全教員、最近は新任のみ来園、施設見学 中：学期ごとの保護者会	カンファ随時。特別支援通級児には必要に応じて担任、担当、心理による支援会議を実施
7	G施設	中舎	○	○	小：年１回全教員と職員が参加する懇談会が学校で行われる 中：学期ごとの保護者会	カンファ
8	H施設	小舎	○	×	小：月に１回程度。窓口担当同士。必要に応じて担任、担当が参加する 中：月１回程度。おおよそ検討する学年を決めて担任や担当が適宜参加する。個人でなく、学校全体に知ってもらうことが目的	カンファ
9	I 施設	中舎	○	×	小・中とも年度始めに全体会を施設で行う（職員会議を施設で行ってもらうという位置づけのため、ほぼ全員参加）	
10	J 施設	大舎	○	×	小：４月の家庭訪問日、全教員が施設を訪問し、意見交換を行う 中：毎月１回担任と担当の個別連絡会がある	小・中ともに月例の連絡会を窓口担当同士で行い、情報交換する（小学校は全員を取り上げる）
11	K施設	大舎	×	×	小：学期初め、家庭訪問・個人面談 中：特にない	特別支援学級はコーディネーターと学期ごとに連絡会を実施
12	L施設	大舎	○	×	小・中ともに学期ごと（年３回）の連絡会を学校で行う。子ども全員について資料を作成し、意見交換を行う	小学校は宿直者や早番勤務の職員が、必要に応じて登校時、毎日担任に申し送る

（注）大舎：定員 20 名以上　中舎：定員 13 ～ 19 名　小舎：定員 12 名以下

味深い実践である。記録をどう管理するかという問題はあるとしても、子どもの状態と成長を学校側が細かく把握し、施設と共有できるというように利点は少なくない。

また、L施設では子どもを小学校に登校させる際、付き添った職員（当直明けか早番の職員）が、そのまま学校にしばらく残り、簡単な「申し送り」を学校側（担任が中心で、担任とコンタクトが取れないときは伝言）に行っていた。このことによって、例えば前日に施設内で大きな喧嘩があって子どもが不安定でいるときなども、学校はその情報を漏らさず得ることができ、学校生活での配慮に生かすことが可能になる。こういった日常的な情報共有は一見簡単なようだが、学校の登校時の慌ただしさを考えれば、その必要性が十分認識されてはじめて取り入れられる実践と考えられる。

（2）中学校における連絡体制について

中学は部活動や教科活動など、教員の個別活動が多いため、全体会の開催は難しくなるようだ。したがって、多くの施設で実施されているような「新任教員」や施設をよく知らない「新担任」に限定された「施設紹介」のための集まりにならざるを得ないのだろう。

ただ、なかなか時間を合わせることが難しい状況にありながらも、H施設やJ施設のように、学級担任と施設担当者が窓口担当者を交えて、月に一回ほど定期的なやりとりを行っている実践例もある。

「そのときの状況によって、今日はこの学年にしようかと決めておいて、だいたい（子ども）それぞれの担任と一回は顔を合わせて話をするようにしています。（中略）でも担任個人だけに知ってもらうだけでなく、学校全体で把握してもらうことを目的にしています。ですから、多くの先生に出てほしいと要望しています。先生たちも忙しいのですが、そう言いながらもすごく協力をしていただいて、多数の先生が参加してくださいま

す」（H施設）

この施設の連絡会は午後四時から始まり、七時、八時まで行われることも稀ではないという。長時間実施することにより、教師にとっても参加しやすい状況がつくられているようだ。さらに、最近は学校と施設の「親睦会」を兼ねて、飲食をしながらの話し合いがもたれることもある。これには担任以外の教員も参加するため、「ほとんどの先生が顔見知りみたいになるんです」（H施設）という。

一方、中学生の行動問題に対して「個別的にどう対応するか」も、施設にとって差し迫った課題である。

「中学生が荒れていた時期は、生徒指導の先生に相当お世話になって、毎月学校に行っていました。夏休み中もいろいろな問題があるので、ご自宅まで連絡させていただいて協力を仰いだりして、そういう連携があることがとても心強くて助かりました」（A施設）

「（入園している中学生が）近隣の中学も絡んだトラブルを起こしまして……。そのときは生徒指導の先生たちがつながっていて、地域ともネットワークをもっているっていうのを、そのとき知りました。私もそれに参加させてもらったりして、やりやすかったです」（F施設）

中学校において、生徒指導担当の果たす役割は大きいと考えられる。中学生は施設外でトラブルを起こしたり、それに巻き込まれることも少なくない。A施設のように、生徒指導担当の自宅に連絡するなど「個人的に連絡しやすい環境」と、F施設のように「地域ネットワークにうまく参加する」ことができれば、必要以上に施設職員が子どもの行動問題に揺さぶられ、疲弊することを防げるのかもしれない。

さらに、個別理解と個別対応ということを考えるとき、相互理解の方法として公的な連絡会を増やすより、個別の意見交換の場を重視する意見があった。

「（公的な連絡会などの）回数を増やすのは、年に二回やると二倍効果があるっていうんじゃないと思います。私自身はしょっちゅう学校に出入りしていて、担任や教頭など何人かの先生と心理士と担当の保育士と、そういう（臨機応変な）形のケースカンファレンスをしたりします」（C施設）

小中学校の別なく、全体的な意見交換の場と平行して、より個別的なかかわりの場を多くの施設が模索している現状が明らかとなった。

（3）「施設－学校」連携における管理職の重要性

連絡体制のシステムということを考えるとき、多くの施設から寄せられた共通意見は、「学校の管理職によってかなり対応が変わる」というものであった。

「（施設入所児が）来た以上は見ようよって言ってくれる校長先生と、やっかいな子が来たなあっていう先生では、やっぱり（対応が）違います」（I施設）

「（前任の校長は手のかかる子どもにも）とにかく来なさい。来れば何とかなるからねと言ってくれました」（しかし校長異動で）「『こっちの身にもなってくださいよ』、とか『クスリを飲ませてください』と言われたこともありました」〈それは担任を守るという姿勢が校長先生から感じられたということですか？〉「はい。そういう姿勢は確かにありました。やっぱり、校長先生の交代は大きいです」（G施設）

「今は教頭が窓口になっていて、校長先生はちょっとかかわりが薄いです。ただ、今の教頭の前の教頭のときは、（施設に）関心がない方でしたから、そのときは個別にクラス担任とか教務主任とかいろいろと連絡とることが多かったですね」〈人が変わると全然違う？〉「そうですね。ですから異動があると、どんな方かと様子を見に通ったりすることもあります」（C施設）

校長や教頭（副校長）といった管理職がどれだけ施設に理解があるかによって、子どもの対応にはかなり違いがあるようだ。その一方、管理職の交代をいわば「既成事実」として受け止め、対応していこうとする施設もある。

「管理職の交代は常につきまとうことですから。同じことを最初から、一から繰り返し言っていくしかありません。そういうものだと思っています」（M施設）

「いろいろありますけど、歩み寄るのは施設、という意識ではいます」（H施設）

これらの意見は、施設側が管理職の異動に「適応」しようとする姿勢の表れと考えられるが、管理職の交代が「施設－学校」連携のシステムに組み込まれている場合もある。

「校長先生が代わると挨拶に来てくださいます」（F施設）

この施設では、施設長が小・中学校の評議員を務めているという背景もあり、「学校と施設の関係を引き継ぐこと」がシステムとして機能していると考えられる。

そういったシステムとは別に、システムの未整備を補完するものとして、「施設長」「校長」の個人的な関係づくりを重視している施設もある。H施設の「長（園長、校長）同士の関係は重要です」という指摘や、M施設の関係を一からつくり直すという姿勢もこれに含まれるだろう。これらは、システムは重要だが、「連携・協働は育まれるもの」という実践的経験からの発言として興味深いものである。

管理職の施設に対する理解が、子ども対応に大きな影響を及ぼしていることは間違いがない。F施設では、ある子どもをめぐって教科担任とのトラブルが生じ、「もう学校に来させないでください」というやりとりに展開してしまったことがあった。このときは管理職が間に入って調整してくれたため、それ以上の混乱に至らずに事態は終息したという。これは管理職が施設と施設から来る子ども理解に基づいて対応してくれた好例であるが、G施設の例のように残念ながら子どもへの排除が示唆される場合もあった。家庭から保護された子どもに、その後も安定した生活、とりわけ教育活動が保障されないとしたら、それは我が国の社会的養護システムに問題があると指摘せざるを得ない。管理職が社会的養護についての理解を深め、校区に施設をもつ学校の対応が概ね安定し、一貫性をもつための有効な方法について検討される必要がある。

（4）児童養護施設の多様化と相互理解の難しさ

児童養護施設は現在、ショートステイやトワイライトステイ事業の実施や児童家庭支援センターの設置、里親支援など、地域の子育て支援の中核的役割を担う社会的資源の一つになりつつある。先述したように、「保護者が二人ともいない子ども」が施設に入所してくる割合は著しく減っている。さらに施設ケアにおける家庭的養護と個別化によって、小規模グループケアや地域小規模児童養護施設の設置といった新しい展開もある。これらを踏まえると、一九九七年改称以前の「養護施設」とはかなり異なる施設になりつつあるのが現在の児童養護施設であると指摘できよう。そして、施設ケアの小規模化による施設の分散化に伴い、施設入所児とかかわる学校、教員は確実に増加している。しかしこの変化は、以下の発言から教員にはほとんど理解されていない可能性がある。

「先生によっては、（地域小規模グループ）ホーム？　何か障害の方ですかとか、そういうふうに思っておられる方もいらっしゃいます。その辺も、一から説明しなくちゃいけないなっていう部分もありますね。伝えられる範囲で、ホームの児童構成ですとか、だいたいこういう子がいるんですとか話します」（F施設）

「養護学校と混同している人もいます」（D施設）

「下宿屋や寮みたいに思っている人もいるんじゃないですか」（I施設）

「（施設開設にあたって）変な子が来るんじゃないかとかね。非行の子が来るって思っていた校長もいたみたいですよ」（M施設）

我が国においては、一九九〇年代からの児童虐待の社会的啓発が進み、二〇〇〇年には「児童虐待の防止等に関する法律（児童虐待防止法）」が施行され、教員に虐待の「早期発見の努力義務」が生じることになった[2]。さらに二〇〇四年の大阪・岸和田事件[3]、二〇一四年に西東京市で発生した継父による中学生への自殺教唆事件[4]など、学校が子どもの安全に寄与できなかったのではないかという指摘が影響し、教員の当面の意識は「虐待の発見」に集中せざるを得なかったのかもしれない。ただ、発見後のフォローやケア、あるいは学校教育における支援を考えれば、当然前記のような「認識不足」が修正される契機ともすべきであった。児童虐待の通告義務が国民に求められていることは、社会が子どもの安全に寄与しなければならないことを示すものである。保護された後に子どもの成長を保障する社会的養護に関する研修は、子どもの健全な成長に関与する教職員にとって必須のものだろう。前記の施設スタッフの発言からは、社会的養護に関する教員研修が十分でないことがうかがえる。早急に教員研修のあり方が検討されるべきである。

（5）教育と福祉の融合による効果

地域や学校との関係が一時困難になったE学園は、学校教育出身者を施設長に据え、抜本的な関係修復に取り組んだという。教育と福祉の人事交流を制度として位置づけることは容易ではないが、ネットワークが重視される児童虐待の支援において、以下は一つの可能性を示唆するモデルと言うことができる。

「（学校教育出身者に）施設長をやってもらって、教育の地固めをしてもらったんです。いまはだからかなり連携がいいと思います。私たち（管理職の）二人も学校に足を運んでいますし、個人情報に関しても、トップ同士でやりとりして、どこまで現場に流すのかっていうことも校長の判断でやってもらっています」（E施設）

2．情報共有と連携・協働の方法

（1）個人情報について

表31に、個人情報に関する特徴的な施設の実践を記載する。施設はなぜ親子の情報提供に慎重にならざるを得ないのか。その一つは、学校からの情報漏れへの懸念があると考えられる。

多くの施設では、保護者情報を提供することには慎重で、名前は伝えるが、住所、職業、現在の状況の詳細は伝えていない。新学期に学校に提出する「家族関係調査票」は意見が分かれるところで、きょうだい構成までは書くという施設から、J施設のような慎重な意見もある。

「入所しているきょうだいについては書きます。ただ、入所していないきょうだいについては書かないで口

表31　学校への個人情報の伝達

	学校に伝える保護者情報を含む個人情報
A施設	かつては簡単なメモを渡していたが、現在は口頭で「身体的虐待です」等の概略のみ
B施設	児童福祉司にどこまで情報提供するか確認した後に伝える。きちんと伝えた方がよい場合は、児童福祉司から直接伝えてもらうこともある
C施設	子どもの支援と学校が欲しい情報という視点から整理し、児相に判断してもらう
D施設	基本的に口頭ですべて伝える
H施設	かつては児童票も渡せたが、現在は部外秘で来るので、口頭でしか伝えられない
F施設	家族関係は話すが、問題の内容までは話さない。学校の先生も「深く聞いてはいけない」と思っているよう
I施設	保護者の住所は知らせない。名前ときょうだい関係は伝える。保護者の職業は知らせない

頭で伝えます。親のことについても。子どもが直接担任に渡す書類なので、どこで他の子の手に渡るかも分からないですから」（J施設）

H施設によれば、二〇〇三年の「個人情報の保護に関する法律（個人情報保護法）」成立（二〇〇五年施行）あたりから施設による「情報共有の自主規制」が始まったという。それまでは、D施設に代表されるようにすべて伝えるという姿勢だったため、学校から「出し惜しみしているのでは？」という不信感をもたれているかもしれない、という指摘があった。これは、第八章で取り上げた児童養護施設を校区にもつ小学校教員への面接調査において、「よく分からないのですが、とにかく以前のことは教えてくれませんでした」と述べられていることと符合する。また、「個人情報を深く聞いてはいけない」という「情報共有の自主規制」は、小学校教員への面接調査で明らかになったが、同じように施設側も「詳しく話してはいけない」という自主規制を行っていた。J施設を除くすべての施設に、所管課から個人情報に関する通知が来ているかを尋ねたが、指導があったと回答したのはBとI施設のみであった（ただ、いずれも指導の根拠となる公的文書は明らかにならなかった）。ほとんどの施設が、子どもと家族に関する個人情報の伝達に関しては、ほぼ担当者に任されており、判断に迷ったときに管理職に持ち帰る、という二段構えの方法を取っていた。

（2）情報の共有と引き継ぎ

今回、新たな問題として浮かび上がったのは、G施設からの以下の発言である。

「担任の先生が代わると情報がそこまで持ち越されない。引き継がれていない。去年の担任の先生が残っていてくだされば、聞いてもらって、情報を少しもっている段階からスタートできるんですけど、転勤で別の学校に行ったりすると、一から説明することになります」（G施設）

対照的に、L施設では以下のような実践を行っている。

「定期連絡会では、学期ごとの状況、日々いろいろなことを聞いていますが、総合的にこうだったとか、こういうところは気になったとか、今後どうしていったらいいかとか、学校側からの資料が出ます。こちら（施設）も家族環境が変わったから支えなければいけないと思っているとか、それぞれの立場から資料を出すんです」（L施設）

この資料は、連絡会後はすべて断裁されるが、それぞれの長は保管している。とくに校長はその資料を金庫に入れて厳重保管とし、校長の許可がないと見られないことになっているという。この情報は校長や担任が替わっても引き継がれ、子どもの貴重な成長記録になると思われる。

（3）日常的連携の重要さ

施設とのかかわりでは、F施設から「とにかく足繁く通う」、H施設でも「なるべく顔を出すようにしている」という実践の指摘があった。とくにH施設の担当者は、かつての連携の経験で興味深いエピソードを紹介してくれた。

「一つの中学に行っていたんですが、一つの中学はそんなに荒れていない学校だったんです。そこは連絡会をやらなくていいと言われました。もう一つの学校は結構荒れていて、ぜひやってほしいということで、週一回私が行っていたんです。来なくていいと言われたところにも月に一回行ってそれぞれ生徒指導の先生と話をしてきました。何年後かに、それを引き継いだ者から聞いたんですが、逆転しちゃったらしいんです。荒れていた学校は落ち着いて、落ち着いていた学校が荒れてきてしまったと。だから普段から関係性を密にやっていくことは大切だな、と思いました。ぼやきに行くだけでもいろいろな情報が入ってきますから」（H施設）

ここに出てくる中学校が荒れてきてしまったのは、もちろん複数の要因が絡み合ってのことと推察される。しかし、連携がうまくいっている施設の姿勢は、とにかく「足繁く通う」ことに象徴されるような「アウトリーチ重視」と、さらに問題が起きてからではうまくいかないということを踏まえての「日常的連携の重視」ということであろう。これら手間暇を惜しまない地道な積み重ねが、本当に連携が必要な状況の土台になると考えられる。

（4）PTA活動、地域活動を通したつながり

B施設とH施設は、地域の子どもに開かれた活動を行っていた（表32）。

H施設では、運動場にいつも来ている子どもがいて、気になって話を聞くと、「結構シビアな問題を抱えていたりする」のだという。入所児だけでなく、地域における養護性の高い子どもを「抱える場」として施設が機能

表32　B施設とH施設の地域活動

施設	地域活動
B施設	夏休みに地域の子どもとの合同キャンプや、学園の行事に地域の子どもたちを招待している
H施設	運動場などの施設を、可能な範囲で地域の人たちに開放している

し、地域に根ざしていることがうかがえる。

また、ＰＴＡでの活動は、地域交流としても、援助ネットワークのメンバー交流という意味でも重要な位置づけになっているようだ。表30に示したように、ほとんどの施設がＰＴＡ活動を行っていた。地域と「横並びの連携」（髙田 2008）を志向する動きの一つとしてＰＴＡがいかに有効な活動かを、施設が認識しているためと考えられる。

Ｆ施設の発言からは、ＰＴＡで得られる親からの情報で、子ども関係の理解、学校理解がより深まることがうかがえる。


「施設の職員って外されているところがあって……。保護者会に行っても、『今日、どう？』みたいな世間話をするまでにはなかなかいかないと思うんです。お母さんたちもそういう話しかけはしてくださらないので。やっぱりこちらから行かないと。世間話からいろんなものが見えてくるんですよ。『あ、そんなこと起きてたんだ』っていうこと。自分たちも子どものことで精一杯なので、他のところでこんな問題が起きているんだ、あんな問題が起きているんだ、っていうのをあらためて耳にすることができるんです。（中略）学校の先生から公式の場では伝えられないんだけど、でも実際はいろんな問題が起きていて。奥様方の情報網っていうのはすごいですね（笑）。そうすることで、情報に偏りがなくなりますね」（Ｆ施設）

学校というフォーマルな場での情報を補完するものとして、ＰＴＡなど親や地域からの情報が貴重であることは言うまでもない。そして、ＰＴＡでの活動を通じて、教師からインフォーマルな情報が得られたり、また地域が施設の子どもたちによい意味での関心をもってくれる、ということも考えられる。以下のB施設の考え方は、地域との関係づくりを重視する姿勢を徹底的に追求したものと言えよう。

「（施設の子どもが他児を怪我させてしまったときには）施設長なり私なりがネクタイをしめて施設のパンフレットと菓子折りを持って、謝りに行くんです。それは早いうちに学校の先生から電話が入って私たちは即対応してやっています。（中略）できるだけそれをきっかけにして施設のことを理解してもらって、すごく口幅ったい言い方をすれば、施設のファンになってくれるくらいの気持ちで私たちはおわびにお伺いするんです」（B施設）

地域とのつながりは、トラブル対応というより、むしろ施設を地域に理解してもらい「見守り」の土壌をつくるという積極的な目標を設定し、そのために必要な対応を模索することを通じて醸成されていくことが前記の実践から示唆される。

3．施設入所児の教育保障

（1）付き添い登校について

施設入所児の学校不適応対策の一つとして、施設職員による付き添い登校を求められることがある。付き添い登校は、発達障害や身体障害など、障害のある子どもが介護や支援などを必要とするときに、保護者の付き添いを学校が求め、それが子どもの受け入れ条件になることがあるのと同様に、施設入所児がクラスで落ち着かず立ち歩きが日常化していたり、他児へのちょっかい、他児や教員への暴力、暴言などで授業に支障があると学校側が判断した場合に要請されることが多い。しかし、この要請は校長を通した手続きによるものと、担任の個人的な要望が混在している状況があるようだ。二〇一六年四月には、「障害を理由とする差別の解消の推進に関する法律」が施行され、障害を抱えた児童生徒への合理的配慮の不提供が禁止されたが、法律の施行に際して文部科学省初等中等教育局特別支援教育課によって実施された「障害のある児童生徒の学校生活における保護者等の付添いに関する実態調査の結果（概要）」（2015）によれば、二〇一五年五月現在、「日常的に校舎内において障害のある児童生徒に付き添っている保護者等の人数」は、一八九七人であった。なかでも注目したいのは、保護者による支援は、医療的ケア、日常生活上の介助、学習支援、健康・安全確保と多岐に及んでいることである。本来これらは学校が提供するべき合理的配慮である。ようやく法整備がされ、付き添い登校の問題点が明らかとなったが、施設は以前から学校、あるいは担任の要請に基づき、付き添い登校を余儀なくされてきた。

東京都社会福祉協議会児童部会による調査（2004）によれば、付き添い登校経験のある施設は六施設（一一・三％）であった。しかし、本調査では過去の実施も含めれば、一二施設中七施設（五八・三％）が付き添い登校を行っていた。今回、多くの施設から「学校は施設にものを言いやすいと思う」という意見が聞かれた。これが協力を前提にしたものであればよいが、何か困ったことがあれば施設という姿勢があるとしたら、それは連携を妨げる要因になりかねない。

さらに、学校で子どもが育つということと、施設での子どもの育ちとを区別して考えたいという意見がある。

「最初は（小学校に）学校対応の職員を一名付けようという話になったんですけど、自立できなくなっちゃうんですね。職員が学校に行ってしまうと、子どもは自分で解決しようという力が低下してしまうんです。（職員を）意識しちゃって、何かあると学園の職員の方へ来てしまうという状況が生じたので、適切な距離を保と

うという方向になりました」（E施設）

「先生とのかかわり合いの中で、すごく伸びていくことっていっぱいあるわけじゃないですか。そこに、何か期待をしてるというか。だから、皆がみんな、同じ援助者の目で見る必要はないと思うんですよね。（中略）そこはあまり変に介入して、人間関係をつくる上で楽しちゃわない方がいいと思うんです。そこは施設が補える部分ですし、学校では学校でのつくり方っていうのがあると思っています」（L施設）。

全員が同じ援助者の視点でいる必要はない、という指摘は、あらためて被虐待児への援助について考えさせられる。子どもの育ちにおいて、私的領域としての家庭と、公的領域としての地域・学校を車の両輪と考えるなら、その役割はできるだけ明瞭であることが望ましい。施設と学校の連携において、相互の役割・境界を吟味し、再考することそのものが、子どもと家族に対して援助的な行為であると考えられる。

（2）塾の活用と学習ボランティア制度

二〇〇九年から施設で生活する中学生全員の塾費用を国が全額負担する制度が始まった。ただ、施設への面接調査では、中三は希望者がおらず中二が通っているという施設や、そもそも希望者がいないという施設もあった。もちろん塾費用の支弁は、進学意欲のある子どもにとって必要な手当である。しかし、施設で生活する子どもの進路保障や低学力の抜本的対策とはなっていない可能性がある。

虐待を受けた子どもの学校問題は、「学習の困難」と「対人関係の困難」にまとめられるという指摘がある（数井 2003）。髙田・村松・井上（2004）も、虐待を受けた子どもと教員とのマッチングの重要性に言及している。これらのことから、継続的支援が可能な学習ボランティアの活用が被虐待児の学習支援の一つの方向性と考えられる。

（3）職員による学習支援

多くの施設では、勤務時間中に職員が子どもの学習を見るという活動を行っていた。しかし、人的資源の問題で当然全員の子どもには手がまわらず、中学生を対象にした週一、二回という活動状況であった。勤務時間外に学習の時間を設けている職員も少なからずいるが、毎日誰かしらが学習に心配りができる家庭環境とはあまりに差がありすぎると言える。

こういったいわば「従来の」やり方を発展させ、公文[5]を取り入れている施設や学習指導専属の指導員（非常勤）を置いている施設（G施設）があった。とくに後者のG施設は、夕方から夜間の直接処遇職員一名を学習指導専属職員に割き、受験生らの進路指導に当たらせているという。子どもの学力や進路選択において家庭と学校の協力が望まれるように、施設も学習を学校任せにするのではなく、「家庭学習」（学習支援）を重視する試みと考えられる。

第四節　考　察

1．個人情報について

本調査から、施設側は個人情報保護に基づいて、子どもや家族状況を念頭に入れながら教師に情報提供していることが明らかになった。それは教師個人の特性や両者の関係性を反映するものではないが、いまここでのやりとりで言い淀むことがあれば、情報を受ける側の教師は「信頼されていない」という思いを抱くことがあるかもしれない。

この背景として、個人情報保護法施行後、個人情報の漏洩に施設が敏感になっていることが考えられる。佐川光晴（2010）の小説『おれのおばさん』は、銀行員である父親の横領のために一家が離散し、一四歳の主人公高見陽介が、叔母が責任者をしている地域小規模児童養護施設に措置される物語である。その中に、陽介の成績のよさを妬んだクラスメイトとトラブルになり、その対応中、担任が児童養護施設に来た理由をトラブルの相手に話してしまう、というエピソードがある。情報管理の問題であるという校長に対して、陽介の叔母は「あたしが一番怖いと思っているのは、大人の偏見で子供同士の関係がゆがめられることなんです」と会議の場で述べている。

これに類するエピソードは今回、複数の施設から聞くことができた。子どもへの対応に困った教師が、残念ながらある種の偏見に基づいて子どもの個人的な事情を口走ってしまうことはそう珍しいことではないようだ。詳しい個人情報が含まれるためにつまびらかにはできないが、ある施設では、中学生の進路選択の際、「親がいるなら」と学校が保護者と直接連絡を取り、結果的に子どもが振りまわされることになってしまったという。このような経験を踏まえて、多くの施設では、学校と保護者が直接連絡を取らないよう両者に伝えたり、保護者が保護者面談や運動会などで学校を訪問する必要のあるときは必ず児童相談所や施設が間に入って調整するなどの対応を取っている。

これらのことから、施設と学校の情報共有に関する問題は次のようにまとめられる。

①個人情報保護が施設－学校関係者の関係性に影響を与えている
②個人情報保護の側面が強まると、両者のコミュニケーションを困難にさせる要因となり得る

一方、L施設と学校の間では、「施設－学校」連携における情報共有のモデルとなるような情報の有効活用と

厳重な管理が実践されていた。この実践が、組織同士の相互理解のもとに行われていることには大きな意義がある。

村松（2014b）は、組織間の協働における情報共有について、「個人が判断するのではなく、集団で検討」することの重要性を指摘している。このプロセスの基盤をなすのは、連携における情報共有を関係者間での守秘事項とし、関係者外には漏らさないという「集団守秘義務」の考え方である。この取り組みは個人情報の保護になり、ひいては子どもを見守る支援チームを形成するという非常に重要な営みにつながると考えられる。機能的な「施設－学校」連携のために、まず両者の情報共有が難しくなっているという共通認識に立ち、組織としてどう対応していくかをともに検討していくことが、行きすぎた「情報共有の自主規制」や、その結果生じる相互不信を抑止することにつながると言える。情報共有は関係の深まりに比例する。こういった対話を通じて、意味のある情報の蓄積が可能になると考えられる[6]。

今回施設職員を通じて、教師の「（人からの情報より）自分の目で見て判断する」という発言をたびたび耳にした。その「現場主義」は貴重なものとして保持しつつも、困難な背景を抱えた子ども支援のためには、「子どもの育ちの歴史」を知る必要がある。そのために、「施設－学校」連携はもとより、直接のかかわりはもてないとしても、保護者の存在を見据えた「保護者との連携」を視野に入れる必要がある。子どもは私たちの想像以上に、保護者の想いを取り入れ、それに添おうとしているからだ。さらに、児童養護施設に入所する子どもの家庭は、離婚や再婚、きょうだいの誕生などの家族関係、また経済状況、住環境など生活環境は複雑で変化が多い[7]。子どもの状態を理解し、よりよい支援をするためには、時機を失しない保護者や家族情報が必須であると考えられる。この点で、L施設と学校が相互に資料を用意して子ども支援に取り組んでいる実践は大変参考になる。

支援が難しい子どもは、困難な育ちの問題を抱えていることが多く、支援者が一人で支援を担うことはできない。彼らやその家族をチームで支援するためには、関係者から情報を得、その情報を共有し合うことが求められ、この営みが連携・協働の重要な第一歩となる。さらに、得られた情報を「どう生かすか」は専門性の確立という視点から後述することにしたい。

2．学校の管理職と教育委員会の役割

今回の調査で、学校の管理職（主に校長）が施設入所児に対してどのような理解をしているかが「施設－学校」連携に大きく影響していることが明らかとなった。学校の管理職が施設、あるいは施設入所児により深い眼差しを向けるためにどういった取り組みが考えられるだろうか。

このことへの対策として教育委員会による「校長研修における施設研修」が考えられる。しかし、机上研修は「体験」を伴わないため自ずと限界がある。この点に関しては、B施設での実践が参考になる。B施設は教育委員会とのつながりを意識しており、校長交代による揺れが比較的小さい上に、適応困難な子どもがいるときには教育委員会と直接対応を協議することもあるという。「教育委員会の理解を深めること」は、施設に関する研修の実施とともに、管理職人事にもよい影響を与えることになるかもしれない。つまり、施設のことをよく知っていると思われる教員を校区に児童養護施設をもつ学校の管理職に配置する、という視点である。千葉県は二〇〇一年から教育と福祉領域の「交流人事」を実施している。この取り組みによって、児童相談所勤務を経験した教員が、校区に施設のある学校の管理職として「施設－学校」連携の重要な担い手になっているケースがある。管理職の交代による影響を最小限にするために、教育委員会が果たす役割は大きい。

3．教育と福祉の交流の可能性

児童虐待は「予防・発見、保護、ケア」[8]といった一連の対応が必要であることは言うまでもない。しかし、いまだにケアや教育保障は、各施設や学校の個別的試行錯誤に委ねられているのが現状である。何が問題となっていて、どうすれば施設ケアと学校教育がうまく連携・協働し、子どもの利益につながるのかを明らかにする必要がある。

「①予防・発見→②保護→③ケア」における一連の対応では、大まかに、①は保健所、行政部署、幼稚園、保育所、小・中学校が、②は児童相談所が、③は児童養護施設や情緒障害児短期治療施設、児童自立支援施設が担うことになる。この役割分担は機能的であるが、例えば「児童相談所は施設に子どもを預けっぱなしで、フォローをしてくれない」という意見に代表されるように（もちろん、多くのケースを抱えながらも入所児をフォローしている児童相談所も少なくない）、相互をまたぐ役割を担いにくいという弊害がある。先に紹介した千葉県の「交流人事」の試みは、①から③の段階を横断的に把握できる人材を養成するシステムとして非常に効果的であると考えられる。教員が児童相談所等の「現場」だけでなく、「人権教育課」や「児童家庭課」などを経験し、行政対応の違いを知ることも意義深いだろう。児童福祉機関等と教育の相互交流が活発になれば、玉井（2004）の指摘にあるような「教育現場はともすれば早期に子どもを適切な生活環境におけば教育効果が高くなると考えるのに対して、福祉現場（筆者注：ここでは主に児童相談所を指す）は現在の緊急度から危険回避を優先して対応せざるを得ず、ここに学校と福祉の齟齬が生じかねない」といった相互不信につながる誤解を解消することができるかもしれない。では、全国の教育と福祉の人事交流の現状はどうなっているのであろうか。

千葉大学教育学部附属教員養成開発センター（2013）「児童虐待問題に係るリーダー育成と研修プログラム開発」によれば、二〇一三年四月一日現在、全国の児童相談所のうち、「一四県と六市の計二〇カ所で、六六人の教員が児童福祉司として配置されている。また、一一県と九市の計二〇カ所で、二九人の教員と三六人の教員OB（計六五人）が児童指導員として配置されている」という。少なくない都道府県と政令市で教育と福祉の人事交流が実施されていることを踏まえると、児童福祉を経験した教員を、社会的養護の啓蒙や被虐待児等への支援、あるいは施設と学校の連携・協働のためにどう役立てるかという発想が求められてくるだろう。しかし、「千葉県と同様に、児童福祉機関（児童相談所等）から戻った教員が教育関係の研修講師として十分活用されていない実態」があるという（千葉大学教育学部付属教員養成開発センター 2013）。児童福祉の状況を体験した教員を人的資源としてどう役立てていくかが、教育行政の重要な課題と指摘できる。

4．被虐待児への学校対応

先の東京都社会福祉協議会児童部会調査（2004）によれば、施設入所児で継続的困難を抱えている子どもは、小学校低学年で二四・〇％、高学年では二三・六％、中学生では二七・一％であった。さらに、五三施設中四三施設（八一・一％）が学校や幼稚園からの苦情などを受けているという。子どもの行動問題への対処として「地域活動」を挙げる施設も多く、PTAなど地域との関係に苦慮している施設のありようもうかがうことができる。

施設入所児が学校で対応できない行動問題を示したとき、施設からの付き添いを要請しながら無理をしてでも学校で指導しようとするのではなく、学校で生活することが難しければ施設に帰す、という無理のない方法も取られ始めていた。ただ、懲罰的な意味合いの帰園は、管理的な「力による指導」（西田 1994）になり、子どもの学校適応にも、「施設－学校」連携にもよくない影響を与える可能性がある。(9) 文部科学省は二〇一五年度、児童生徒の減少などによって減少する教員四〇〇〇人のうち、教育環境整備のために政策目的で措置される「加配定数」九〇〇人を措置し、うち一〇〇人を教育格差解消のために低所得世帯が多い地域の学校に配置することを決めたが、[10] 施設を校区にもつ学校におけるさまざまな困難は、こういった学校においても手厚い教育的配慮が可能となる体制づくりが急がれている証左と理解すべきだろう。参考になる実践として、J施設の小学校には、「教育困難校」への加配教員が配置されていた。第一章、第二章で指摘したように、社会的養護の現状は大きく変化している。この変化に見合った人的配置などハード面の対策が喫緊の課題であると指摘できる。

5. 施設入所児の学習支援の課題

持続的な経済問題と子どもの学校活動への養育者の関心のなさは、子どもの心理社会機能にマイナスの影響を与えるという指摘がある（Bolger, Patterson, Thompson, & Kupersmidt, 1995）。子どものトータルな育ちという視点に立つと、教育保障の一端を担う施設における家庭教育の環境づくりがクローズアップされてくる。坪井（2011）によれば、施設入所児の多くがいわゆる「学力困難校」に進学している。さらに、保坂（2012）は「教育困難校」の「卒業率」の低さを踏まえ、高校中退により「『子ども』から『大人』への移行プロセスの途中で行き場を失ってさまよう危険性」があると捉えている。こういった困難は、施設入所児の四〇・六％が施設退所後一年未満に離職を経験している（東京都福祉保健局 2011）という社会生活の不安定さと貧困に関連している可能性がある。施設入所児が学習に関心を寄せることができるゆとりある環境づくりのために、学習指導専属職員の配置や学習ボランティアの効果的な活用、あるいは生活保護家庭への支援として厚生労働省が掲げる「社会的な居場所づくり事業[11]」を参考にした外部機関との連携も模索される必要がある。

さらに、学校における人的配置というハード面の対策と平行して、発達障害などハンディキャップを背負った子どものノーマライゼイションと同様に、虐待を受けた子どもに対する学校教育の可能性があらためて問われる必要がある。この課題については、特別支援学級の活用という視点から第一一章で取り上げることにしたい。

6．動的な営みとしての連携・協働

今回の調査では、施設と学校という二つの組織が、家庭訪問や連絡会などを通じて相互理解を深めようと試みていた。これは、自らのあり方を相手の組織のあり方に近づけようとする努力と考えられる。組織同士が一歩ずつ歩み寄り、お互いの試行錯誤の中からシステムが最適化され、さらにそれは日々の実践を通じて更新され続けていく。この一連の行為における相互努力が、相互理解を促進する重要な要因になると考えられる。L施設と学校が実践している朝の申し送りと情報共有などは、その典型例であろう。

ただ、施設へのインタビュー調査では、学校との相互理解がある場合もあれば、学校が施設のことをよく分かっていない状況もあった。学校による施設ケアの理解不足を鑑みると、連携・協働のシステムづくりにおいて重要なことは、相互の専門性の理解と尊重にあると言えよう。この専門性が明確に意識されてはじめて、お互いに歩み寄れるところと、踏み込むべきでない境界が明確になる。筆者は心理職として児童福祉施設に勤務していた際、ケアワーカーとともに子どもの生活支援を職務としていた。入職後数年は戸惑ったものの、ケアワーカーとの対話から、日常の生活支援において心理職が関与できるところと、関与すべきでないところ、つまり両者の専門性を明確に意識し、基本的にはその専門性を踏み越えないことがお互いの仕事をやりやすくしていくことを学んだ。学校の教員と施設のケアワーカーの連携・協働でも同じことが言えるのではないか。よりよい連携・協働の道筋は、相互の専門性を尊重しながら、それぞれの組織や職種のルーティンに、相手のそれと重なる「プラスα」を加えていくことと考えられる。

連携・協働は、それぞれの組織の境界を薄くし「一体化」しようとする動きではなく、むしろ自らの役割を明確にした上で、組織の相互理解をもとに連携・協働のための新しい領域をお互いにつくり上げようとする試みに他ならない。その前提となるのが、お互いの専門性の確立とその理解である。よりよい連携・協働のためには、相互の専門性を確かめ合い、ともに子どもを支援するパートナーとしての足場を固めていく必要がある。この営みを通じて、それぞれが持ち寄った情報が、子どもや家族の支援に生かされることになる。「情報を生かす」ためには、自らとパートナーの専門性に対する感度を高くしておかなければならない。

第五節　結　語

本調査における施設から特別支援校（級）に通う子どもの割合は、小学校で一九・二％、中学校で一三・四％、高校で一五・二％であった。特別支援学級の運用は地域によってかなり異なるため、厳密な比較はできないとしても、全国平均の約二・七％[12]と比べてかなり高い割合であることが推察される。本章では詳細に論じられなかったが、施設入所児の特別支援教育による支援は、障害という枠組みからだけではなく、「個別支援を必要としている子ども」という認識から、より積極的に検討されるべきだろう。

坪井（2013）が指摘するように、まだ十分に学校文化に馴染めていない子どもの「学びの芽」を育むためには、まず個別支援によるきめ細かいケアが求められる。そして、施設入所児の個別ケアを最適化するためには、変化の大きい日常を生きてきた子どもと家族の歴史を共有することが重要になる。この意味で、施設と学校の情報共有は子どもが学ぶ環境を安定させるために必須の活動と言える。

施設と学校がつながり、その連携・協働を安全基地として子どもの学びが保障され、それは必然的に地域での活動にも連なっていくという施設入所児の教育保障モデルは、イギリスのSure Start（埋橋 2009）やCorporate

Parenting（山下・増沢・田附 2007）において、子どもをよりよく育むための方向性が地域の包括的支援にあると認識されていることと同様である。施設入所児を支援する関係者が、自らの活動に相手の活動と重なる「プラスα」を付加しながら、子どもにとって無理のない範囲での「開かれた支援」を模索していくことが、子どもの成長を支える環境（器）づくりになる。「関係づくり（連携・協働）」は、子どもが学ぶための安定した「環境づくり」であることをあらためて確認しておきたい。

（1）児童養護施設では、施設によって「主任」や「係長」など役職の呼称に違いが見られる。我が国における管理職の範囲は、組織による定めや労働組合との関係などから規定されるものであり、各組織によってその範囲は一様ではない。一般的な基準である「組織の運営に携わる者」としての管理職は、本調査における施設では「部長」「課長」「主任」「係長」などがこれに該当するものと思われる。

（2）その後の改正で、「児童虐待の早期発見」と「児童虐待に係る通告義務」が教員に求められたが、二〇〇四年の児童虐待防止法の改正では、さらに「児童虐待を受けたと思われる児童」に対しても通告義務が生じることとなった。

（3）二〇〇三年一一月、消防署に一一九番通報があり、中学三年生の男子（一五歳）が病院に緊急搬送された。男子の身体は痩せこけ、顔は蒼白、目は見開いたまま呼びかけに応じず、体中に床ずれが見られた。不審に思った救急隊長が警察に通報し、捜査が始まった。鑑定した医師は「飢餓の最終段階。最低でも三ヶ月は食事を与えられていなかったのではないか」と話した。そして、二〇〇四年一月、実父と継母（内縁）が殺人未遂容疑で逮捕された（川﨑・増沢 2014 より引用）。学校の対応をめぐっては、男子の様子、不自然な欠席、家庭訪問に際しての両親の拒否的態度などがあったにもかかわらず、児童相談所に虐待としての通報や関係者との情報共有を積極的にしなかったことなどが批判された。

（4）二〇一四年に西東京市在住の中学二年生の男子生徒が、母親の再婚相手である継父から継続的な身体的虐待を加えられた。生徒の通う中学校の職員が生徒の痣に気がつき、生徒も「父親から殴られた」と打ち明けたが、児童相談所には通告されず、その後、生徒は継父によって学校を欠席させられることになった。学校関係者が訪問しても「祖母宅にいる」と面会を拒否され、接触できない状況が続いた。約一ヶ月半後、激しい虐待に加え「二四時間以内に首でも吊って死んでくれ」と継父から告げられた生徒は翌日、縊死した（産経ニュース 2014.10.29：http://www.sankei.com/affairs/news/141029/afr1410290034-n1.html）。

（5）公文式学習を取り入れている児童養護施設は全国で七一ヶ所に上る（児童養護施設における学習支援活動、http://www.kumon.ne.jp/shisetsu/index.html：Retrieved 2015.2.5）。関西のある施設では、専門ボランティアや施設職員が毎日設定されている公文式学習の時間に必ず付き添い、学習の習慣化と学習場面を子どもの成長に生かすことを目指した取り組みを行っている。

（6）一方、集団守秘義務（チーム内守秘義務）は「法律家の立場でも、十分検討されていない課題」であり、情報共有のための共通認識やルールづくりが必要であるという指摘もある（秀嶋 2017）。

（7）児童養護研究会編（1994）『養護施設と子どもたち』では、「いかに子どもが父母のいる家庭での生活体験に欠けてきたか」が図を通して明らかになっているが、そのライフイベントの多様さからは、子どもが極めて変化の多い生活状況を余儀なくされてきたことがうかがえる。

（8）コミュニティ心理学では予防の取り組みを重視するが、本論では「いま施設と学校で困難を感じている子どもに何ができるか」をテーマに、主として第二次予防に焦点を当てた。

（9）子どもが問題を起こすと「登校禁止」を口走る教員のいることが今回の面接調査でも明らかとなった。義務教育における「出席停止制度」は学校教育法第三五条、第四九条に基づいた厳格な規定がある。しかし、生島・細江・荻野・丹羽（2009）では、新たに赴任した小学校校長が入所児童の登校を停止するという事態が報告されている。

（10）東京新聞二〇一五年一月一一日朝刊。

（11）厚生労働省が二〇一四年度から「貧困の連鎖」への対応として開始した「社会的な居場所づくり支援事業」には、生活保護世帯の中学生を対象にした学習支援（学習指導、家庭訪問）が含まれている。

（12）文部科学省（2011）によると、「義務教育段階において特別支援学校及び小学校・中学校の特別支援学級の在籍者並びに通級による指導を受けている児童生徒の総数の占める割合は約二・七パーセント」であるという。

第一〇章　児童養護施設と学校の関係づくり——事例を通した分析

第一節　問題と目的

第九章では、①個人情報保護が施設－学校関係者の関係性に影響を与えていること、②個人情報保護の側面が強まると、両者のコミュニケーションを困難にさせる要因となり得ることが明らかとなった。そして、これまで述べてきたように、「情報共有の自主規制」が相互の関係づくりをさらに困難にしている可能性がある。これらを克服するためには、どういった相互の取り組みが必要なのか。

本章では、新しく開設した児童養護施設と学校との協働を一つの「事例」として分析し、両者の関係づくりのために求められることを明らかにしたい。この際、近藤（1994）による学校臨床心理学の独自の視点を参照する。近藤によれば、それは以下の四つにまとめられる。

①考察の対象となる「問題」を、子どもや教員が現実に困っている、生きた問題からくみ上げること
②その問題の発生過程や解決過程の解明を、常に教育や学校や学級のシステムと関連させて行うこと
③これらのシステムの評価を、常にその中で生活する個々人の味わう個別的経験に積極的に還元して行う姿勢

を保持すること

④これらの考究全体を、現実の問題の解決に働きかけつつ行うこと

ここでは、「問題発生」と「システム構築」までの過程を分析する。近藤の指摘に従えば、①から③までを児童養護施設と学校をフィールドにして行う。第八章、第九章では「施設−学校」連携のために相互訪問や定期的な情報交換会が開催されていたが、その取り組みをハード面の連携・協働とすれば、協働システムが機能するためのソフト面の工夫と有効な視点について明らかにする必要がある。本章では、このことを目的としたい。

第二節　調査方法と事例の概要

筆者は一〇年ほど前から川崎市総合教育センター事例検討会の助言を依頼されてきた。川崎市総合教育センターは、心理職と教員（指導主事）が協力してケースを支援するというシステムを取っており、事例検討会での出会いから、指導主事に特別支援教育の教員研修を依頼されることになった。指導主事と被虐待児への教育保障について意見交換していたところ、「面白い実践を行っている小学校がありますよ」と、ある小学校の校長を紹介された。その小学校の校区に児童養護施設があることから、筆者は早速校長に電話し、学校見学を申し込んだ。校長は、「見学は結構ですが、朝から来られますか?」と尋ねた。筆者は、登校風景は子どもの理解の重要な一面であることを施設勤務経験から把握していたので、「もちろん、行きます」と即答し、学校見学が実現した。後に校長から、「登校は子どもの姿を知るには大事な機会なので、来られないと答えたら見学をお断りしようと思っていた。午後から来たいという方もいますが、それでは十分には学校のことを知っていただけないの

で」と打ち明け話を聞くことになった。こういった出会い（関係づくり）から本章で述べる小学校と施設へのかかわりが始まることになる。

本章における事例を読みやすくするために、児童養護施設をはるか学園、校区の小学校を夕顔小学校と表記する。同様に、施設スタッフや教員も筆者による仮名とした。以降の章でも可能な限りこの仮名を用いるとともに、はるか学園と夕顔小学校に関する西暦は、はるか学園開設年をX年とし、これを基準にして記述する。なお年数は学校歴を基準にした四月から三月までの年度表記である。研究実施に当たっては、はるか学園を所管する教育委員会と首都大学東京研究安全倫理委員会の承認を得た。

はるか学園には二回、夕顔小学校には四回訪問し、面接調査を行った。面接調査は半構造化面接とし、はるか学園は豊子園長に、夕顔小学校は巧校長と、巧校長とのかかわりから夕顔小学校の実践において中核的役割を担っている優二教頭、和男児童指導主任（加配教員）を紹介してもらい、面接調査を依頼した。分析データの一つは、その結果得られた計三五四分の音源のトランスクリプトⓐである。また、筆者は夕顔小学校に二〇時間以上滞在し、子どもたちの登校の様子、特別支援学級の授業などを見学し、フィールド記録とした。これは観察データⓑとして扱うことにする。さらに、巧校長から得られた夕顔小学校の教育実践資料をデータⓒとする。なお、施設の特定を避けるために、調査時期は明記しない。

はるか学園はX年四月に新設された新しい施設である。筆者が訪問したときは開設八年（X＋七年）目であった。定員は三〇名以上で、ユニット制の養育を行っている。夕顔小学校はその校区にある二〇〇名規模の学校である。調査時点で、施設からは一七名の小学生が全体で一一クラスの夕顔小学校に通っていた。夕顔小学校は、特別支援学級四クラスを設置し、後述する校内全体で特別支援の視点を生かした教育実践を行っている。特別支援教育をかつての特殊教育の移行として見るよりは、「個別支援」を必要としている子どもの増加に対応する試みと位置づければ、まさしく夕顔小学校の実践は校内全体で「個別支援」の視点をもっている学校と言うことができるだろう。

第三節　経　過

はるか学園開設からの経過を三期に分けて記述する。〈　〉内は、筆者の発言である。

第Ⅰ期（X年四月～X＋一年三月）お互いの関係を確かめ合う

はるか学園は開設月の四月から、二〇名の入所があった。通常、施設開設に際しては、施設運営と子どもの生活に無理がないように、少数の子どもたちを段階的に入所させていくことが多い。はるか学園が開設直後から二〇名の子ども受け入れを余儀なくされたことは、施設側の負担も大きかったという。

「職員もまるで不慣れ。私（豊子園長）もまるで不慣れ。とにかく初心者ばっかりで。子どもたちも、家庭から入ってきた子たちは施設生活が初心者でしたし。建物自体が新しいし、使い慣れていないっていうのもありましてね、子どもたちはさまざまな反応をしました」（ⓐ豊子園長）

「一年目、二年目は教育委員会の方でも配慮してくださって、施設の子どもたちに慣れている先生を何名か配置してくださっておりました。それでもずいぶんと反応していましたね。お試しをしてみたり、徒党を組んで、お試しの一種なのだろうけど授業を脱走してみたり」（ⓐ豊子園長）

「振り返ってみると子どもたち同士が新しい施設に集まってきて、職員も（施設入所児に）慣れた方が少ない中で、お互いの関係性というか位置づけというか、を探りながらで、学校でもまた全然違うところに来て、子どもは自分の身の置き場所とかを探りながらいたのだろうと思います。大きな問題行動というのもなくて、教室の中にいたんです」（ⓐ和男児童指導主任）

夕顔小学校を所管する教育委員会は比較的ベテランの教師を数名配置し、施設開設に協力したと考えられるという（ⓐ豊子園長）[1]。この時期は、施設と学校の受け取り方は若干異なるものの、学校全体が動揺するような出来事は少なかったようである。教師との関係を試すような子どもの言動はありながらも、指導力のある教師が個別に対応し、特別なシステムを必要としなかったと考えられる。

施設から学校に通う子ども、施設スタッフ、学校の教師、それぞれの関係が確かめ合われるこの初期の段階では、教員の豊かな経験が大きく貢献したようだ。経験の浅い施設スタッフにとっても、生活環境の変化という大きな影響を受けた子どもにとっても、個と個の関係を基盤に無理のない学校運営と学級経営が行われたことで、大きな問題が生じなかったと考えられる。

第Ⅱ期（X＋二年四月～X＋五年三月）学校における入所児の混乱

二年間在任した校長から、正道校長への異動があった時期である。和男児童指導主任は正道校長と同時期に夕顔小学校に赴任したが、当初は学級担任をもっており、加配教員の配置もなかった。施設開設から二年を経て、ベテラン教員が異動し、校長をはじめ教員構成に大きな変化があったのがこの時期の特徴である。

正道校長は学校運営方針として、児童相談所の所見で特別支援教育の対象でないと判断された子どもは、通常級にいる子どもと同じように指導することが「子どもの権利」と考えていたと複数の関係者によって指摘されている。その結果、施設から通学する子どもにも通常と同じ厳しい指導を行うことになったという。例えば、朝登校した子どもが下駄箱から動かないと、教室に入るよう強い指導で臨むこととなった。このいわば管理的な指導方針は、授業中の離席など、学校生活全般に及んでいた。その結果、教室に入る、入らないでトラブルになるなど、徐々に彼らの行動問題が顕在化していった。

「すごく危険な行為やパニックが多かったですね」〈そういう子どものいろいろな行動問題に対して学校の先生は、とくに三年目から五年目の間、どんな風に受け取っておられたのでしょう？〉「こういう子どもは見られないから引き取りに来てくれ」という対応でした。一言で言えば教育放棄なんです。（中略）ずいぶん引き取って。毎日五人ぐらい引き取りをしたこともありました」（ⓐ豊子園長）

「小学生なのですけれど、（施設の子どもではない）誰かが『やっちゃえ』みたいなことを言うと、うちの子たちは徒党を組んでやっちゃう。それに乗っちゃって。相手に怪我させてしまったこともありましたが、学校の先生はそういうことに非常に強く反応していました。先生方は、『理解できない』って言う。どうしてこういう行動をとるのか理解できないという声が大きかったですよね。子ども間で何かあると、やっぱり施設の子が『全面的に悪い』と言って、『あなたたち（施設入所児でない子ども）は悪くない』とか。そういうことを平気で先生が言ってしまうこともありました」（ⓐ豊子園長）

当時、特別支援学級は二クラスあったが、施設入所児の学校不適応が深刻化しても特別支援学級利用は検討されなかった。こうして、子どもの行動問題は、教師にとって「理解不能」なものとして映っていくことになる。学校側の窓口となるのは第Ⅰ期の個別的やりとりを踏襲して子どもの担任であったが、相互理解の糸口が見えず、結局は施設に帰されることが多くなった。また、トラブルはすべて入所児が原因と見なされることもあって、施設と学校はある意味で「対話不能」な状態に置かれていた。

和男児童指導主任は赴任一年後のX＋四年に学級担任を離れ、加配配置として現任に就いた。しかし、和男教諭が求められた役割は、子どもの個別理解よりも「学校の秩序回復」という学校の立場に基づくものであったようだ。

「（養育上の）基本的な課題を抱えてきた子が、集団に入ってきたときに、やっぱり居づらかったり、学力的な問題であったりといったことがありました。そういったさまざまな壁があって、居づらくて、飛び出すようになってきたのが、施設ができてちょうど三年目ぐらいのときですかね。そのとき、私は担任をもっていたのですけれども、施設の子どもを抱えるのは大変だということになって、児童指導加配として担任を外れました。そして、日常的に子どもを追いかけて、何とか教室に入れる。でも結局、子どもが入りたくないものを無理に入れるということで、今度はそのリバウンドというか、今度は器物破損とか、暴力行為になったりしたんです。そのときは、施設と学校の関係もぎくしゃくしていたかもしれません。登校もばらばらで来ているから何とかしてくれとこっちが要望してみたのですが、施設も手一杯なのに学校からの要望ばかり、という印象があったかもしれません。施設も協力はしてくれて、その後、登校のときに付いてきてくれたりしましたけど、今思えば、全体としては学校と施設の協力や子どもの様子という点で、あまり大きな改善には結びつきませんでした」（ⓐ和男児童指導主任）

学級崩壊、学校崩壊に近い状況であったことが、和男教諭の指摘から推察される。その対策を子どもの現象から捉え相互に検討する、というよりは、施設と学校の「要求の出し合い」になった結果、施設と学校の相互不信が膨らむことになり、それが子どもの見方をより狭める、という悪循環に陥っていた。正道校長は、行動問題に至る子どもへの対応に際して、管理的な「力による指導」（西田 1994）を選択したと考えられる。

「特別支援[2]を必要とする子どもの割合が高い学校には合わなかったと思います。やっていること（通常の学校がそうであるように生活や学習の指導を重視すること）は間違いではないと思うのですが、（子どもたちの状況に）合わなかったんですね。私も職員も疲れていました」（ⓐ和男児童指導主任）

学校における指導のゆとりのなさは、子どもの姿にも反映していた。

「今は『学校に行かない』とか『行きたくない』『学校が嫌だ』というふうにはならないんです。でも当時は、本当にもう朝に行き渋り、学校渋りがいっぱいこの辺（玄関）にいました」（ⓐ豊子園長）

対人関係に困難を抱えている子どもに対しては、「教師－生徒という権力関係をむき出しにしない方策」（吉田2007）が効果的という指摘がある。「学校の秩序」を優先すると、子どもと教師の対立が深まり、その結果、教師が疲弊し、さらに子どもとの関係が硬直化していくことになる。「対話不能」な状態は、子ども－教師間でも起きていたと考えられる。この時期の夕顔小学校は危機的状況であったと言えるだろう。実際、和男教諭をはじめ体調を崩す教諭も少なくなかったという。子どもの学校への行き渋りは、この時期の学校システムの機能不全を表すものとして、自然な反応だったと考えられる。

第Ⅲ期（X＋十六年四月～X＋十九年二月現在）個別指導を中心とした関係づくり

前任者に代わって巧校長が新しく夕顔小学校に赴任した。巧校長は混乱状況にある夕顔小学校を立て直すために、個々の状況に対応するよりも、「学校経営を全面的に見直す」（ⓒ）という視点での取り組みを開始した。巧校長が示した学校経営のビジョンは、表33の通りである（ⓒ）。

表33　巧校長による学校経営ビジョン

学校経営方針 「子どもから学び教師も人としてともに成長する学校」 「すべての判断基準は、本当に子どものためになるかどうか」 目指す学校像「学び合う関係づくりを大切にした学校を創ろう」 ～一人一人の人格を認め合い、ともに成長しあう関係性を築こう～

その上で、学校経営改善の三本柱を設定した。①児童理解を前提とした「現象論から本質論へ」、②関係性・専門性・同僚性の育成に基づく「授業改善」、③子どものニーズに即した「特別支援教育」がそれである。とくに、特別支援教育では「支援体制を全面的に見直し、形式的な体制を打破する」とし、全校を挙げて特別支援教育の理念を実践する、という大変ユニークな取り組みを行った。例えば、週に三回、二年生から六年生までを対象に行われる一五分間の「朝の自習」では、三〇人ほどの子どもが図書館にやってきて読み書き計算といった基本学習に取り組む。個々の状況、ニーズに合わせた指導を、教頭、養護教諭、栄養士を含めた学級担任以外の八人が指導に当たる仕組みである。また、さらなる個別学習指導が必要と判断された子どもに対しては、マルチメディア教材による専門支援が行われるなど、すべての子どもが最適な教育を受けることができるように配慮されている。

さらに、巧校長は「通常の子どもと同じ指導をすると混乱する」ⓐという一部の施設入所児の特徴を把握し、特別な体制で子どもの指導に当たることになった。子どもたちの登校場面からその特徴を抽出してみたいⓑ。

施設と学校の距離はおよそ一キロメートル、子どもの足で約一五分である。それまで施設入所児の登校班は地域の子どもと一緒であったが、トラブルが多かったため、施設入所児だけでの登校になった。しかし、引率を担当するスタッフによっては、子どもたちがかなり気ままな状態であった。巧校長が豊子園長に改善を依頼したところ、豊子園長が自ら毎日登校班を率いてくることになった。以降、子どもの様子は落ち着いたものの、施設側、とくに豊子園長の負担が大きいことを感じた巧校長は、夕顔小学校スタッフによる迎えの体制を強化することにした。

「（施設から来る子どもが通学路で）ぷらぷらしたり、また誰かが遅れてついてきたり、職員さんがそれに付くとまた全体も遅れる。そういうことで、他の子の倍ぐらいの時間で来ているんです。以前は、職員さんに任せておけばいいっていう考えでした。でも、私が来てから、結局ばらばらなままの状態で教室にも入らないし、何とかしなくちゃいけないと考えました。子どもが教室に入らないと通常学級の担任も心配だから来ます。子どもを引っ張っている間に、そこで今度泣いたりすると他の子の授業がストップしちゃうんです。だから担任には個別対応をさせられない。かといって放っておくわけにはいかない。ずいぶん迷って、とりあえず担任側の人も全部かかわるようにしようっていう方針で、役割を決めました。担任は教室で待っていてください、受け入れる用意をしてくださいという役割に徹してもらって。担任以外の先生はなるべくそういう子たちにかかわってくださいということにしました。外へ出て行く人も必要だから、私はともかく全体を見て、生徒指導（担当）はそこで登校指導している。交通指導の係も三人ぐらい来て集団で指導しています」（ⓐ巧校長）

具体的には、特別支援コーディネーターの康司教諭が施設までの様子を見つつ、学校近くの横断歩道で巧校長と優二教頭、和男児童指導主任が定点観測的に把握する。気になる子どもがいたときには、巧校長が学校まで施設スタッフと一緒に付き添い、登下校口で待っている学校スタッフに引き継ぐ（筆者の訪問時にも、すでに朝の学習が始まっているにもかかわらず、下駄箱前で座り込む子どもが数名おり、全員が施設から来ている子どもであった）。そこで待機しているのは、教務主任、和男児童指導主任、養護教諭、個別担任など三、四名で、無理せず子どもを教室へと促していく。筆者には、それがあたかも教室に入るための心の準備をする「儀式」のための時間のように感じられ、それに丁寧に応じながら、ときに遊びを交えて教室へと誘っていく教師のかかわりはとても印象的で

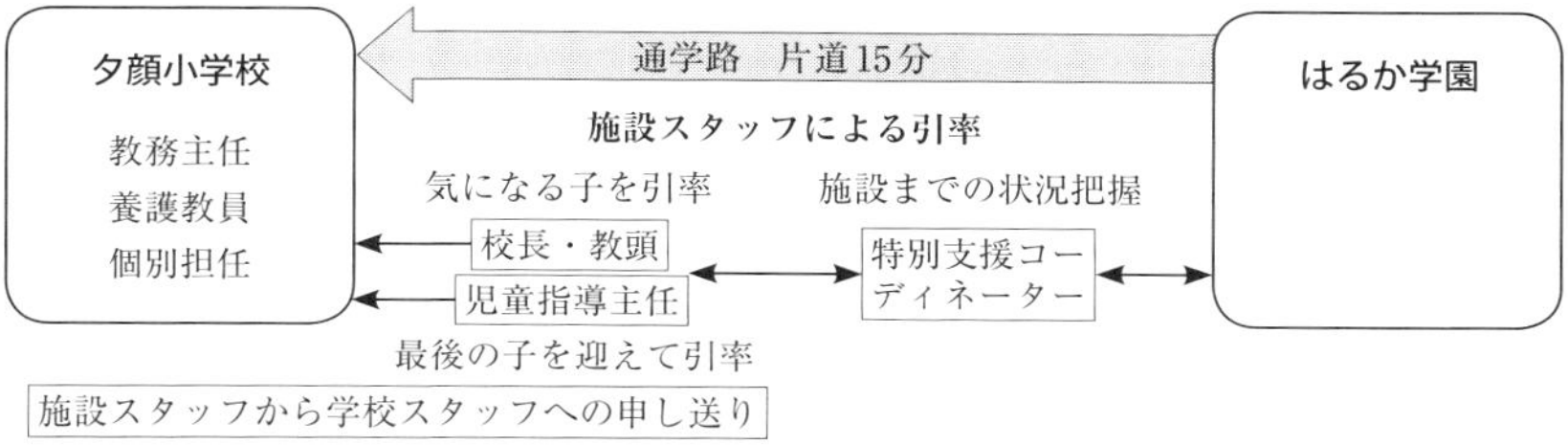

図10　はるか学園と夕顔小学校の子ども引率における役割分担

あった。図10に、迎えの体制を図示する。

この取り組みが行われるまでは、遅れてくる施設入所児への対応で担任の授業がストップしてしまうこともあったが、このシステムは担任の授業を保障することに役立っている。通常は、施設からの登下校は施設の責任と見なされる。しかし、この実践では、はるか学園入所児の登下校を施設の課題としてではなく、学校教育システム全体の課題として捉え、改善が試みられた。そして、その背景では、複数の目で定点観察を行いつつ、子どもの身体や心理的状況をチェックするという施設と学校による協働の仕組みづくりが機能していた。

筆者が訪れたときにも、施設スタッフの先を行く子どもが危うく車にぶつかりそうになっていたところを、巧校長と優二教頭が気づいて制止するという場面があった。その子どもの不注意な様子は登下校口で待機しているスタッフを通じて担任に伝達された（ⓑ）。夕顔小学校は、朝の気になる事柄を可能な限り多くの学校スタッフが共有し、学校での支援に役立てるという基本姿勢をもっていると考えられる。そして、子どもがいつもと違う様子を見せたことに注意を払う意識、すなわち、子どもの姿を点でなく面で捉えようとする基本姿勢が、この登校における役割分担というシステムづくりの背景にある。例えば、先に挙げた飛び出しの子どもの例でも、「いつもの様子」を把握していなければ、単なる不注意、という認識になってしまいかねない。このために、日頃からの情報共有は大変重要なものとなる。

日頃からの情報共有として、施設と学校の情報交換がある。子どもに行動問題があったとき、学校からの問い合わせの姿勢に豊子園長はこれまでにない大きな喜びを感じたという。

「（学校で起きた子どもの行動問題に対して和男児童指導主任から）『不安になるような状況の変化はありますか』っていうふうに聞いてきてくださいました。それで、実はこういうわけでこういうことになっていますとお話ししたところ、『学校の方で対応しておきますので（施設では）叱らないでください』と言ってくださって。ありがたかったですね」（ⓐ豊子園長）

こういったインフォーマルな情報共有だけでなく、年に一回の全体会、そして二ヶ月に一回ほど和男児童指導主任と康司特別支援コーディネーターが豊子園長と行う連絡会がある。この連絡会は施設を訪問して行われ、そこではかなり踏み込んだ情報共有がなされている。また、必要に応じて担任が参加することもある。

施設開所後、担任と豊子園長による個別の連絡体制はあったものの、ここまで踏み込んだ学校側の取り組みが行われたのは、巧校長が赴任してからである。そのきっかけの一つは、対応に苦慮した子どもの事例であったという。落ち着きがなく暴力による行動化のあったその子どもへの対応を協議するために、学校側から施設と児童相談所に働きかけ、ケース会議が学校で開催された。この経験以降、なるべく子どもが行動問題を起こす前に学校スタッフ全員で対応する、という姿勢が学校に根付くことになった。これは子ども対応に際して「事例性」をもたせる、という実践だろう。巧校長の学校経営のデザインでは①の「児童理解」に該当すると考えられる。「情報を持ち寄る→背景を分析する→課題を見極める→役割を分担する→支援を継続する→情報を共有する→後日のケース会議へ」という「循環的なチーム対応」（長尾秀吉 2010）によって子ども理解が促進することは、「力による指導」とは対照的な「つながる指導」（志水・徳田 1991）と言うことができるだろう。この指導の理念として学校が「つながる発想」をもっていて、子どもとの細やかなやりとりに基づく関係づくりを行っていることは、以下の発言からもうかがい知ることができる。

「力で抑えたり、ルールで抑えこんでも駄目だというのが分かってきました。私が最初に取り組んだ、こちらから一歩、歩み出ると。待ち構えて型にはめるというのでは駄目だというのが分かってきたんです」（ⓐ巧校長）

「つながる発想」は、例えば子どもが学校で落ち着かないときの対応にも表れている。夕顔小学校では、授業を受けることが難しいと判断されたとき、無理せずいったん施設に帰ることを促している。帰園した子どもは、施設スタッフの指導のもと、学校と同じ時間割で過ごすことになる。このときのポイントとして、学校スタッフが「落ち着いたらまた来るんだよ」と言って施設に帰していることが挙げられる。身体の不調と同じように、具合が悪ければ無理をせず休むが、回復すれば戻ってくる。この対応では、困難な子どもを帰すことが目的ではなく、むしろ休ませる（休養を取らせる）、ということに意味があるだろう。

竹内（1988）が「子どもにとって『どういう状態にあるからだがいい姿勢なのか』と考えて」みたとき、「子どものからだはまずできるだけやわらかく、たくさん休んでいる、つまり外からの情報を受け入れやすく、かつ次に動ける可能性をできるだけたくさん持っているような姿勢がいい」と指摘するように、休むことは次の活動への準備として欠かすことができない。もとより家庭の内外での変化や予測できない出来事が多く、十分に休むことができなかった子どもたちである。髙田（2004）が述べるように、「休養を大事に考え」ること、つまり活動と休養が一つのセットになっていることは、子どもの日常生活にとって欠かせない基本要素であろう。そして、「休めるようになること」は子どもの成長の証でもある。「ただ施設に帰す」指導は、子どもの側からすれば学校生活の中断を意味し、懲罰（あるいは排除）としての色合いが強まると考えられる。一方、「休んで落ち着いたらまた来る」という「つながる発想」に基づく明確な対応は、子どもの生活のつながり、連続性を保障するものである。現在では、途中帰園する子どもは激減して、「年に一回か二回ほど」（ⓐ巧校長）になったという。面の観察と「つながる発想」は、子どもの変化に敏感になることにも役立っている。

「ある研究授業をやったんですが、やっぱりうまく乗れる子と乗れない子がいるんです。そうするとその場面だけで議論するんですよ。『なんであのとき先生はこうやって指導しなかったの』って。そういう議論も大切だけど、私はずーっとその子らを見ているから、あの子があそこにいて、じーっと話を聞いているということ自体がすごい成長なんだよって、そういう視点で話をしました。『喋らなくてもちゃんとじっくり聞いていること自体が今、彼にとって重要なんじゃないか』とか。あるいは途中からずーっとこうやっている（態度がよくない）子どもへの指導についての発言もありましたが、『担任はたぶん、分かっていて、あのときわざとそうしたんだろうと。知ってたはずだよ』って言いました。研究会のあとで担任に聞いたら、『午前中にある子とトラブルがあって、あそこで注意すると爆発するから、プリントをやればあれはあれでいいです』と言っていました。次の日になるとまた指導法も変わってくる。（背景を考えずに）その場のことだけで指導するっていうのも必要だけど、その子の発達や成長という視点も必要だと思います。『この子はこういうふうな成長をしていくんじゃないかな』っていう想定していかないと、性急に答えを求めたり、マルバツで判断しがちですよね」（ⓐ巧校長）

X＋四年度に三一件あった校内器物破損と校内暴力（対児童、対教師）は、X＋七年度には一件にまで減少したという。これは、子どもたちの行動問題にのみ着目するのではなく、関係性を意識したかかわりである「つながる発想」によって、教師と子どもの相互的なあり方を点検した結果と考えられる。

表34　はるか学園と夕顔小学校の連絡体制

	全体会	個別の情報交換	学校窓口
小学校	家庭訪問期間にすべてのスタッフが施設に赴き、担当者と個別面談をする。	児童指導主任と特別支援コーディネーターが隔月で施設を訪問し、情報交換する。特別な出来事は朝の申し送りを利用したり、電話などで細かく連絡を取り合う。	校長、教頭、児童指導主任、特別支援コーディネーター
中学校	職員研修の一環として、担任と新任教員が施設を訪問する。	担任に随時連絡する。	教頭、学年主任、担任

第四節　考　察

1．施設と学校の連絡体制

はるか学園と校区の小中学校との連絡体制は、概ね表34のようになっている。これらは協働システムのハード面と考えられる。

多くの施設―学校が定期的な連絡体制を構築していることは、本書第八章、第九章からも明らかである。この、いわばハード面の協働が形式的なものにとどまらず、子どものために意味のある機能を発揮することは簡単なようで難しい。その困難の一つの要因として、「誰が連携の要となるのか」という問題がある。

管理職が窓口になることは、異動を考えるとメリットとデメリットがありそうだ。施設に理解のある管理職であれば協働が十分機能するものの、そうでなければ施設は学校との関係づくりから再スタートしなければならない。第九章の施設長へのインタビュー調査でも、管理職が替われば「一からやり直し」という施設長の指摘があった(3)。管理職はほぼ三年で異動し、施設との継続的なかかわりが難しい。この状況を勘案すると、管理職研修に社会的養護を盛り込むといった教育委員会の積極的な姿勢が求められよう。さらに保坂（2011）は、施設と学校連携が機能している学校には「加配教員」の存在があり、施設入所児が一定数いる小・中学校への「加配教員」配置が必要であると指摘している。施設と学校の協働システムの構築というハード面において、理解のある管理職と「加配教員」の存在は欠かせない。同時に、「加配教員」は次に述べる「校内連携」というソフト面の担い手として重要な役割を担っていた。

2．校内連携におけるネットワーク型情報共有の視点

施設と学校の協働に際して、その基盤となる「学校内連携」が夕顔小学校ではかなり意識されていた。夕顔小学校は「全員の子を全員で」（ⓐ巧校長）という教育方針のもとで日頃から校内連携、相談できる関係づくりを目指してきた。この方針は、養護教諭や栄養士、さらに事務職員も含めさまざまなスタッフが可能な限り実際に子どもの指導に当たるという実践として具体化している。

これまでの成長の中で、大人たちから守られたという体験の不確かな子どもたちへの支援では、限られた関係で進んでいく「閉じた支援」より、複数の大人が協力し合う「開かれた支援」が求められる。Kahn & Antonucci（1980）は、社会的サポートの相互的やりとりが行われる個人的ネットワークを「コンボイ（convoy）」（序論19頁の図1）と呼び、それはライフステージに応じて変化していくとしている。複数の大人との「開かれた支援」による関係性は、虐待を受けた子どもたちが今後より多くの社会的サポートを得るためのモデルになると考えられる。そして、「開かれた支援」を可能にするのは、個人が得た情報はその善し悪しにかかわらず、常に開かれているという共通理解である。夕顔小学校では「一人で抱え込まない」（ⓐ巧校長）原則が実践されている。例えば、ある教室で児童がパニックになって教室を飛び出し、空き教室に立て籠もることがあった。担任は優二教頭に相談し、優二教頭がこの児童に対応することになった（ⓐ優二教頭）。こういったフォローをした例は、巧校長、和男児童指導主任も枚挙にいとまがないという。「情報にバイアスをかけないこと」が夕顔小学校の円滑な情報共有の要諦であると考えられる。そして、夕顔小学校の特徴は、校長－教師間のいわば「単線型情報共

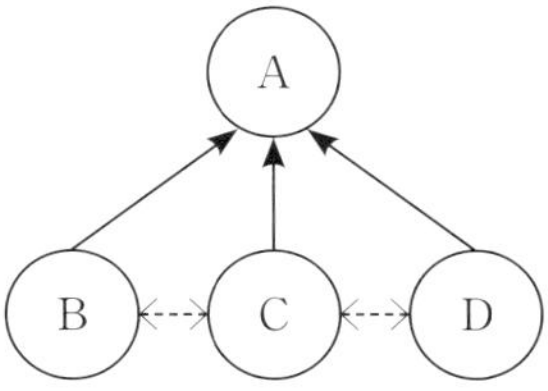

図 11　単線型情報共有

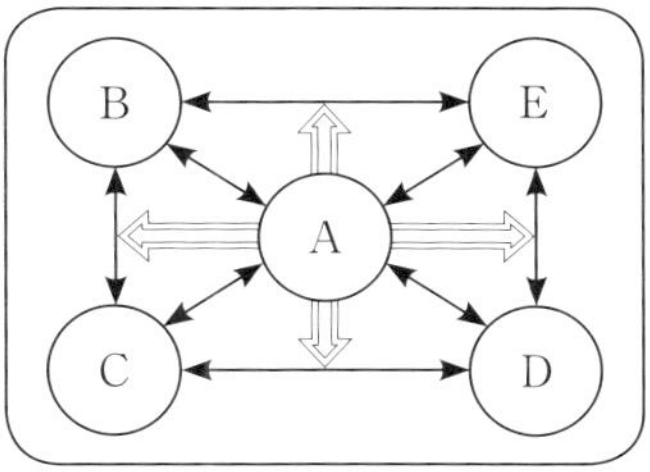

図 12　ネットワーク型情報共有

有」（図11）ではなく、校長、教頭、児童指導主任、特別支援コーディネーターなどのキーパーソンを中心とした「ネットワーク型情報共有」（図12）のシステムを取っていることである。

単線型情報共有モデルは、Aというキーパーソンに情報が集約されることを目的にしており、必ずしもメンバーB・C・D間の情報共有は意図されない。ある種の自助グループや管理色の強い会社組織に見られるタイプである。対照的にネットワーク型情報共有モデルは、キーパーソンAが各メンバーに対して積極的に情報収集と情報提供を行い、メンバー間の情報共有を促していく（二重矢印⇓の部分）、という意図をもっている。それによって各メンバー間のコミュニケーションはより促進されることになる（単線の矢印の部分）。このネットワーク内部（線で囲った部分）では、「常に情報のやりとりの窓口が開いている」という特徴がある。これを施設にまで広げれば、お互いの相互理解と意思疎通はかなり円滑なものになる。ネットワークの運用は、それをどう維持するかというソフト面の工夫が欠かせない。この意味でも、はるか学園と夕顔小学校は、ハードとソフトの両面から協働のあり方をつくり上げてきたと考えられよう。

3．つながる発想とモディフィケーション

夕顔小学校には、かつて「学校のルールに合わせる」ことを子どもに求めすぎてお互いに疲弊したという歴史がある。巧校長赴任後に、子どもたちが落ち着き

を見せていったのは、「学校のルール」（Ⓒ）も重要ではあるが、「個人の状況を考慮」（Ⓒ）し、関係づくりからスタートするという「児童理解」（Ⓒ）の原理が大切にされているためだろう。夕顔小学校の実践は、障害のある児童に対してカリキュラムや指導内容を柔軟に変更している。齊藤（2010）は、障害のある子どもが障害のない子どもと可能な限り一緒に活動する際に提供される教育レベルについて、アメリカの実践におけるアコモデーション（accommodation）とモディフィケーション（modification）を紹介しているが、夕顔小学校の実践はモディフィケーションの概念に相当すると考えられる。なお、アコモデーションとモディフィケーションについて、齊藤（2010）による解説を以下に引用する。

アコモデーション（accommodation）：障害のある子どもが内容を理解したり与えられた課題に取り組んだりするために、学習環境、内容のフォーマット、支援機器等に変更を加えることを指す。例えば、聴覚障害の子どもに手話通訳をつけること、視覚障害やディスレクシアの子どもにテキストを読み上げるコンピューターを用いること、運動障害、学習障害の子どもたちのテスト時間の延長等。アコモデーションでは基本的に教える内容の変更は行わない。
モディフィケーション（modification）：教えている全ての内容を理解することが難しい子どものために、カリキュラムを変えること指す。例えば、通常学級にいる理解がゆっくりしている知的障害のある子どものために、宿題の数を減らしたり、内容を単純化したりすること等。

こういった柔軟な姿勢は、「ルール違反→注意→さらなるルール違反→さらに強い指導」といった硬直的な循環ではなく、よりよいやりとりの循環を基盤とした関係づくりを指向するものである。例えば、休み時間を利用しての優二教頭による個別指導で、数人の子どもがリヤカーを使っての作業をやりたがったという。ある子どもが優二教頭のサングラス（優二教頭は目が悪く、戸外ではサングラスをかけるように医師の指示を受けている）を借りたいと言い出した。優二教頭は「貸してもいいけど、一人でずっとかけるの？」（ⓐ優二教頭）と子どもに考えさせたところ、次の時間までにサングラスや帽子を借りるローテーションを考えて提案してきた。その後しばらくして、子どもの担任から、最近指示が聞けるようになったという報告を受けたとのことであった。子どもに応じて、実体験の中から考え、譲り合うルールを体得していくことは、無理のない方法であり、子どもにも受け入れやすいものであると言えよう。とくに実生活の経験が乏しく、かつ著しく歪められている可能性がある子どもたちにとって、ルールが先行するのではなく、ルールを体験の中から見出していくという視点には意味がある。子どもとの関係性を基本にして、そこから子どもたちが協調性を学んでいく「つながる発想とモディフィケーション」の典型例であると考えられる。

第五節　結　語

「施設－学校」間のハード面の情報共有システムは、表34のようなオフィシャルな場を通じてなされていることが多い。ただ、今回の調査で明らかとなったように、ハード面を支えているのは、ソフト面のさまざまな工夫と視点であった。なかでも、夕顔小学校の「ネットワーク型の情報共有システム」「つながる発想とモディフィケーション」は協働を構築する要であると考えられる。よりよい協働のためには、情報を共有し、お互いが何を目指しているかという相互理解が基盤になる。もし協働がうまくいかないときにも、「対話不能」な状況に陥らないよう、どこに相互理解（情報共有）の壁があるのかを探ろうとする姿勢が求められる。それは優れて臨床的な営みなのではないか。つまり、「分からない」という関係性自体が「事例」として客観化され、対話の糸口になるのである。

子ども対応に「事例性」をもたせるという夕顔小学校の教育理念は、「つながる発想とモディフィケーション」という柔軟な教育実践に帰結している。それは、奇しくも児童福祉の臨床実践と同じ方向性である。協働のソフト面が機能するためには、「両者の理念と実践が大きく異ならないこと」が前提になると考えられる。そして、この前提が整ったとき、さまざまな困難を抱えた児童養護施設入所児の教育保障と育ちのネットワークが有効に機能し始めると考えられる。

なお、本調査ははるか学園と夕顔小学校の連携・協働のプロセスを取り上げたが、これ以外にもはるか学園、および夕顔小学校と校区の中学校の連携・協働も検討される必要がある。その状況を整理し、施設と小中学校を含めた「施設入所児の育ちのネットワーク」のあり方を総合的に考察することが残された課題の一つである。

（1）教育委員会を訪問した際、当時の教育長からも同様の発言があった。

（2）ここでの「特別支援」は、制度化された特別支援教育というよりも、個別支援・個別指導といった、子ども理解に基づく個別の対応を意味している。

（3）東京都社会福祉協議会児童部会（2004）の調査でも、協力体制の問題点や弊害として、「校長・教頭等の幹部職員の考え方によって大きく協力体制が変化する」「校長や教頭の異動によって、関係が微妙にかわる」という回答があった。

第一一章　施設における虐待を受けた子どもと教師の関係づくり
――特別支援教育の実践を中心に

第一節　問題と目的

児童養護施設入所児の五九・五％に被虐待経験がある（厚生労働省雇用均等・児童家庭局 2015）ことを踏まえると、「施設入所児の育ちのネットワーク」の一翼を担う校区の学校は、指導から支援を中心とした教育の視点が必要になると考えられる。とくにそれは、教育活動の基盤をなす「子ども－教師」という二者関係の構築を重視した援助になるだろう。

施設入所児に対する我が国の教育支援には、個々の意欲的な実践はあるものの（例えば、桑原・田中・中村・江田 2009）、学校における支援の実践研究はほとんどない。ハード面の人的整備では、イギリスで学校に児童虐待専任の教員が置かれているという指摘があるように（山下・増沢・田附 2007）、我が国でも校区に児童養護施設が存在している学校には加配教員の配置が検討される必要がある（保坂 2011）。本研究は、被虐待体験をもつ施設入所児の対人関係支援というソフト面に焦点を当て、学校が施設入所児の成長の場となり得るためには、どのような関係づくりが必要かを検討することを目的とする。

表35　夕顔小学校における調査活動

	日数（時間）	活動	個別面接調査
調査1	2日間（14時間）	運動会練習の見学	巧校長
調査2	2日間（14時間）	特別支援学級の授業見学	康司教諭（特別支援学級担任）

第二節　対象および方法

1．対　象

子どもの育ちの場としての学校における活動を描写・分析するためには、フィールド調査が適切であると判断し、児童養護施設はるか学園の入所児が通学する夕顔小学校をフィールドとした。調査時点において、施設から一八名が夕顔小学校に通っていた。夕顔小学校は特別支援学級四クラスを設置し、特別支援の視点を生かしたユニバーサルデザインの学校運営を行っている。具体的実践の一部は、第一〇章に既述した。

調査1では、夕顔小学校の学校行事のフィールドワークを、また調査2では、夕顔小学校の特別支援学級における学習指導、生活指導のあり方を検討するための授業見学を行った（表35）。

2．方　法

本調査における面接調査の前に、一年間に夕顔小学校を計三回訪問し、クラスの参与観察および学校の運営と「施設－学校」連携について、巧校長に状況調査を実施した。この調査は、学校のシステムについての包括的理解と、フィールドワークにおける「対話の相手」（小田 2010）としての関係づくりに役立った（図13）。その参与観察と状況調査をもとに、夕顔小学

	X年	X+1年	X+2年	X+3年	X+4年	X+5年	X+6年	X+7年	X+8年	X+9年
はるか学園	開設　豊子園長									
夕顔小学校	校長①		校長②　正道校長			校長③　巧校長				
筆者のかかわり								参与観察	参与観察・インタビュー調査	

図13　筆者のフィールド（はるか学園・夕顔小学校）とのかかわり

校における「多様な視点」（小田 2010）が反映されるよう対象者を選定した。具体的には、「対象」の項で述べた特別支援教育の理念を夕顔小学校全体の教育実践に反映させている巧校長、そして特別支援学級において実際に施設入所児を支援している康司教諭を対象に、半構造化面接を実施して録音した。その結果、計一七一分の音源を得た。分析データの一つは、このトランスクリプトⓐである。

「事例を再構成する」際の方法には、エピソード記述（鯨岡 2005）ⓑを用いた。筆者の主観と学校状況との乖離を避けるために、エピソード記述は学校関係者によるフィードバック[1]を経て完成された。

三つ目のデータとして、子どもの「いま」の状況をより際立たせるためには、これまでの「子ども－教員」関係の歴史を踏まえる必要があると考え、特別支援学級担任の康司教諭による施設入所児の指導記録ⓒ[2]を用いることにした。なお、康司教諭が支援する特別支援学級の在籍児童をはじめとして、本章に登場する子どもは全員が施設入所児である。

第三節　結　果

1.「問題の共視」による行事指導

調査1において、巧校長からこれまでの運動会練習に関する状況説明を受けた。以下のエピソードは、練習への参加が難しくなっている施設入所児数名について詳しい紹介があり、彼らの活動に注目していた中で遭遇したものである。このエピソードは、校長による対応の支障にならないように少し離れた場所から参与観察し、活動終了後、再び校長から情報提供を受けてまとめられた。

運動会全体練習でのエピソードⓑ

〈背景〉

低学年のA、B、Cはなかなかダンスの全体練習に参加できない児童だった。教師たちは無理にダンスの指導をしたり、全体練習を意識させるとその場にいられなくなることをよく知っていた。全体練習に参加しないという方法もあったが、それは児童の希望することではなかった。その日の状態によってどこまでできるか分からないため、まず「全体練習の場にいること」を目標にして無理のない指導を行うことが教員スタッフ全員の共通理解であった。

〈エピソード：ギリギリまで迷っている〉

Aが昇降口でうずくまっている。巧校長が声をかける。「ダンスの練習始まるよ。どうしたの？」「Bだって行きたくないって……」とつぶやきながら靴ひもを結んだりほどいたりしている。巧校長が穏やかに話しかけ続けると、ようやく腰を上げて校庭の方にヨロヨロしながら歩いていく。ただ、三〇人ほどの児童が集まって先生の話を聞いている場所には加わらず、その前方にあるシーソーに腰をかけた。すぐに姿が見えなかったBが現れ、シーソーのAに合流する。少し離れたところにいたCもやがてそこに加わり、三人でシーソーを始めたが楽しそうな雰囲気ではない。ときどき、先生の一人が来て話しかけるが、先生の方は一切見ずに、シーソーを動かしている。やがて、集団が活動のスタート地点に移動を始めた。三人は依然として集団に合流しない。しかし、集団の移動が終了してまもなくAとBが突然集団に向かって走り始め、やがて集団に合流した。ひとり残されたCは近くにあった式台の下に潜り、遠くの集団をじっと見つめていた。

〈考察〉

小学校低学年では、どの子どもも行動の切り替えが課題になる。その中で、巧校長や先生方が逸脱行動を細かく指導しない姿勢を貫いていたのは印象的だった。調査者から見ても、シーソーにいる子どもを強く指導した途端、集団活動とは一線を画すだろうという子どもと先生の緊張感がぴりぴりと伝わってきた。集団が移動したあとに二人の子どもが合流したのは、結果的に自然な流れのように思えた。彼らは参加したくないのではなく、「ギリギリまで迷っている」のではないかと感じられた。

よくあるエピソードとして、巧校長は以下の指摘ⓐをしている。

「やりたくない気持ちもあるだろうし、何かみんなの中に素直に入っていけない自分の葛藤、行かなくちゃいけないという葛藤。葛藤の中で動けない自分がいて、動けなくなってしまう。そういうときには、厳しくしてもそのあとの指導に時間がいっぱいかかるのを経験していますから、無理をしない。だからAに対して、『Bは何で行かないんだろう』『この椅子使うのかな?』『持って行ってあげるよね』って私が歩き出しちゃうんです。子どもは、『○○は?　○○は?』って言う。彼のペースにはまっちゃうと○○をどうするかという問題が出てきて複雑になるから、『まず、一緒に行ってみようか』と彼自身の葛藤を少なくするように手伝うというようにしています」

集団活動に参加できず「ギリギリまで迷っている」子どもは、巧校長の発言にもあるように「自分の葛藤とも闘っている」状態なのかもしれない。そして、施設で生活する子どもは、その葛藤状況が大人との関係で無理なく解決される経験が少なかったと考えられる。環境からの強い影響に振りまわされ、侵入的な体験をしてきたと考えられる子どもたちへの援助方法としては、「その問題をともに眺めていく」共視（北山 2005）の視点が有用であろう。巧校長の「何で行かないんだろう」は、まさに「子どもがみんなの元に行かないこと」を子どもの内部にある問題として捉えるのではなく、それを子ども自身から離し、「異化」（妙木 2010）して眺めてみる（図14）、という態度に他ならない。こうすることで、問題はお互いにとってより扱いやすくなると考えられる。

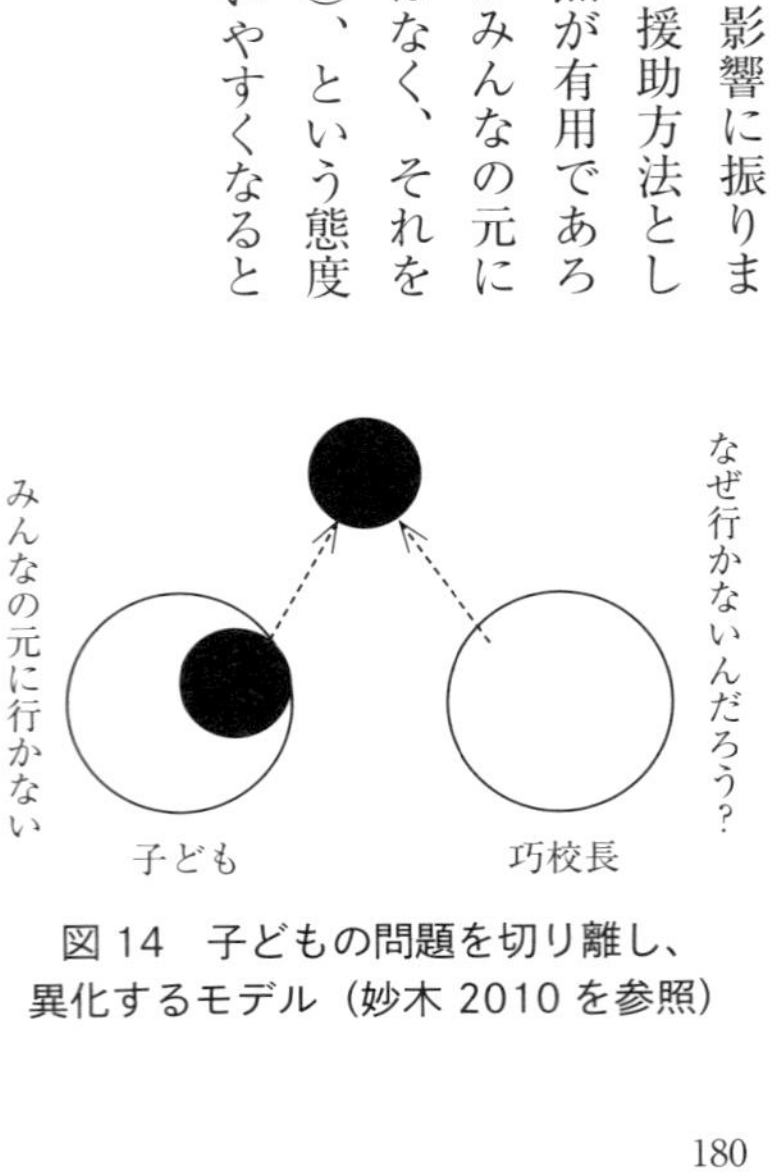

図 14　子どもの問題を切り離し、異化するモデル（妙木 2010 を参照）

2．コーチングを生かした上履き指導

調査1の運動会練習において、高学年男子のDは前向きな取り組みを見せていた。しかし、ここまでの道のりは決して平坦ではなく、入級当初はクラスでの行動問題が頻回したという。当時、Dは登校後も裸足で校舎内を歩いてしまうため、「上履きを履いて生活する」ことへの支援が康司教諭によって行われた。康司教諭が作成した一年間に及ぶ子どもの記録Ⓒから、康司教諭が実践したDとの関係づくりについて考えてみたい。

Dは康司教諭から、まず「裸足は教室内だけ、教室から出るときは上履きを履く」ように指示された。このあと、約一ヶ月かけて上履きを履く習慣が付いてきた。しかし、上履きの収納はまだできないでいた。
次にDが示した行動は、「上履きのまま中庭に出てしまう」というものであった。Dに状況を聞くと、「（履き替えるのが）面倒くさい」と言うので、康司教諭は「面倒くさく思わなくなるまで体で覚えよう」と指導した。一学期中に上履きは履けるようになったが、脱いだ下履きの整理はまだできないでいたので、その習慣を身に付けることがうながされた。

　二学期になっても、上履きを履いて過ごす生活習慣が崩れていなかったため、次のステップとして、時間割に沿った行動、集団活動や集会参加、行事参加など「基本的な学校生活習慣の獲得」が指導目標となった。ただ、その過程でも再び上履きを履くことや脱いだ靴を揃える習慣が揺らぐときがあり、康司教諭による根気強い「声かけ」が繰り返された。


まず初期の目標として、「いつも上履きを履く」のではなく、Dの生活スタイルが維持できる場所とそうでない場所との区別をすることが選択された。いきなり自分のスタイルの全面変更を行うのは子どもにとっても教師にとってもエネルギーのいる目標となる。そこで、Dにとってどこを意識して区分するか、という目標が立てられることになったと考えられる。そのときの必要性や、周囲の要請に応じて行動を分化させていくこと（その場にふさわしい行動を選択できること）は重要な教育目標の一つである。D自身の行動スタイルを基盤として分化のポイントを探っていく康司教諭の発想は、Dにも受け入れやすいものであったのだろう。

　その際、繰り返された「声かけ」は、ソーシャルスキルトレーニング（ＳＳＴ）におけるコーチングに当てはまると考えられる。コーチングは、社会的技能の習得と般化のために、訓練中にその場で支援する方法である。小貫・三和・名越（2004）によれば、ソーシャルスキルは「欠如」（持っていない）と「運用困難」（持っているが使えない）に分けられるという。そして、ソーシャルスキルは体験から習得されることを基本にし、ルールの理解や遵守スキルを子どもが身に付けるためには、『『ルールを理解できる状況』を確保することによって『ルールを守れた体験』を積みやすくする。そのためには、ルール表の作成や、板書、分かりやすい補助教具などを用いるなどの工夫とともに、指導者による声かけ（コーチング）や、指導者が実際にやってみせる（モデリング）などの援助手段を頻繁に用いることになる」（小貫・三和・名越 2004）と指摘している。比較的短期間に上履きを履いて生活することが身に付いたことを踏まえると、Dにとってはそのスキルが「運用困難」であったと考えることができる。スキルをもっていないのではなく、使うことが難しい子どもの場合は、単に訓練を繰り返すのではなく、実際の生活場面でどう使えるようになるかが重要になってくる。望ましい行動を「指導する」だけではなく、支援の発想をもとにかかわることと言い換えることもできよう。子どもの状態に合わせてともに考え、スキルをうまく使えるように導いた康司教諭の「声かけ」は、スキルの獲得支援としてのコーチングという視点で見たときにも、理にかなったものと言える。

3．特別支援学級の構造化による対応

調査2では、施設入所児のみが在籍する特別支援学級（固定級）への参与観察を行った。もとより学校生活は、子どもが「自分の力を育む」ことを目的としている。しかし、施設から学校に通う子どもにとって、学校がその場になり得ていないとしたら、どういった工夫が「子どもの安心感」を高めることにつながるのだろうか。

授業におけるエピソードⓑ

〈背景〉

数年のかかわりがあり、お互いのかかわりができつつある子ども五人を中心とした特別支援学級に、小学校低学年男子のEが新たに加わった。Eは普段から落ち着きがなく、情緒不安定になるなどの気になる状況であったため、康司教諭が担任の特別支援学級に通級することになった。この中で、あるトラブルが起きることになった。

〈エピソード：混乱するコミュニケーション〉

授業は、それぞれが自分の課題に取り組むというつも通りの学習が落ち着いた雰囲気で進んでいた。康司教諭はあまり細かい指導はせず、穏やかなクラスの雰囲気づくりに努めているようであった。その雰囲気に馴染んで、Ｅも自分の課題に取り組んだり年長児の学習を覗いたりしながら静かに過ごしていた。

二校時が終わる頃、年長児の女子Ｆが別の年長児男子Ｇの欲しがっていた透明ピンクのアイロンビーズを取っておく、と語りかけたところで、年長児男子Ｈが「Ｆ、いまＥがピンクって笑ってたよ」と告げ口をした。それに対してＥは「言ってないよ」と普通の口調で答えたものの、その後、前日も同じ組み合わせでのトラブル（ＨがＥをけしかけてＦをからかい、怒らせるというもの）があったことが話題になった。この出来事をきっかけにして、再びＨとＥがＦをからかう言動が徐々に現れ始めた。それまでの穏やかな教室は、Ｅの興奮した笑い声が目立つようになり、やがてしつこい挑発に我慢できなくなったＦが机をドンと叩いた。Ｆの表情は一変し、目元には怒りが溢れ、じっと手元を凝視していた。その時点で、康司教諭が静かな口調で説諭したが、Ｅは「何でオレだけ！」と激しく泣き始めた。康司教諭はＥを教室の別のエリアに連れて行き、「椅子に座りなさい」となおも静かに諭し、最後はＥを抱きかかえて椅子に腰掛けた。そこでＥは一転して静かになった。康司教諭とＥのやりとりが始まった途端、他児はみな静かになり、再び自分の課題に取り組み始めた。

〈考察〉

授業中は個別学習に取り組む子どもへの支援を中心にし、他児のやりとりには積極的に介入しない康司教諭のスタンスは、一貫してここが学習の場であることを示すものと理解できた。ただ、個々が自分の課題に取り組み会話もそれほど多くない段階から、コミュニケーションが行き交うようになると、子どもたちの動きはにわかに活発になった。結果的に昨日のトラブルを引きずる三人が、そのトラブルを再現することになったのだが、もともとはFがGに配慮をするというよいコミュニケーションがきっかけだったことに注目したい。コミュニケーションが始まるとお互いの気持ちが刺激され、その方向性は当初の目的と離れて混乱していった。コミュニケーションのプラス面とマイナス面が同時に出現するという忙しさで、彼らは「コミュニケーションが取れない」のではなく、「混乱する」という表現がより適切のように思われた。

康司教諭は、教室では「学習する態度」を貫き、その場を守っている。そして、教室を三つの区画に分割し、この「学習する態度」が維持できる環境づくりをしている（図15）。

子どもたちは、廊下側の入口から教室に出入りする。ABCの区画はそれぞれパーティションで区切られている。Bの個別区画は、Schopler, Brehm, Kinsbourne, & Reichler（1971）によるTEACCH（Treatment and Education of Autistic and related Communication handicapped Children）の「物理的構造化」を思わせる子どもの個室スペースである。TEACCHは、自閉症児とその家族の支援のために開発され、物理的・視覚的構造化に基づく個別支援と、生活の質の向上を目指した包括的支援をその特長としている。ただ、夕顔小学校では机は内向きではなく、外向きに置かれている(3)。この空間は、教室というソーシャルスペースから守られたパーソナルスペースとしての機能を有していると考えられる。そしてこのパーソナルスペースが、子どもの教室への安心感の基盤となっているのだろう。

担任の康司教諭は、学習時間にはAの学習区画を基本的に動かない。そこで、B区画にいる子どもが学習区画に来るのを待っている。エピソードのトラブルはこの学習区画で起きたが、康司教諭は泣き叫ぶ子どもを集団活動区画に連れて行き、落ち着かせた。子ども自身が体験を通じて、学習区画ではうまくいかなくても、集団活動区画で落ち着けばまた他児との活動に戻ることができる、という見通しをもてるようになることが、この教室への安心感や帰属感を高めていく要因になっていると考えられる。

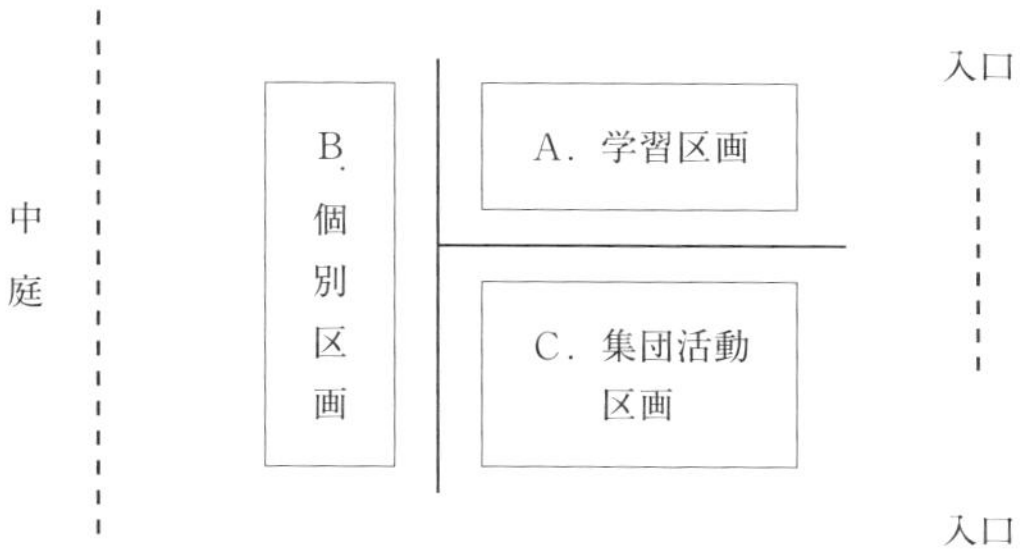

図 15　康司教諭による特別支援教室の空間区分

第四節　考　察

1. 夕顔小学校における「つながる発想とモディフィケーション」

西田（1994）は教育困難校の実践として「生徒の家庭背景が『授業以前の問題』に取り組まざるを得ない要因となっている」ことを指摘したが、児童養護施設の被虐待児の割合が半数以上であることを考えると、「ギリギリの葛藤」を抱えた子どもへの支援では、ルールに基づく指導に先立って、子どもと子どもの置かれた環境（状況）をつなぐ視点が必要になる。第一〇章で考察したように夕顔小学校は管理的な「力による指導」（西田 1994）、あるいは「ルール先行型指導」ではなく、「つながる発想」による子どもとの関係づくりと、障害をもつ子どもに対してカリキュラム内容にも適切な変更を検討する「モディフィケーションによる柔軟な対応」を大切にしている。この姿勢は、困難な背景を抱えた子どもの教育活動の基盤になると考えられる。

2. 子どもの行動スタイルを基盤とした生活指導

子どもの行動スタイルを基盤にすることは、長尾真理子（2010）が虐待を受けた子どもへの個別学習指導の中で、「子どもの世界を積極的に共有」する援助関係の形成が必要であると指摘していることと同様であろう。「教える－教えられる」という学校教育の営みは、単に知識やスキルが受け渡されるのではなく、その営みを可能にする「関係」が必要となる。被虐待児の多くがアタッチメントの問題、つまり「二者関係」の困難を抱えていることを踏まえれば、初期の段階の関係づくりがその後の教育活動にとって大変重要になると考えられる。坪井（2013）は、施設内部で行われている学習支援について、「『学校化』していない子どもたち」に対し、「『学びの芽』を育てるための『学習＋生活支援』が学習の内実であることが見えてくる」と指摘している。被虐待体験のある施設入所児が学習課題に取り組めるようになるためには、子どもの生活への視点と「関係性」構築といったトータルな支援が必要になる。そして、学校教育においてこれらの要素を包含しているのは、特別支援教育という「個別支援」の場である。この意味でも、施設入所児への特別支援教育の意義は大きいと考えられる。

3．コミュニケーションの混乱に対する教室のつくり方

Jaffe, Wolfe, Wilson, & Zak（1986）によれば、家庭で暴力のあった子どもたち（家庭内暴力、または虐待）はそうでない子どもよりも、内在的問題（大人にまとわりつくこと、自分が愛されてないと感じること、くよくよすることなど）と外在的問題（反抗、嘘、残酷な行為など）のどちらにも大きな困難があった。暴力は、子どものコミュニケーションへの意識や感じ方に大きな影響を及ぼすと考えられる。それは、コミュニケーションが「よい」ものであっても、「悪い」ものであっても、常に「子どもがコミュニケーションそのものに混乱しやすくなる」という困難に結びつく。FとEのコミュニケーションは、授業開始当初は決して悪いものではなかった。むしろ、よいコミュニケーションが展開されていたと見ることができる。しかし、よいコミュニケーションに対してさえ、子ども自身継続的にどう反応していいのか分からず、「コミュニケーションの混乱が起きる」と理解すれば、Eの

一見場を乱すような言動も理解が可能となる。そして、その混乱に対しては、大人の首尾一貫した態度と子ども自身にとって活動しやすい空間づくりが求められる。イギリスの治療施設の学校では、学校適応のために「移行クラス（transition class）」というユニークな実践が行われている（山下・増沢・田附 2007）。教室と担任が子どもを受け止め、安心感を与える「器」となる工夫が、施設入所児の学びの土台を形成していくと考えられる。

筆者がかつて勤務していた情緒障害児短期治療施設（現、児童心理治療施設）に併設された小・中学校（校区の特別支援学級の分級）は、子どもの学びにとって、まさに「移行」的な役割を果たしていた。朝から登校する子どももいれば、午後の個別指導のみといった部分登校の子どももおり、それは子どもが教師とどれくらい落ち着いて学習に臨めるかという個別理解に基づいていた。小学校では、クラス編成においても学年の枠にこだわらず、子どもの学びにとってよりよい環境を、担任、施設の担当、そして子ども自身と話し合いながら決めていた。虐待を経験した子どもにとっての「対人（対教員・対子ども）関係」に最大限の配慮をしていたと言える。

施設から校区の学校に通学する子どもの支援では、彼らが対人関係の困難を抱えているからこそ、支援（教育）者との「関係性」がクローズアップされてくる。その「関係性」を支えるチームとしての学校機能の研究が、現在施設入所児の対応に苦慮している学校（施設）関係者への貢献になると考えられる。

第五節　結　語

施設入所児の学びの場として、特別支援教室が積極的に活用されている夕顔小学校の実践をフィールドワークを通じて分析した。全校体制で特別支援教育の理念、つまり個別支援の発想を中心とした教育支援を行っている夕顔小学校では、子どもの目に見える行動だけでなく、心の葛藤も視野に入れたかかわりが模索されていた。その際に有効に機能していることとして、「共視」、あるいは問題を「異化」するプロセスが見出された。

さらに夕顔小学校は、子どもを学校生活でのあるべき姿に合わせるようにするルール先行型ではなく、子どもの行動スタイルの中から学校文化に馴染んでいくかかわりを重視していた。それらは子どもにとって生活しやすい教室づくりとしても具現化され、施設入所児の混乱した情緒と行動を受け止める場（器）の工夫があった。

夕顔小学校の教員たちによる「つながる発想とモディフィケーション」の実践は、施設入所児の混乱するコミュニケーションや情緒をともに受け止めようと苦悩する大人（教師）たちの姿を提示していると考えられる。それは、彼らがこれまで十分に体験することができなかった「子どもの育ちを見守る肯定的で、安定した大人の姿」に他ならない。そして、子どもを育む環境（「施設入所児の育ちのネットワーク」）の重要な構成要素は、まさにそのことにある。

しかし、これまでたびたび指摘したように、管理職（校長）交代が学校文化に大きな変更をもたらすことが少なくない。施設入所児は流動的な生育環境での生活を余儀なくされてきたが、学校環境もまた管理職交代によって「流動的な生活環境」の一つになることが危惧される。折しもフィールドワークの期間中、夕顔小学校の教育実践に大きな影響を与えた巧校長が異動することになった。管理職交代という節目において、夕顔小学校を取り巻く教育システムがどのように機能し、「施設入所児の育ちのネットワーク」が守られたのか、次章で詳細に検討したい。

（1）エピソードは事前、および事後の巧校長、康司教諭との対話を通じて選択され、書き出されたものである。

（2）夕顔小学校では、毎週子どもの指導記録を校長に提出することになっている。本章で用いた指導記録は、その記録を筆者がまとめ、康司教諭と校長に確認してもらったものである。

（3）多くの場合、子どもの個別区画では、他からの刺激を避け課題に集中することなどを目的にして、机は奥の壁側に向けて設置される。入口から見ると子どもは「内向き」で、他者に対して背を向けて机に向かっている。一方、夕顔小学校ではあえて入口側に向けて、つまり「外向き」に机が設置されていた。個別区画をどう用いるか参考になる実践と考えられる。

第一二章　児童養護施設を校区にもつ小学校の管理職交代と教育行政

第一節　問題と目的

夕顔小学校は、児童養護施設を校区にもっている。かつては施設入所児が学校で困難な問題を抱えていた時期があったが、筆者が訪問したときの巧校長による「全校体制で特別支援教育の理念を生かした学校づくり」という大胆な教育システムの変更を行った結果、子どもの教育活動と施設連携における混乱は大きく改善した。この経過については、第一〇章、第一一章で述べた。

夕顔小学校にとって大きな役割を果たした巧校長がX＋一〇年三月に異動し、新たな校長を迎えるという重大な局面が訪れた。夕顔小学校の教育実践に、リーダーの交代が少なくない影響を与えることは想像に難くない。夕顔小学校は、どのようにして校長交代に直面したのであろうか。

校長交代による教育システムの継続性は重要な検討課題であるにもかかわらず、我が国における研究は伊藤・西川（2013）によるものの他はほとんど見当たらない。織田（2013）は、我が国の教育研究は佐藤（2006）による「学びの共同体」としての学校、志水（2009）の「力のある学校」（効果のある学校）論、木岡（2003）の学校の「組織マネジメント」に関する議論が多いと概観している。本章では、主に「学びの共同体」としての学校に、校長

表36　子どもの行動チェックリスト（教師用）対象児童（施設入所児）

小1　男子	評定者1名	小3　男子	評定者1名
小1　男子	評定者1名	小3　男子	評定者1名
小1　男子	評定者1名	小3　男子	評定者1名
小1　男子	評定者1名	小3　男子	評定者1名
小2　女子	評定者2名	小3　女子	評定者2名
小3　男子	評定者1名	小4　女子	評定者2名

交代がどのように影響したか、また施設連携において変化が生じたのか、もし大きな変化がなければそれはどのような要因によるものなのかを、交代した校長と教員への面接調査から明らかにしたい。

第二節　方　法

1．調査1

校長交代による影響を量的に把握するために、「子どもの行動チェックリスト教師用（TRF 5-18）」を施設入所児の男女計一二名に実施した（表36）。調査は校長交代前（調査①：X＋一〇年二月）、交代後二回（調査②：X＋一〇年一〇月、調査③：X＋一一年二月）の計三回実施された。九名の児童の評定者（担任）は同一であったが、三名の児童の評定者は交代があり、それぞれ二名の教師が評定を実施した。いずれも「対象児童をどれくらい知っているか」という質問項目（三択）に対して「ほどほど」または「よく知っている」と回答しており、評定の客観性は保たれていると考えられる。

2．調査2

夕顔小学校は、指導困難な状態にあった学校を施設と協力しながら立て直した巧校長が

表37　面接調査対象者と調査時期

誠校長	50代	X＋10年10月	X＋11年2月
弥生教頭	40代	X＋11年2月	
康司教諭	50代	X＋10年10月	X＋11年2月
和男教諭	40代	X＋10年10月	X＋11年2月
律子教諭	40代	X＋11年2月	
晴信教諭	30代	X＋11年2月	

	X+5年	X+6年	X+7年	X+8年	X+9年	X+10年	X+11年
夕顔小学校	校長③巧校長						誠校長
筆者のかかわり	参与観察			参与観察・インタビュー調査			
						調査①	調査②③

図16　校長交代と筆者の調査時期

X＋一〇年三月に異動することになった。校長交代が学校の教育システム、とくに職員集団に与えた影響を調べるために、新しく赴任した誠校長（校長歴四年・男性）に「校長交代に当たって留意したこと」を中心とする面接調査を実施した。調査は半構造化面接で、X＋一〇年一〇月とX＋一一年二月の二回行われ、計五一分のトランスクリプトが得られた。また、教員の立場から校長交代の影響を見出すために、同時期に五名の教員に「校長交代による夕顔小学校への影響」を中心とした半構造化面接を実施し、計二〇三分のトランスクリプトを得た（表37）。五名の教員のうち、巧校長時代からの弥生教頭、はるか学園設立当時から中核教員として施設入所児の支援にかかわってきた康司教諭（特別支援コーディネーター）と和男教諭（児童指導主任・加配教員）へのインタビューを筆者から希望した。残りの二名は、中堅教員と若手教員からもインタビューしたい旨を誠校長に伝え、人選は誠校長に一任した。これまでの夕顔小学校の歴史を把握しつつも、過去だけにとらわれないインタビュイー構成になったと考えられる。図16は、校長交代と調査時期をまとめたものである。

学校の教育活動は、日々の子どもの動きに合わせて常に揺れ動いている。この「生きた実践」をより深く知るために、「面接法は、時間をかけて丁寧にかかわり、より深いレベルでこころの内側をとらえようとするもの」（保坂 2000）という前提に立って面接調査を行った。また、得られた誠校長の質的研究データはＫＪ法（川喜田 1967）に準拠してテーマごとのまとまりを見出した。さらに、そのテーマを現象学のテーマ分析の視点に基づき、この「生きた実践」が読者にとっても了解可能となるよう、他の教員の言及を「複雑さや曖昧さの提示」（徳田 2007）のために引用しながら解釈を行っていくことにした。

以下、各テーマについて、教員の面接調査プロトコルを適宜引用しながら詳しく述べることとする。

第三節　結　果

1．調査1　子どもの行動チェックリスト

表38に、調査①～③の子どもの行動チェックリストT得点平均と標準偏差、ならびにノンパラメトリック検定の結果を示した。「総得点T得点」と「攻撃的行動尺度T得点」で三群間に有意な差が見出された。ただ、「総得点T得点」「攻撃的行動尺度T得点」のいずれも、調査①から一年後に実施した調査③ではほぼ同じか、低下した値を示している。表39はそれぞれの得点の臨床領域（臨床上問題とされる領域）該当率を表したものである、この結果からも全体的に変動は見られるものの、調査①時点からの急激な変化（悪化）とその持続は示唆されなかった。

施設入所児の学校での行動は、学業や友人関係、クラス活動といった学校活動の反映だけでなく、施設での生活、養育者（親）との関係、トラウマやアタッチメントといった子どもが抱える困難など複雑な背景があると考えられる。これを「子ども個人と環境の相互作用」と捉えれば、比較的大きな環境要因と考えられる夕顔小学校

表 38　子どもの行動チェックリスト（教師用）T 得点と検定結果

(n=12)	調査①		調査②		調査③		P 値
	平均	標準偏差	平均	標準偏差	平均	標準偏差	
総得点 T 得点	63.00	6.54	64.17	7.57	61.25	7.91	p<.05
内向 T 得点	59.25	6.08	59.50	6.74	56.83	5.95	ns
外向 T 得点	62.17	5.89	64.92	7.19	62.42	7.03	ns
ひきこもり尺度 T 得点	57.75	5.85	58.33	7.22	56.75	7.36	ns
身体的訴え尺度 T 得点	54.08	7.54	51.08	7.53	51.08	7.53	ns
不安／抑うつ尺度 T 得点	59.42	6.23	57.83	7.64	57.58	6.82	ns
社会性の問題尺度 T 得点	63.92	7.99	62.58	5.62	59.25	6.57	ns
思考の問題尺度 T 得点	58.17	10.24	56.08	9.06	56.33	9.48	ns
注意の問題尺度 T 得点	61.50	6.88	61.75	7.78	60.25	6.84	ns
非行的問題尺度 T 得点	60.50	6.11	61.67	8.41	59.33	6.13	ns
攻撃的行動尺度 T 得点	61.83	6.01	65.17	7.08	62.58	7.31	p<.05

表 39　子どもの行動チェックリスト（教師用）臨床領域該当率の変化（単位％）

	臨床領域の該当率		
(n=12)	調査①	調査②	調査③
総得点	66.7	66.7	58.3
内向尺度	25.0	41.7	16.7
外向尺度	41.7	75.0	50.0
ひきこもり尺度	0.0	8.3	0.0
身体的訴え尺度	0.0	0.0	0.0
不安／抑うつ尺度	8.3	0.0	0.0
社会性の問題尺度	16.7	0.0	0.0
思考の問題尺度	16.7	8.3	0.0
注意の問題尺度	8.3	16.7	0.0
非行的問題尺度	8.3	16.7	0.0
攻撃的行動尺度	0.0	25.0	16.7

表40　誠校長の語りから見出されたテーマ

大グループ	中グループ
学校システムの変更と教育委員会の役割	教育委員会勤務の経験 引き継ぎに際しての不安と心構え
移行期における校長のリーダーシップ	教育への柔軟な姿勢 学校教育の一貫性と実践の継続性 教師集団とともにある校長 教職員とのコミュニケーションと個別配慮
校長による配慮的コミュニケーション	施設との連携 働きやすい職場づくり 教師集団への配慮の視点

の校長交代は、子どもにとってマイナスの影響要因にならなかった可能性がある。この校長交代による環境要因の不変性を検討することは、児童養護施設を校区にもつ学校にとって重要な指標を提供することにつながると考えられる。調査2を通じて、このことを明らかにしたい。

2. 調査2　校長と教師への面接調査

KJ法に準拠して見出されたテーマごとのまとまりを、表40に示す。そして、校長交代における誠校長と教師たちの「生きた実践」を伝えるために、現象学のテーマ分析の視点から以下記述する。

(1) 学校システムの変更と教育委員会の役割

①教育委員会勤務の経験

誠校長は校長二校目であり、それ以前は教育委員会に勤務していたという。校長交代に際しては、教育委員会での体験から、以下のような認識をもっていた。

「校長が変わるとその学校の実践がまったく変わってしまう、そういう事例を私は教育委員会でいろいろ見てきました」

「リーダーシップが強い校長先生は、赴任して四月一日に自分はこうだと自分の流儀を打ち出して、それによってその学校で長年やってきた教員たちが混乱してしまう、子どもも混乱してしまう、保護者も混乱してしまう、そういった事例がいくつかありました」

「学校の教育って、そんなにコロコロ変わってはいけないんじゃないのかな。変わるにしてもある程度の一定の期間を経て徐々に変えていくべきものだというふうに、教育委員会にいたときに何度か感じたことがありました」

これらの発言から、誠校長が変化に対して細心の注意を払っていたことが分かる。とくに、「学校教育の一貫性」「実践の継続性」を重要視していたと考えられる。心理臨床の実践でも、治療者交代においては前任者とクライエントのやりとりを踏襲する時期、つまり前任者と現任者の「重なり」をつくることが望ましいという意見がある（村松 2008）。教育委員会といういわば「外側」のかかわりから、誠校長は「重なり」、つまり「いったん前任者のやり方を引き継ぐこと」を選択したものと考えられる。

誠校長はまた、巧校長在任時から夕顔小学校をたびたび訪れていたという。

「前任校でも読み書きにやりにくさをもっている子どもたちがいました。本校（夕顔小学校）でやっているいろんな教材、デジタル機器とか、あとはそこに至るまでのアセスメントの方法など、そういったものを取り入れたいという気持ちがありました」

「実際に夕顔小学校の取り組みを一部取り入れさせていただいて、実際にそれが成果として子どもの姿に表れてきましたので、夕顔小学校の実践は本当に素晴らしいものだなと前任校でも感じていました」

誠校長は計五回夕顔小学校を訪問し、教育方法について情報共有していた。校長が他校の実践を取り入れるために五回も訪問する例は、大変珍しい。このことからも、誠校長が自分の型にとらわれない、子どもを中心とした教育理念をもっていることがうかがわれる。それは第一〇章に示した前任の巧校長の学校経営ビジョン（表33）、「すべての判断基準は、本当に子どものためになるかどうか」という子ども中心的発想と同様である。二人の校長が共通する教育理念をもち、誠校長が巧校長の教育実践を引き継ぐ姿勢を示したことが、子どもや保護者、教員の混乱を防いだと考えられる。

他の教員からの指摘がそれを物語っている。

「私がやっているデジタル教材なんかもすでにもう取り入れて実践なさっていたので、本校についてはかなり知っている部分が多かったのではないかと思います。だから我々もちょっと安心していました。全然知らない方が来たら、一から全部お話し合いをしなければならないなあと思っていたんですけど」（和男教諭）

「うちのやり方を決して否定することなく、やってきたことで大切なことは継承していくし、もしかしたら足りないところは誠校長の切り口でまた充実させていくんだろうなと思える部分が四月からあって、安心しました」（弥生教頭）

異動した巧校長に加え、夕顔小学校の改革に取り組んできた中核教員もX＋一〇年度末に異動の可能性があったという。しかし、実際異動したのは巧校長のみであった。さらに、特別支援教育を専門にしていた巧校長の「後任」として（誠校長は特別支援教育の専門家ではない）、特別支援学級に経験豊かで他の教師にない子どもの評価スキルをもった智教諭が異動してきたことなどから、教育委員会が夕顔小学校についてかなりの配慮をしたことがうかがわれる。それは取りも直さず、教育委員会が夕顔小学校の実践を十分把握していたからに他ならない。筆者が夕顔小学校を管轄する教育委員会の教育長を訪ね、夕顔小学校の教育実践について意見交換した折、他からも研究の申し入れが複数あり、夕顔小学校の実践が注目されていること、この実践を継続していくことの重要性に関する意識を教育長がもっていることを確認した。筆者を含めた研究のフィールドとして夕顔小学校が注目され調査が行われていたことが、夕顔小学校の学校システムに対する教育委員会の配慮に影響した可能性もある。いずれにしても、夕顔小学校の教育実践が一貫し、継続できるようサポートした教育委員会の役割は大きい。「学校教育の一貫性」「実践の継続性」は、教員たちにも安心感を与えていたようだ。

「この学校が今後もうまくいくためには、いくつかあると思います。校長が変わるとか、今の康司教諭（特別支援コーディネーター）のポジションが変わるとか、大きなところが変わるときにたぶん皆びくびくするというか、戦々恐々とするんでしょうけど。（中核教員の康司教諭が異動せず）そう思っている期間が短かったし、大きな変化がなくてよかったなと思います」（和男教諭）

「長年いらっしゃる先生がつくってきた流れというのがあったので、自分としては不安なくやらせてもらっているという感じです」（晴信教諭）

「一年生からちょっと心配で、『この子は学習につまずきがありそうだな』という場合、早期に手が打てるんです。例えば特別支援教室の智先生（巧校長の〝後任〟である特別支援の専門家）のところに相談に行ってみたり、個別教室や、検査も検討したりできます。その辺は今年、すごくきめ細やかだなというのを感じます。やっぱり智先生というすごく専門的な先生が入ったおかげもあります」（律子教諭）

学校全体の実践が受け継がれていくように、中核教員の異動に配慮したり、適任者を配置していくという教育委員会の柔軟な姿勢は、「段階的な変化」を意識したものと考えられる。「教育実践の継続性」（目的）のために、管理職や中核教員の異動に際して「段階的な変化」（手段）が用いられた結果、夕顔小学校の教育システムは大きく動揺しなかった。

②引き継ぎに際しての不安と心構え

誠校長は、特別支援教育が専門の前任者（巧校長）の実践を以前から高く評価し、前任校の教育実践にも取り入れていたが、実際に夕顔小学校の校長になることには不安があったという。

「まず私にこの学校の校長が務まるのかというところが、一番悩んだところです」

「前任の巧校長先生は、特別支援教育では本当に専門的な方でしたので、私なんかにこの学校の校長が務まるのかなというようなところが正直な思いでした」

校長の不安とは裏腹に、教師集団からは次のような意見が聞かれた。

「本当に子どもの立場に立って丁寧に見てくださる校長先生ですし、また我々の方にもかなり配慮してくださる。だから（校長交代の）違和感はなかったですね」（和男教諭）

「校長先生が変わられたことによって、子どもたちに不安や変化があったかというと、私が見た限りは感じられなかったです」（弥生教頭）

この背景には、巧校長の交代が予定よりも一年延期されたことがあるのかもしれない。巧校長は前年度末までに夕顔小学校に五年間勤務し、予定であれば異動対象であったが（図16参照）、異動にはならなかった。そもそも巧校長が五年間夕顔小学校に在任したことが異例であり、特記すべきことと言えるだろう。夕顔小学校の実践の継続性のために、教育委員会による特別な配慮があったと考えられる。また、重要な対象（ここでは巧校長）を喪失するという体験は、事前に心の準備ができていた方がダメージは少ないと指摘されるように（例えば、飛鳥井2008）、次年度の巧校長の異動を意識した一年は「移行のための準備期間」となったのではないか。教員集団の動揺が少なかった理由として、準備期間を十分持てたことが一因と考えられる。

この文脈からすると、四月一日付の教職員人事異動がその直前に公表されるのは、施設の一部の子どもたちにとって、「十分な準備期間がないまま重要な大人との別れを再体験する」ということになりかねない。制度上の困難さはあるかもしれないが、少なくとも施設の子どもが多く通学する特別支援学級の教員に関しては、子どもが「別れの体験」を経験できる期間を保障する必要がある。

不安を抱きつつ夕顔小学校に赴任した誠校長に、赴任の際「留意したこと」を面接調査で取り上げると、非常に印象的な回答が得られた。

「前任の校長先生を中心として職員たちがこれまでの積み上げをしてくれましたので、その積み上げをまずは継続していこうと考えました。ですから四月一日に、職員も不安に思っているところがあるかと思いますので、基本的には前年度までの活動を継続していってほしいと職員に話しました」

「今までやってきたことを全部、一八〇度変えてしまうというのは、慎重にやらないと現場の教員たちも混乱を起こしますし、子どもも保護者も混乱を起こします」

「この学校で長年やってきた教員たちには豊富な経験と、そこから学んでいるものがありますので、そういったものにできるだけ耳を傾けていきたいなと思っています。今の教員たちの状況は、関係性（チームワーク）という面ではかなりよい状況だと思っていますので、それを大事にしながら、私自身ができることというのを探っていきたいと思っています」

誠校長は夕顔小学校の教員集団に敬意をもっていた。そして、既存のシステムが機能している以上、その変更をなるべく少なくすること、なおかつ学校教育は変化が多すぎてはいけないという明確な理念を誠校長がもっていたことがうかがわれる。そして、誠校長は教育委員会時代に校長交代を外側から見てきた経験から、既存システムへの関与について、以下のように述べている。

「まずはその学校でやっている現在の実践を自分でやってみて、自分で、肌で感じて、そしてこの学校に必要かどうかを判断すべきだと、私は思っています」

家族療法の戦略学派にjoningという技法がある。東（2008）によれば、joningは「相手の話を最後まで聞く」「相手の雰囲気に合わせる」「相手の関心事に合わせる」「相手の動作に合わせる」「相手のルールに合わせる」ことからなるという。ここで重要な視点は、「相手のルールに合わせる」ということである。組織にコミットするとき、まずその組織のやり方を取り入れ、体験してから自らの教育実践を模索するという、慎重かつ柔軟な発想を誠校長はもっていた。この姿勢は、初期の関係づくり（joning）という視点からも理にかなったものである。

夕顔小学校教職員のチームワークや教育実践を大切にしたいという誠校長の学校経営と、変化を想定した力のある教職員との相互作用によって、夕顔小学校の校長交代後の一年目は想像以上に安定していたという。

「学校全体が落ち着いてきたと思います。施設の子たちも飛び出したりしなくなりました。今ちょっと難しい子どももいるんですけど。あとは荒い言葉が減ったかなあ。最初私が来た一、二年目あたりは、出合い頭に『くそ婆』って施設の子どもとかに言われたんですよ。今年は子どもたちの方から挨拶してくれる子が増えた

ので本当にびっくりしてます。普通の学校っぽくなってきたなあと思いますね」（律子教諭）

「（苦労している個別ケースについて）新しく来た職員とか昔を知らない職員は、こういうケースもあるんだなと子ども理解が深まると思います。いい言葉じゃないかもしれないけども、そこから学ぶことは大きいと思いました」（和男教諭）

「巧校長先生がいなくなっちゃってガタガタとなることだけは皆避けたいなと思っていたので、『何かすっかり駄目になっちゃったね」と言われないように頑張ろうね』みたいな雰囲気はあったと思います」（律子教諭）

教育委員会が夕顔小学校の教育実践に大きな変更がないよう配慮ある対応をしたこと、さらに誠校長が夕顔小学校の組織（システム）にとけ込もうとした（joning）こと、いずれも機能している既存のシステムの変化を最小限にするにはどうしたらよいかというシステム論的介入が行われていたことになる。システム論的見地からは、移行期における校長のリーダーシップのあり方と既存システムとのマッチングを問うことができる。以下ではこのことについて検討を加えたい。

（2）移行期における校長のリーダーシップ

①教育への柔軟な姿勢

夕顔小学校は校区に施設をもっていることもあり、かつては学校が大変混乱した時代があった。前任の巧校長が赴任し、施設との連携を含めた大胆な立て直しが行われたことは第一〇章で述べた通りである。改革期を経て着任した誠校長は夕顔小学校の教育実践にどう臨んだのであろうか。

「自分の中で今までやってきた経験とかがありますから、ここまではできるだろうとか、何でこんなことができないんだろうとか、そういうふうに思ってしまうところがありましたので、まずはそういった自分の中の枠を取り払って目の前の子どもたちを見ることを心がけました。それで、この子どもたちのためにどんなことをしてあげればよいのかというのを考えるようにしています。最初はそこまでうまくいかなかったんですが、職員からの話とか施設長さんからお聞きする個々の今の状況、生まれてからここに来るまでの様子などを聞くと（施設の）子どもたちを見る目が変わってきますし、子どもたちへの対応も自分なりに変わってきたのかなあと思います」

「私だけじゃなくて今年赴任した職員も（子どもへの対応を）悩んで、かなり悩んで（中核教員から）いろいろアドバイスを受けて、『（ここまでやらせないと、という枠を取り払って）目の前の子どもの状況だけを見て対応を考えなさい』と言われてちょっと気が楽になったと聞きました。それから子どもを見る目が違ってきたようです。まさにそういうところが、施設の子どもたちへの対応では必要なのかなあとは思いますね」

誠校長が柔軟な教育理念をもっていることがこうした発言からうかがえる。夕顔小学校の実践では、例えば登校時には上履きに履き替えるなどといった基本的な生活習慣を達成できない子どもたちも少なくない。そのことで「子ども－教師」関係が緊張を孕んだものになるよりは、無理のない視点から子どもとの関係づくりが進められていると考えられる。誠校長はその際、「教員として培ってきた枠を取り払う」ことを心がけたが、それは夕顔小学校の教育実践の基盤と同様であった。

「以前は（教員として身に付けてきた）我々の物差しや尺度しかありませんでした。（生活習慣や対人関係など）下地になるものをすでに身に付けてきている子どもには指導が入っていった。それで改善された。あの子たち

（施設から来る子ども）は下地の部分が難しい子どもたちだから、そういう（通常の）指導をやっても駄目だっていうことが、六年前から（改革期が始まった頃）分かってきました。それから、子どもがいろんな行動をとったときに、『何であああするのだろうな』『何が原因なんだろう』ということを先生たちは考え始めたんです。そういう見方は（これまでの教育実践と）やっぱり違いますよね」（和男教諭）

「問題行動が起きることもあるんですけど、だいたい問題が起きるときは、子どもなりに不満を抱えているケースが多いんです。家庭のことであったり、学校のことであったり。何でこの問題が起きているのか、まず新任の先生とはそのことを話し合います」（康司教諭）

「往々にして自分のやり方とかっていうのをしっかりもっている先生方って多いじゃないですか。だからそれに合わせてその子どもを見てしまう。そうするとうまくいかなくなってしまうケースがほとんどなんです。だから『最初にそれは捨ててください』ということをお願いします」「『ここ（夕顔小学校）へ来たら今までのものはすべてリセットしてゼロから始めましょう』ということを必ず伝えるんです。そうするといろんなものが見えてくるからと」（康司教諭）

「巧校長先生は特別支援の視点から方向性というかそういうものを結構示してくださる校長先生でした。（誠校長になって）そういうところが変わって、最初は方向性という部分でどうなるのかなあという想いが少しあったんですけど、本当に勉強熱心な方で、あっという間に追い抜かされました」（晴信教諭）

誠校長の柔軟な姿勢は、夕顔小学校の実践ともマッチしており、結果として夕顔小学校の機能的教育システムが維持されることになった。学校が校長に合わせるのではなく、校長が既存の教育システムに合わせていくという姿勢は、子どもたちが馴染んできた教育の場が守られることを意味している。教育委員会勤務の経験から明確になった校長交代による変化をできるだけ少なくしたいという誠校長の教育ビジョンは、システム変更による子どもの混乱を最小限にするという教育観の表れと考えられる。誠校長は具体的にどんな教育観をもっているのであろうか。

②誠校長の教育観

誠校長は自らの教育観、教育理念について、次のように語っている。

「その子が前の年と比べてどうなっているか、そこが一番重要という話を教職員にはしています。同じスタートラインに立てていない子どもたちが、前の年と比べてどんなふうになっているのかというのを、やっぱり重要視していきたいなと思っています」

「私たちがある子どもの状況を見るのに、例えば全国平均から学力が何点下がっているというところより、前年度と比較してその子が伸びていない、そういう状況を目の当たりにしたときには、やっぱり大きなショックを受けてしまいますし、悩みます」

ペスタロッチが孤児院の子どもたちの教育に際し、子どもとの関係から支援がなされていくこと、さらにその支援が子どもの内面でどういった形で成就するかを重要視した（光田 2012）ように、困難を抱えた子どもの教育的営みでは「外的な評価」よりも、子どもの内的体験が成長の基盤になると考えられる。以下に述べるように、夕顔小学校は「一律な教育目標」ではなく、個別支援の発想に立って、個々に応じた対応に徹しているが、これも誠校長の教育観と一致している。

「今までも（他の学校で）例えば算数のひとクラスの授業の中で、ちょっと不得意、苦手意識をもっている子どもを分けてやるとか、ちょっとした配慮はやってきたつもりでした。でも、それはまだ一斉授業の枠からは全然抜けていなかったんです。この学校でいろいろな先生に見せていただいたりする中で『やっぱりここまでして、やっぱり個に応じるということなんだなあ』というのをすごく学ぶことができました。それが一番刺激になったところかなと思います」（晴信教諭）

「（夕顔小学校の実践は有名で視察が多く）非常に大変だったんですが、（誠校長は）それをかなり精選してくださいました。結局子ども第一だから、子どもたちの生活スタイルが変わるような視察は申しわけないけどお断りして、子どもたちの生活のリズムに合わせて来られる方に来てもらっていたのではないでしょうか。だからすべては受け容れていないと思います」（和男教諭）

子ども個人の成長と、子どもが学ぶ環境の安定性を重要視した誠校長の教育理念は、夕顔小学校という「学びの場」をさらに充実したものにしていったと考えられる。では、子どもの学びの環境を構成する要素の一つである「教師集団」を誠校長はどう捉えているのだろう。

③教師集団とともにある校長

教師集団に関する誠校長の語りは、次の通りである。

「いろんなところで職員に助けてもらっていますし、職員に学ぶところもあります」

「職員は本当に一人一人素晴らしい職員が揃っていると思います。極端なことを言うと一番分かっていないのは校長なので、私が職員に育ててもらっているのかなというような思いを強くもっています」

「とにかく私は職員に支えられていると思っています。巧先生の後任ということで本当に不安だらけで本校に来たんですが、今の職員がいてくれるからこそこの学校で校長が務まるのかなというふうに、私は思っています。それぐらい一人一人が一生懸命で、それぞれ抱えている悩みなど、いろいろな問題はありますけども、子どもたちのためであればみな同じ方向を向いてやってくれますから」

教師集団からは左記の意見、つまり巧校長が「改革期のリーダー」であり、その実践の中で教師集団が成長したこと、さらにそれが教員個人にとっても自信につながり、改革が促進されたというものがあった。

「今まではわりとトップダウン的な部分があったわけです。その中でいろんなことを先生たちは学ぶことができました」（康司教諭）

「巧校長が来た頃には、やっぱりどんどんどん新しいものを取り入れないと変革していかない、変わらないという時期だったと思います。新しいものが入り込み、学校が変化してよくなっていき、今ある程度軌道に乗ったところで、そこをより充実させていく時期だと、私は思っています」「（視察に関して）外部の方が入ったということは、内部の閉鎖性がだんだん薄れたというのとリンクするかもしれないですね。そして、見に来てくれた方の感想が、少しずつ自信になっていったんです」（和男教諭）

誠校長の語りからは、誠校長が「協調性を重視するリーダー」であることが分かる。夕顔小学校の混乱期、安定した教育実践の確立とその継承、いずれも夕顔小学校にとっては移行期への直面と指摘することができる。それぞれの移行期において、夕顔小学校の教育システムのニーズに沿ったリーダーシップが発揮されたことは非常に興味深い。以下では「協調型」と考えられる誠校長が教職員とのコミュニケーションにどんな配慮をしているか取り上げてみたい。

④教職員とのコミュニケーションと個別配慮

「教育委員会におりましたので、そこで悩んでいる教員であるとか、あるいはその悩みがもとで休みに入ってしまう教員とか、いろいろな教員との面談をやってきました。それぞれ誰でも悩みを抱えて仕事をやっているわけですから、その悩みを校長が聞いてやって、配慮できるところは配慮することが重要かなと思っております。あとはそれぞれの教員がもっている一人一人の能力を、その学校経営の中でどうやったら生かせるのか、それは校長が自分の学校で働く教職員にやっていかなければならないところかなというような思いがずっと私の中にありましたし、校長になってから自分の中では重きを置いているところです」

「前任の校長先生を中心として職員たちがこれまでの積み上げをしてくれましたので、まずはその積み上げを継続していこうと思いました。大切なのは、教職員間のチームワークだと思っていますので。本当に自分の悩みを周りの教員に相談できる、周りの教員もそれを親身になって考えてやって解決策を見出していける、そういった学校の雰囲気ができあがっていました。私としては、なるべく一人一人の悩みを私の方でも把握して、それを全校体制で取り組めていけるような、そんなような働きかけをしていかなければならないと思いました」

誠校長のチームワーク、一人一人の教員を重視する姿勢は、複数の教職員による次の語りが多くを物語っているのではないか。

「私たちも弱音を吐きやすくなりました」（弥生教頭）

誠校長は教諭が早朝から仕事をしていると、それに合わせて出勤し、コミュニケーションを図ったという。誠校長は「我々の立場にも下りてくれます」（和男教諭）という姿勢に終始していると考えられる。伊藤・西川（2013）は、校長との会話が増えると教職員同士の会話も増える傾向があると指摘している。校長のコミュニケーションのあり方が、職員室の雰囲気にも影響を与えるのだろう。こうして子どもだけでなく、教職員一人一人を大切にする誠校長の姿勢は、「働きやすい職場づくり」の実践へとつながっていく。次項では、より詳細に誠校長のコミュニケーションへの意識を取り上げてみたい。

（3）校長による配慮的コミュニケーション

①施設との連携

夕顔小学校は校区に施設があるため、前任の巧校長の時代から施設との連携は重要な課題であった。この施設との連携を誠校長はどう捉えているのだろうか。

「学校では知り得ない子ども一人一人の詳細な生い立ちや、今置かれている状況などを施設長さんからお聞きすることによって、より子どもに対する理解が深まっていくというところになります」「そういうことを聞くと子どもたちを見る目が変わってきますし、子どもたちへの対応も自分なりに変わってきたように思います」

誠校長も「子ども理解のための施設連携」を重視し、毎月施設を訪問して施設長と一時間ほどの意見交換をしているという。その際にも、誠校長ならではの配慮があった。それは施設職員との間の子ども理解、子ども対応に関する認識のズレにおいてであった。

「学校でこの教員はこういうふうに接しますとか、皆一生懸命やっているのは間違いないので、一生懸命に子どもたちのためにやっているんだというところを、相手の気分を害さないように、まずは施設の職員さんの気持ちを受け止めて、その上で学校の様子を話すようにしています」

さらに誠校長は教員の努力を伝えるだけでなく、施設の困難さも同様に大切な情報として教員にフィードバックするのだという。

「（大変な施設の状況を聞いて）『自分にはそこまでできないだろうな』と私自身思うことがあります。子どもに対する愛情とか、教育に対する熱意とか、そういうものを私も施設長さんから毎回感じ取って学ばせていただいているところです。『今こういう状況らしいから、よく見守ってやってくれ』と、そういう情報を担任に支障のない範囲で伝えています」

施設との情報交換は中核教員も担っており、とくに難しいケースについては「学校でできるライン」（和男教諭）の確認を怠らないようにしているという。中核教員と誠校長の役割分担について、誠校長の興味深い発言がある。

「校内では（中核教員の）康司教諭や和男教諭がうまく学級担任の間の情報交換やつながりを担ってくれていますので、そこと施設をつなぐ役割を私ができるとよいかなとは思っています」

ここでも誠校長は協働の直接的担い手になるのではなく、「学校ー施設」の包括的コミュニケーションの担い手であることを重視していると言えるだろう。個別的問題はもちろんのこと、学校と施設が包括的によりよいコミュニケーションを維持することによって、システム同士が安定する。この安定によって教師集団が守られ、「働きやすい職場づくり」が可能になっていると考えられる。

②働きやすい職場づくり

誠校長はたびたび「教職員一人一人が」と言及し、教職員への個別配慮とチームワークの重要性を認識している。誠校長は「働きやすい職場づくり」とそのための役割をどう考えているのだろう。

「実際に体調があまりよくない職員もいますし、だからそこは私の方からストップをかけることもあります」

「子どもに向き合う時間以外のこと、やった方がよいけどもやらなくても済むようなことを私なりに探して、『そこはあまり重きを置くな』とか、『それは今回はやめよう』『今年はやっても来年はやめよう』と、そういうことを言っているつもりなんですが、でも（教員は）頑張っちゃうところがありますね」

「私や教頭、教務がそのあたりをよく観察して、『ちょっとあの先生、今目一杯だぞ』というような情報が入れば、いろいろな働きかけをしてその職員の負担を少なくしたり声をかけて励ましたりしています。それで大丈夫かと言われれば十分ではないとは思っていますが、できるだけそんなふうなかかわりをしたいとは思っています」

「（夕顔小学校は）今まで私が勤務してきた学校にはない教員の心身への負担がある学校だと思いました。なかなか仕事の量は減らないにしても、気持ちよく仕事に取り組めるように、そのための働きかけは私の方からしてやらなければいけないのかなと考えています」

夕顔小学校は子どもの対応も難しいが、さまざまな研究活動[1]があり、そのことも誠校長が気に留めていることであった。

「他の学校にない業務というのが例えば学会への参加です。参加するだけじゃなくて発表するんですね。そういうところへ皆が積極的に行くんです。私は研修を受けることはいいと思うんですが、そこで発表を頼まれるとなると、普通の学校にはない業務がそこに入ってくると思うんです」

「日々の学習の中で『何でこの子は困難なんだろう?』とか、『自分はどういうふうにやったらいいんだろう?』というのが分からない部分があるので、知りたいという気持ちはもっていると思うんです。それは私も含めてなんですけども」

「教員としての資質を高めるのは私たちにとって必要なことですが、資質を高めようとして疲労が蓄積してしまうという、その辺のバランスをどうしていったらいいのかなあとは思っています」

「校長は校務分掌である」というキャッチフレーズをもとに学校経営を実践した校長の事例研究があるが（織田 2013）、誠校長のスタンスも個々の教員の状況を把握し、心身の状態やパフォーマンスの状況を把握することを基盤にしていた。教員の向上心を大切にしながらも、疲弊しないための気配りを誠校長は心がけていたが、そのために子どもや教職員への配慮的かかわり（関係づくり）が重視されていた。このことに関する教師たちの語りを紹介したい。

「校長先生が我々に対して非常に丁寧に接してくださって、これまでのこととかも聞いてくださったとか、何か対応するにあたっても意見を述べてくれたりとかするので、私としてはとてもやりやすかったです」（和男教諭）

「（困難な子どもに）向き合っている先生のつらさというのがあるわけです。そういうものも（誠校長は）ちゃんと感じ取ってくださるんです」（弥生教頭）

「校長は休み時間になると、外に出ている子どもたちと遊んでいます。子どもたちとの距離を大切にしていらっしゃるんだと思います」（和男教諭）

「休み時間になると校長先生は必ず外に行かれます。毎日行っています。子どもは『校長先生って身近な人なんだな』というふうに思ったのではないかと思います」（弥生教頭）

誠校長は「教職員への配慮」あるいは「個々の子どもへの視点」をリーダーシップの軸と捉え、そのために自らが何をすべきか（校務分掌的発想）を重視していたことが、校長と教員への面接調査から推察できる。それを可能にするために、子どもや教師集団に積極的にかかわり、コミュニケーションを取るということが実践されていた。康司教諭や和男教諭は中核教員（ミドルリーダー）の立場にいる教師であるが、そういった教師にも細やかな配慮をすることで、さらに学校におけるコミュニケーションが活性化されたと考えられる。

③教師集団への配慮の視点

夕顔小学校は学期ごとに「ラウンドテーブル」と呼ばれる子どもの支援会議（事例検討会）が行われているなど、教師集団のチームワークや情報共有を大切にしている。誠校長は、これまでの夕顔小学校のチームワークや役割分担といった機能を高く評価していたが、それはオフィシャルな場でのかかわりに限定されないものであった。

「自分で悩んでいることがあれば、それを素直に同僚に、先輩教員に話ができる、アドバイスも受けられる。放課後に自然とそういう会話ができるというところは、素晴らしいなと思います」

「だから放課後なるべく時間を設けたいんですが、会議とかが入ってしまうことが少なくない。教職員からはもっと放課後の時間が欲しいというふうな声も上がってきています」

「研修で学ぶことも多いんですけど、そういう何気ない雑談の中で学ぶことというのは、この学校にとっては大きいし貴重なことだと思うんです」

「放課後の時間がなくなると、教員たちの事務的な仕事だけではなくて、自分の指導上の悩みを打ち明けてアドバイスをもらえる時間も少なくなってしまうところもあります。できるだけそういう時間を確保できるように、来年度に向けて（会議の整理・縮小など）考えているところがあるんです」

誠校長の配慮的コミュニケーションを重視した実践は、教員間のコミュニケーションを活性化させていることが教師の発言からうかがえる。

「（視察者には）むしろ放課後の職員室を見ていただきたいというぐらいに放課後の職員室が子どもの視点で話し合われています」「子どもで困っていると、だいたい子どものマイナス点を指摘し合って終わってしまう職員室が多いと思うんです。ここはそうじゃなくて、そのために私たちは何ができるかということの話がされているという素晴らしい職員室だと思います。だからこのチームワークは当然継承していかなければならないし、いけると思うのです」（弥生教頭）

誠校長の配慮的コミュニケーションは、教員集団の協働を高めることに貢献している。そのことは直接的に「教職員は子ども対応により積極的に取り組むことができる」（米沢・山崎・栗原 2014）状況を生むことになる。それは以下の教員コメントからも明らかであろう。

「さらに新しい風でまたよい感じというか、進んでいるんじゃないかなあと思います」「さらに上を目指してじゃないけど、今年はさらに上に行っている気がしますね。新しくさらにまた積み重ねて進んでいっているんじゃないかなあと思います」（律子教諭）

第四節　考　察

1．二人の校長の異なるリーダーシップ

インタビュー調査から、巧校長が「改革期のリーダー」であり、その後任である誠校長は、「協調性を重視するリーダー」であることが示された。校長のリーダーシップは、「革命的リーダーシップ」と「教職員への配慮」の二要因から構成されるという指摘がある（松原・吉田・藤田・栗林・石田 1998：米沢・山崎・栗原 2014）。夕顔小学校が施設入所児の学校不適応、さらに施設との連携・協働体制構築の急務というまさに教育実践の際に立ったとき、巧校長の「革命的リーダーシップ」が奏功することになったのだろう。巧校長のリーダーシップと教員集団による学校の立て直しによって、夕顔小学校は学校での活動に困難を抱えた施設入所児にも柔軟に対応できるシステムをつくり上げていくことになった。

夕顔小学校の教育実践が一定の成果を手にしたとき、巧校長の異動という大きなシステム変更に直面することになったが、巧校長の後任となった誠校長は、「教職員への配慮」に長けており、配慮的リーダーシップに親和性があったと考えられる。改革期を経た学校システムがさらに円熟していくプロセスでは、夕顔小学校の「同僚性」（佐藤 1994）が志向され、配慮的リーダーシップへの潜在的ニーズが高まったのであろう。校長の配慮的リーダーシップは「教職員のモチベーションを高め、互いにフォローし合おうとする協働的風土に満ちた現場の状況をつくりだす」（西山・淵上・迫田 2009）という指摘があるが、教職員の協調的風土によって、「教師はレジリエンスを学校内の信頼関係において構築・成長させていく」（廣瀬 2014）ことが可能になる。巧校長の改革的リーダーシップによって教育実践の方法・基盤を整えられた夕顔小学校では、教職員の力が蓄えられ、「同僚性」に基づく教師集団（チーム）としての実践が目指されることになったのだろう。誠校長の「働きやすい職場づくり」に代表される配慮的リーダーシップは、夕顔小学校のシステム変更において、教職員集団のさらなる展開を志向しようとする流れ、つまり教職員集団の「自律性」と「同僚性」を保障することになったと指摘できる。

2. 教員の人事異動と教育委員会の配慮

教員の人事異動については、教育委員会が「学校教職員人事異動方針」を定め、同一勤務地の上限等を定めている。川上（2006）による宮城県の調査によれば、赴任希望地域格差や、勤務年限が必ずしも徹底されていなかったことから、二〇〇〇年よりルールの徹底が図られたという。筆者がかつて勤務していた施設に設置された小・中学校でも、この頃から同一校勤務ルールが厳格に運用され（「同一校在職期間の適正化」）、継続勤務の上限となった教員の配置転換が始まった。この運用に際しては、「特別な理由がない限り」とある。そして、校区に児童養護施設をもつ学校の教員異動は、指導の継続性の観点から（「特別な理由」）柔軟な対応が求められている。

二〇〇七年に特別支援教育が実施されてから、教育委員会による教育支援の体制づくりが各地で行われている。宮崎県教育委員会は特別支援学校を中心とした「エリアサポート体制」を構築し、「幼稚園・保育所等、小・中・高等学校等に在籍する発達障がいを含むすべての障がいのある子どもが、県内のどの地域においても特性に応じた質の高い指導・支援を一貫して受けられるようにすることを目指す」（宮崎県教育委員会 2015）とした独自の実践を進めている。この体制では、支援を求める教育（福祉）機関が保健所等の保健関係機関、児童相談所等の福祉関係機関や医療機関、そして巡回相談を担当するエリアコーディネーターなどと市町村の枠を越えて連携していくという大変興味深い実践である。また、エリア研修などを通じて校種間の相互理解と連携強化を図ることを目的として「校種間連携協議会」が設けられている。これは、本章で述べてきた多職種連携、多職種共同研修、多職種人事交流にも通じる活動と考えられる。さらに、札幌市教育委員会は、「特別な教育的支援を必要とする子どもに対して、子どもの心理教育的アセスメント結果や学校の指導記録、福祉・医療等の様々な情報がファイリングできるような『学びの手帳』を発行し、継続した相談支援体制の充実」を図っているという（池上 2014）。特別な支援を必要とする子どもに対しては、各機関の連携と情報の共有、さらにそれが校種をまたいで持ち越されていくことが望ましい。この連携・情報共有のハードづくりに際しても、教育委員会の果たす役割は限りなく大きいと指摘できる。

このように、教育行政を担う教育委員会による地域の教育ニーズに合わせた取り組みが報告されるようになっている。夕顔小学校を管轄する教育委員会も、夕顔小学校の特殊性をよく理解しており、巧校長や中核教員の異動の時期、夕顔小学校の実践が引き継がれるような後任の人選を行ったと考えられる。第七章第五節で、教育委員会による施設から校区の学校に通う子どもの把握が十分行われていないことを述べたが、前記のように特別支援教育の支援体制の充実が目指されていることを踏まえると、知的能力障害や発達障害を抱えた子どもだけでなく、児童虐待などを背景にもっている可能性がある施設入所児に対しても、教育委員会の組織的対応が求められる。夕顔小学校の校長交代では、校区に施設をもつ学校を支える教育委員会の役割の大きさがクローズアップされるとともに、同様の状況にある全国の学校、教育委員会に有用なモデルを示すことができると考えられる。

3．継続した教育実践を可能にするシステム的視点

山口・吉田・石川（2009）による中学校のチーム援助モチベーションの研究によれば、「システムが整っているからこそリーダーがより力を発揮できる」という。そして、よりより学校システムをつくり上げるためにミドルリーダー（本章では特別支援コーディネーターや児童指導加配教員を「中核教員」とした）が重要な役割を担っている。このように、学校の教育的営みをシステム的視点から捉えていくことが、優れた実践に結実する可能性がある。これを校区に施設をもつ学校に当てはめると、まず学級システムは担任と子ども、そして子ども同士の相互関係から成り立っている。例えば、困難を抱えた子どもがいるとしたら、困難を抱えた子ども「個人」の問題だけではなく、それぞれの相互関係とその相互関係から成り立っている学級の雰囲気自体が検討される必要がある。そして学級は学校の一部であるので、他の学級や学校全体と影響を及ぼし合って学校システムを形成する。この学校システムにおいて、全体の状況を把握し、学校内連携・協働の担い手となるのが特別支援コーディネーターや加配教員であると考えられる。そして、これまでは、「施設－学校」連携は学級システム、学校システムの各段階において試行錯誤されてきた。

第一〇章で指摘したように、夕顔小学校の「個別支援」は、単に「子ども－教師」というひと組のユニットで完結するのではなく、「子ども－教師A」「子ども－教師B」「子ども－教師A－教師B」などあらゆる関係を統合し、総合的に子どもを支援しようとする試みであった。施設からの通学体制に示されるように、夕顔小学校全体が情報共有に基づくシステム的対応を心がけていた。施設入所児に対する「指導から支援へ」という実践の基

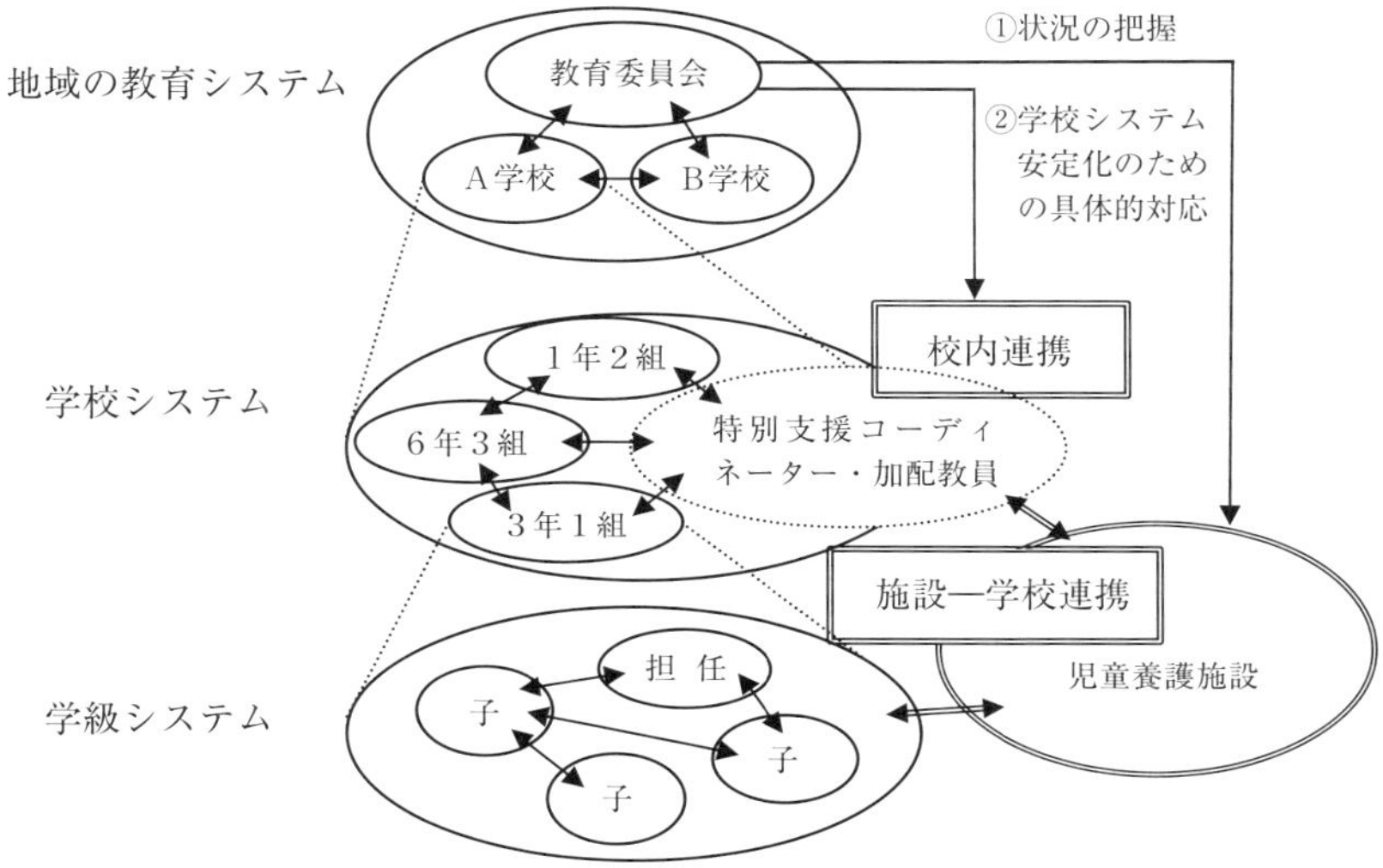

図17　学校システムの階層性

盤をなすのは、学校内外のシステム的対応にあるとまとめることができよう。

ただ、校区に施設をもつ学校の困難は、教師個人や学校単位で対応できる範囲を超えており、地域の教育システムが校区に施設をもつ学校をサポートする必要がある。専任の特別支援コーディネーターを置いたり、加配教員を配置するのが教育委員会であることを踏まえると、学校教育システムの安定化のために、教育委員会の関与は大変重要であると指摘できる（図17）。教育委員会による施設および施設入所児の把握が適切に実施され（図17の①）、それをもとに校区に施設をもつ学校システム安定化のための具体的な対応が求められる（図17の②）。学校システムの安定化は、「施設ー学校」連携にも望ましい影響を与えると考えられる。さらに、学級や学校という下位システムが自律的に機能することで、上位システムである地域の教育システムも安定するという相互作用が期待できよう。地域の教育システムの中核をなす教育委員会の具体的な役割と方策については、結語においてあらためてまとめることにしたい。

第五節　結　語

誠校長が「学校教育の一貫性」と「実践の継続性」を基本的枠組みとして、「配慮的コミュニケーション」を重視した学校経営と施設連携を行ったことなどが、校長交代にあたって夕顔小学校の教育実践に大きな動揺を与えなかった要因であることが示唆された。これらは校長のリーダーシップ研究から得られた知見と重なることが多い。限られた教員のみの面接調査となったため、この結果が夕顔小学校の実情を漏れなく反映しているとは言い難い。今後も調査を継続していく必要があると考えられる。

夕顔小学校の校長交代では、優れた実践が引き継がれ、同僚性がさらに強まっていくという傾向が明らかとなった。このいわば誠校長を中心としたソフト面の動きとともに、校長交代におけるハード（システム）面の検証に注目したい。すなわち、この一連の動きに対する教育委員会の貢献についてである。夕顔小学校の校長交代では、少なくとも次の配慮が教育委員会によってなされた。

①巧校長の任期を延長し、「移行期間」を準備したこと
②異動のタイミングにあった中核教員を巧校長とともに異動させず、夕顔小学校の実践の一貫性・継続性を保障し、段階的変化を図ったこと
③同様に、巧校長に代わる特別支援教育の専門教員を配置したこと

このような教育委員会の配慮によって、夕顔小学校の教育実践の一貫性・継続性が保障されたことの意義は大きい。本書で繰り返し述べてきたように、施設入所児の多くが変化の大きい生活を余儀なくされ、また対人関係

や学習上の困難のため学校への適応に苦しんでいる。彼らは施設に入所してからも不安定な生活の影響から抜け出すことが難しく、自立（就労）において大きな課題を抱えている。これらは、社会的養護におけるソーシャルサポートシステムがいまだ流動的であることに由来している。一貫した社会的養護システムの構築は容易ではないが、子どもたちが多くの時間を過ごす教育領域、とりわけ特別支援教育において、教育委員会によるハード面の配慮、支援体制の構築が徐々に進んでいることは刮目すべきことであろう。施設入所児への支援では、子どもとの関係づくりといったソフト面の支援と、ハード面の支援、つまり継続性のある支援体制の構築が車の両輪であると考えられる。後者における教育委員会の役割の重要さと可能性をあらためて指摘しておきたい。

最後に、本章におけるフィールド調査は、夕顔小学校への訪問を始めてからの五年間の蓄積があったことが大きなメリットとなっている。この間、夕顔小学校の教師たちとの関係づくりでは、ともに昼食を摂りながら意見交換をしたり、校内研修会に招かれて筆者から見た夕顔小学校の実践を報告する機会を得ることもできた。また、特別支援学級の数名の子どもたちとは、「また来たの?」と言われるようにもなった。本章で、見学者の感想が自信になっていったという教師の発言を紹介したが、外部からの参与者の定期的な訪問が夕顔小学校の実践と安定化に寄与した可能性もあるだろう。この意味でも、困難な背景を抱えた施設入所児への「開かれた支援」のもつ意味は少なくないと指摘できる。

（1）夕顔小学校は、発達障害支援に関する文部科学省委託事業や大学教員との合同研究など、その先進的な取り組みは国内で高い評価を受けている。さらに、巧校長と一部の教員は学会でその成果を発表しており、多忙であった。

第一三章　総括的討論

第一節　本書の総括

1．施設入所児の心理支援と社会的ネットワーク

（1）施設で生活する子どもたちの変化

二〇一五年に児童相談所が受理した児童虐待相談件数のうち、約四％が施設入所となっている。一九八〇年代までの施設に入所する子どもの大まかな状況は、「両親の離婚や病気、行方不明など家庭状況の困難」であった。我が国で児童虐待問題が顕在化した一九九〇年代以降は、虐待を受けた子どもたちの割合が半数を超え、「家族または同居者からの不適切な養育（虐待・ネグレクト）と家族の機能不全」が施設入所児の抱える困難となっている。

障害をもつ子どもの割合も増加し、二〇一三年は一九九八年の約二・八倍となった。このうち、身体障害や発作性神経疾患の割合は一五年間ほとんど変化がなく、知的障害は約三倍に、ＡＤＨＤやＬＤ、発達障害児の割合も増加している。施設で生活する子どもたちは、複合的な困難、それもいわゆる「目に見えない障害」を抱えて

いる状況がある。しかし、「学習に遅れがある」割合は、情緒障害児短期治療施設や児童自立支援施設と比較して低く、子どもの学校での学習問題が把握されていない可能性を提起した。

（2）虐待を受けた子どもへの心理支援

我が国の児童虐待の対応は、「予防・発見」と「保護」のシステムづくりに関係者の努力が傾注されてきた。一九九〇年から二〇〇〇年代までは、「虐待された子どもの早期の確実な保護と児童虐待の予防」が重視されたことを踏まえると、この時期は児童虐待に対する危機介入の初期段階であったと言える。また、さまざまな調査研究の結果、「児童虐待は必ずしも特別な家庭にのみ起こる特異的な現象とは言えない」ことが示唆され、行政機関を中心に育児サポートの必要性が認識された時代であった。これらの経緯から、本書では「必要な子育て支援に家族がたどり着けるよう、その情報を得やすくしておく工夫（accessibility）」が児童虐待の予防と発見において重要であると指摘した。

同時に、保護された子どもは、身体発育や認知・情緒発達、あるいは虐待というトラウマによる後遺症（心的外傷後ストレス障害：ＰＴＳＤ）などさまざまな困難を抱えており、彼らへの「ケア」の実践が模索されてきた。とくにＰＴＳＤへの対処が重視され、認知行動療法（ＣＢＴ）やＥＭＤＲ（眼球運動による脱感作および再処理法）、薬物療法などの有効性が検証されてきた。しかし、こういった治療は特別なセッティングを必要とするため、児童養護施設では主にプレイセラピーが選択されている。一九九九年に児童養護施設への心理職配置が開始されたこともあって、プレイセラピーの事例報告は少なくない。本書においては、プレイセラピーによる治療における「バラバラになった『自己の歴史化』のプロセスと『欠損感』への対応」を重視し、とりわけ被虐待児の「欠損感」については、心理療法や生活支援だけではなくネットワークによる支援が求められると指摘した。

今後の我が国の児童福祉では、家庭的養護と施設の小規模化、里親委託率の増加が目標に掲げられている。家庭的な代替養育が保障されることは重要だが、施設で生活する子どものトラウマや「欠損感」に代表される心理的困難、対人コミュニケーションの問題、そして学習困難などを踏まえると、代替養育においては「長期的に子どもをサポートできる環境や制度がいかにあるべきか」が問われなければならない。施設や里親家庭でアタッチメントやＰＴＳＤへの支援が「完成」するのではなく、統合的アタッチメントモデル（ソーシャルサポートモデルあるいはネットワークモデル）を基盤にした支援、つまり長期にわたって「物理的そして心理的にサポートを受ける環境が維持される」ことが目指される必要がある。家庭の子どもが多くの大人に見守られて育つように、施設入所児もまた、個々の困難への個別支援だけでなく、関係者の連携・協働による「施設入所児の育ちのネットワーク」の構築が目指されなければならない。

（3）社会的養護における連携・協働

Bion（1967）の containment を参照し、入所施設のスタッフや地域の関係者（学校など）が施設入所児に containment を提供することが必要であると指摘した。代替養育におけるキーワードは、「専門性」と「連携・協働」であると述べ、児童福祉領域におけるこれらの用語の位置づけを検討した。

医療領域における連携・協働概念の捉え方を参考に、そのプロセス的意義を含みつつ、連携は「専門職同士がそれぞれの専門性の枠組み内で協力する際に用いられる用語」と、協働は「共通の目的のために、専門性の垣根を越えて相手の領域の一部と重なり合いながら、対象や課題を支援すること」と指摘した。本書では後者の理念を志向しつつも、教育現場では馴染みのある「連携」または「連携・協働」と記述することにした。

次に、具体的課題として、心理職とケアワーカーの「施設内連携」が機能しているのかを先行研究から概観した。村松（2013a）の調査によれば、施設における心理面接の困難要因に「他職種との連携」が含まれていた。また、ケアワーカー、心理職ともに離職が多いという傾向から、児童福祉施設は経験の蓄積が期待しにくく、連携・協働を育みにくい構造的問題を抱えていることを指摘した。児童福祉領域における育ちのネットワークづくりのためには、「施設内連携」、とりわけ心理職とケアワーカーの連携・協働意識をより詳細に検討する必要があることから、さらなる実証研究を計画・実施することにした。

（4）児童養護施設における多職種連携

さまざまな困難を背負って児童福祉施設に入所してくる子どもの支援では、施設内外の関係者による多職種チームが子どもの育ちを見守る良質なネットワークを形成する必要がある。この重要性の認識は深まっているものの、実際に児童福祉領域における協働の問題を量的に扱った研究は少ない。本研究では、医療領域で用いられている協働尺度を参考に、「児童福祉施設版協働実践尺度」を作成し、児童養護施設のケアワーカーと心理職に実施した。ケアワーカーの協働実践尺度得点は、「新人」と「中堅」「ベテラン」の間に差が見られ、経験年数がもっとも影響を与えていた。ケアワーカーは、経験の浅いうちに心理職との協働意識が形成され、中堅以降あまり変更されない可能性が指摘された。一方、心理職は経験年数とともに協働意識が高まっていくことが示された。心理職は協働に対する「やりがい」といった内的動機づけ要因が強く、ケアワーカーは医療モデルの「医師－看護師」の役割分担に似た心理職との仕事（職務）の明確化が協働意識に関与していることが考えられた。子どもの「こころ」を支援するのは心理職だけではない。ケアワーカーがどういう視点で子どもの「こころ」を育もうとしているのか、心理職は子どもの「こころ」の何を大切にしようとしているのか。こういった違い、いわば専門性の差異を明確にし、「お互いの職種の相互理解」を促進する必要のあることが示唆された。

その具体的な手段として、自立支援計画を協働で立案し、子ども理解を深めることの有効性を提起した。一つに縛られない多様な子ども理解が保障されるコミュニケーションを関係者が維持することは、施設入所児のソーシャルサポートにとって重要なモデルと考えられる。

施設で暮らす子どもたちの退所後の生活は、高い離職率、低賃金など、入所前と同様に困難な状況が継続している。こうした「困難の連鎖」をくい止めるために、子どもを取り巻く社会的ネットワークを構築していく必要がある。このネットワークづくりでは、子どもが生活の多くの時間を過ごす学校関係者との協働が非常に重要になる。施設内における連携・協働（ケアワーカーと心理職連携）も取り組まれるべき課題だが、「困難の連鎖」の一つに、例えば「高校中退率の高さ」など、子どもの貧困と直接関係する要因があり、施設と学校の連携は喫緊の課題と考えられる。しかし、我が国では施設と学校の連携の十分な検討がなされていない。第一部で明らかになったこの課題、すなわち「施設で生活する子どもたちの『困難の連鎖』を防ぐための、安定した環境（ネットワーク）づくり」と「学校における子どもと教師との関係づくり」を掘り下げるために、第二部を設定した。

2. 施設入所児と学校教育

（1）虐待を受けた子どもの学習困難と「施設–学校」連携

先行研究において、施設入所児の学校不適応が明らかになっている。子どもの個人的要因については、虐待の影響と子どもの学習態度や動機づけ、また教師やクラスメイトなど対人関係との因果関係が示唆されている。これらの困難を抱えた施設入所児は「不適応児」として学校から「排除」されやすくなり、それが「困難の連鎖」につながっていく。困難な生活を余儀なくされてきた子どもに対して、校区に施設をもつ学校は個別のニーズに応じた「学びの環境」を整える必要がある。そのために、施設と学校の連携・協働は欠くことができない。ただ、これまでこの課題は指摘されてはきたものの、具体的な対策など、深く検討されてこなかった。

（2）「施設－学校」連携の現状と課題

両者の連携・協働を検討するために、校区に施設をもつ学校の教員、そして施設スタッフにインタビュー調査を行った。本研究から明らかになったのは、とくに「情報共有をめぐる問題」であった。まず個人情報保護法施行以降、とくに子どもや家族に関する個人情報に対して施設の情報提供スタンスが変化した。そして、教師がそれに触れていいのかどうか戸惑い、その相互作用の結果として、情報共有の「自主規制」が起こっていることが明らかとなった。この「自主規制」は「施設－学校」連携における信頼を損なう可能性があるが、学校と施設は定期的な情報交換会などを通じ、それぞれの関係性の中で対応していた。この自主規制に対しては、児童相談所の積極的関与が有効な対策となることが示された。

学校と施設の連携では、例えば登下校時など、日々の業務の中で子どもの情報を共有し合うといった、それぞれの組織のルーティンに相手の組織と重なる「プラスα」を加えていくことが有効と考えられた。このようにして、問題（非日常的状況）があってから連携が始まるのではなく、日常的な関与の中から「連携・協働は育まれるもの」という認識が必要であることが明らかとなった。

さらに、「施設－学校」連携では情報共有の窓口がはっきりしていることが重要であり、とくに連携がうまく機能していた学校には加配教員の存在があった。都道府県教育委員会は施設から通学している子どもの状況を十分把握していないが、教育委員会による「施設コーディネート加配」の重要性が指摘された。

また、教育と福祉の人事交流や元校長を施設長に据えるなど領域をまたいだ相互交流、そして「合同事例検討会」などを通じた「事例の共有化」の工夫が「施設－学校」連携を促進していた。現在は現場の工夫にとどまっている「施設－学校」連携であるが、校長（管理職）研修に施設研修を盛り込んだり、教育と福祉の共同研修を行うなど、子どもの関係者が協力して支援に当たる「開かれた支援」を可能にする連携のシステムづくりを担う行政機関の役割が指摘された。こういった教育と福祉の関係づくりが、子どもの学びの環境づくりにつながっていくことになる。このことについては、第二節でより詳細に述べることにしたい。

（3）施設入所児の学びの場としての特別支援教育

もう一つの課題である、教師と子どもの関係づくりをどう考えたらよいのだろう。このことについて、校区に施設があり、全校体制で特別支援教育の理念を教育に生かしている夕顔小学校の実践を、フィールド調査をもとに検討した。夕顔小学校の実践では、「力による指導」とは対照的に「つながる指導とモディフィケーション」によって子どもへの支援が行われていた。校区の施設である、はるか学園との連携は最初から良好だったわけではなく、改革を担った校長が赴任し、「個々の状況、ニーズに合わせた支援」を模索する中で、「施設―学校」連携が強化され、相互理解が深まっていった。それに合わせて、子どもの情報共有が進み、時宜を逸しない支援の体制を構築することが可能となった。その中核となったのが四クラス設置された特別支援学級である。

「一人の子どもを全員で」という夕顔小学校の理念により、例えば朝の学習に養護教諭など指導可能な教職員がこぞって関与するというように、徹底した「個別支援」を実践していた。学校での集団活動が難しい子どもには、「共視による関係づくり」が機能していた。そして、とりわけ特別支援学級においては、子どもの行動スタイルを基盤とした生活指導やコミュニケーションの混乱に対する教室のつくり方など、学校教育の営みを前提にしつつも、細心の注意が子どもとの関係づくりに向けられていた。「開かれた個別支援」「はるか学園との関係づくり」に根ざした夕顔小学校の学びの環境づくりがハード（システム）面の取り組みとするなら、前記の実践は個々の子どもに対応したソフト面を重視した取り組みと言える。このハード、ソフト両面に及ぶ学びの環境設定が、「困難の連鎖」にある子どもの教育支援に求められることと指摘できるだろう。

（4）管理職（校長）交代の影響と教育委員会の役割

施設へのインタビュー調査では、「校長が代わると一からやり直し」という指摘があった。管理職、とくに校長交代は、「施設－学校」連携に大きな影響を与える要因である。筆者がフィールド調査を行っていた折、奇しくも夕顔小学校の校長が交代することとなった。

新しく赴任したのは、教育委員会勤務の経験がある校長であった。夕顔小学校の実践は自らの学校にも取り入れるなど、赴任前から夕顔小学校とは行き来があったという。校長交代の前後の量的調査（子どもの行動チェックリスト教師用：TRF 5-18）では、校長交代による影響は認められなかった。その要因を分析するための新校長と教師へのインタビュー調査（質的調査）からは、新校長が「学校教育の一貫性」と「実践の継続性」を重視していたこと、それが教師集団に安心感を与えた可能性のあることが示唆された。また、前任校長が「改革期のリーダー」として夕顔小学校の教育と「施設－学校」連携の基盤を整え、組織が新たな同僚性を求めたときに、「働きやすい職場づくり」を意識した「協調性を重視するリーダー」である新校長が赴任したことが、学校（教員）組織の安定を担保した要因であると考えられた。新校長の個人的要因の影響は少なくない。

一方で、このとき教育委員会が果たした役割には特筆すべきものがあった。それは、前校長の任期を延長し「移行のための期間」を準備したこと、中核教員を異動させなかったこと、前校長の後任である特別支援教育の専門教員を配置したことなどに表れている。こうした「段階的変化」の保障（システム的要因）が、夕顔小学校の教育実践の継続性に大きく影響したと考えられる。

特別支援教育が開始されてから、都道府県教育委員会、市町村教育委員会による地域ニーズに即した独自の実践報告がある。教育委員会による地域ニーズや実態把握と、それに基づく加配教員の配置や段階的な人事異動などの配慮が、困難を抱えた子どもの「個別支援」と「学びの環境」の安定に資することが示された。

第二節　施設入所児の教育保障のために

1．社会的養護の変化と学校教育における新たな課題

社会的養護は家庭的養護と個別化を理念に、施設の小規模化が進められている。これまで述べてきたように、今後は施設入所児の「分散化」が進み、教師が社会的保護下にある子どもたち（施設入所児や里親委託児童など）とかかわる機会はこれまで以上に増えることになる。施設入所児は被虐待やその他の障害など、困難な課題を抱えている場合が少なくない。彼らの学校適応に何らかの困難が生じたときにどういった取り組みが求められるか、学校教育は新しく重要な課題に直面している。本書から得られた知見をもとに、社会福祉のソーシャルワーク理論を参考にして、ミクロ（子どもと教師のかかわり）、メゾ（学校の取り組み）、マクロ（学校コミュニティを支える教育委員会の役割）の各領域における提言を試みたい。

2．子どもと教師の関係づくり

本研究において、困難を抱えた施設入所児との関係づくりでは、「子ども－教師」の二者関係が保障される必要があることが指摘された。「一対多」を基本とする通常級では、二者関係を深める機会は非常に限られることになるだろう。さらに、施設入所児には学習の遅れという困難がある場合が少なくないことを踏まえると、彼らにとっての特別支援教育の重要性がクローズアップされてくる。夕顔小学校の特別支援教育の理念を生かした実践は、「個別支援」を基本とする支援であった。通常級は担任の一年交代システムが進んでおり、その意味でも

二者関係の構築が難しい。特別支援学級の担任は比較的長く子どもとかかわることができるため、長期的視点からの個別支援が可能になる。児童虐待や発達障害といった困難に対する理解を深め、彼らとの関係づくりの工夫と実践を集積していく必要がある。

筆者は二〇一〇年から六年間、科学研究費の補助を受け、「全国施設心理懇話会」を開催した。その目的は、事例検討を通した各施設、ならびに参加者の情報共有であった。六〇名ほどの参加者による意見交換はいつも予定時間をオーバーするほどに熱心で、現場の臨床家が実践へのヒントを強く求めていることを目の当たりにした。施設を校区にもつ教師にも同じニーズがあるのではないか。本書第一一章で施設入所児への教育支援の一例を示したが、学校は児童虐待の発見と同時に、虐待を受けた子どもへの具体的教育支援の方法はいかにあるべきかに関する知見を集める必要がある。それは、施設入所児の「困難の連鎖」への重要な対策であり、「施設入所児の育ちのネットワーク」を構築する試みに連なることと考えられる。

3．校区に施設をもつ学校の取り組み

施設入所児は、複雑で変化の多い環境での生活を余儀なくされてきている場合が多い。その「歴史」（生育史）と「いま」を知るために、施設と学校の連携・協働は欠かせない。しかし、「施設－学校」連携では、情報共有の自主規制が起きており、それが両者の関係性に影響を与えていることが明らかになった。情報共有の自主規制は、「個人情報保護法」施行以降に顕著となったが、施設と学校で子どもの情報を共有し合ったり、学校独自に子どもの成長記録を作成する試みが報告された。施設入所児への支援において、彼らの複雑な背景を共有することが「施設－学校」連携の基本事項と考えられ、児童相談所を交えた情報共有が進められる必要がある。

また、「指導から支援へ」という教育方法の転換により、行動問題を抱えた子どもに「事例性」をもたせ、個

別配慮をもとに支援の方法をつくり上げていくことが求められる。そのためには、「なぜこの子どもに、個別支援が必要か」という問題への理解が教職員に共有されなければならない。その共有の場が「事例検討会」と考えられる。筆者は川崎市の特別支援専門家チームの一員として、小学校で特別な支援を要する子どもの事例検討会に招かれることがあるが、時間をかけて丁寧に、しかも学校全体で対象となる子どもを支えようとする姿勢に感銘を受けることが少なくない。「事例検討会」は、学校文化に根ざしてきている。そして、個別の「事例」から子どもの支援そのものを学ぶことは、ノーマライゼイションの基本理念でもある。

校区に施設をもつ学校は、すでに一部の学校と施設で実施されている施設と学校の「合同事例検討会」を定期的に開催することで、子ども理解のみならず、施設と学校の相互理解を促進することができる。他職種とともに仕事をし、多職種の視点を得ることは、子ども理解の幅を広げることになる。この「施設－学校」連携は、相互理解、相互尊重に基づくと考えられるが、機関同士のやりとりには自ずと限界がある。次に、より大きなシステムから効果的な「施設－学校」連携について考えてみたい。

4．教育委員会の役割

本研究から、児童養護施設を校区にもつ学校には特別な人的配置が必要であることが指摘された。その一つは、「施設－学校」連携の窓口となり、かつ学校の校内連携の担い手としても期待できる「施設コーディネート加配」である。加配教員配置のための予算措置が講じられるべきであり、国や自治体は、それが「子どもの貧困」対策の一環でもあるという認識をもたなくてはならない。さらに、「施設－学校」連携では、学校の管理職（校長、副校長または教頭）の影響が大きいことから、施設に理解がある管理職を配置することが求められよう。さらに、力のある教師を校区に施設をもつ学校に配置したり、学校環境の安定化のために、教員の異動には柔軟に対応する必要もある。人事配置は教育委員会の役割だが、教育委員会は所管する学校の施設入所児数を十分把握しているとは言い難い。教育委員会は、施設入所児は特別な教育的配慮を必要としているという認識をもち、「施設入所児の育ちのネットワーク」の重要な一翼を担う校区の学校への人的配置を考慮する必要がある。

また、学校の管理職が社会的養護についての理解を深め、「施設－学校」連携と学校環境の安定化がいかに重要かを学ぶために、管理職研修において施設研修を実施することは喫緊の課題であろう。その際、すでに少なくない都道府県と政令市で教育と福祉の人事交流が進められていることを踏まえ、児童福祉を経験した教員を研修会講師として積極活用すべきである。さらに、そういった教員が管理職となって校区に施設のある学校に赴任することが進めば、「施設－学校」連携はますます充実していくはずである。これらのことは、教育委員会が特別な予算措置を講じることなく取り組める事柄であると考えられる。

本研究でも、夕顔小学校の校長任期を延長したり、中核教員の異動の配慮、校長交代に際しては夕顔小学校の実践をよく知り教育委員会勤務の経験もある柔軟な校長を配置するなど、夕顔小学校の学びの環境の安定化のために教育委員会の果たした役割は特筆すべきものがあった。学校コミュニティを地域で支える教育委員会は、特別支援教育を中心に、現在さまざまな取り組みを実施している。施設入所児への教育保障についても、積極的な現状把握と効果的対策の検討が開始される必要がある。

最後に、交流と相互理解、相互尊重は連携・協働の基本であることを強調しておきたい。児童養護施設とは何か、児童養護施設に入所している子どもはどんな困難を抱えているのか、子どもの養育者とのかかわりをどうすればいいのかなど、学校と施設が共有すべきことは多い。それらを座学の研修で取り上げることには限界があるだろう。この意味でも、教育委員会による施設研修（管理職、教員研修）では、教育と福祉の「合同事例検討会」の実施が求められると指摘できよう。

第三節　施設入所児への支援において示唆されること

施設入所児への生活支援、心理支援にはさまざまな実践がある。しかし、施設のケアワーカーと心理職の離職の早さはかねてより指摘されており、「施設入所児の育ちのネットワーク」の安定化は現在進行形の課題である。

本書において、上質な「施設－学校」連携が子どもの学校適応に大きな影響を与えることが明らかとなった。そして、学校の管理職交代に際しての教育委員会という行政システムの役割が特記された。今後、児童福祉の領域でも、子どもの生活の変化がより少なくなるよう、福祉行政によるシステム的支援が必要なのではないか。現在、施設職員の研修（人材育成）は行政、社会福祉協議会、施設による協議会などさまざまで質量ともに地域差がありすぎる。

心理職への調査から明確になった「専門職連携教育」の課題を行政が担うことで、スタッフの離職防止、子どもの生活の安定化に近づいていくことが考えられる。研修を担当することは、実態把握を伴うからである。

さらに今後、地域小規模グループホームや里親委託など、社会的養護は地域に広がっていくことになる。学校の教員が「困難の連鎖」を抱えた子どもに出会うことは確実に増えていく。本研究で取り組まれた「施設－学校」連携（施設と学校の関係づくり）、教師と子どもとの関係づくりは、多くの学校関係者に還元できるものであると考える。個別の関係づくりと、子どもの生活環境を安定させるための関係者、諸機関の関係づくりは平行して行われていく必要がある。本書は、この点を明確に示した。

第四節　本書の課題

1．施設のフィールド調査について

本書第二部では、主に小学校のフィールド調査を行った。子どもたちが生活する児童養護施設には、「施設―学校」連携におけるインタビュー調査は行ったが、子どもの生活に関与することはできなかった。それは、子どもの生活施設は日々さまざまな状況に対応することを余儀なくされており、また慢性的な人手不足による施設スタッフの疲労を考えると、施設への関与は難しいと判断されたためであった。ただ、学校に来る子どもの状況をより詳細に把握するためには、施設スタッフとの定期的な意見交換が必要であったかもしれない。施設における子どもの状況、かかわりのあり方などを含めて、学校での子どもの姿と教師との関係づくりを総合的に描き出す必要があったと考えられる。

2．施設入所児への中学、高校における支援

本書は小学校をフィールドにしたため、中学校と高校における支援を検討することはできなかった。しかし、施設スタッフへのインタビュー調査でも触れられているように、中学生の支援には困難をきたすことが少なくない。思春期を迎える子どもの教育支援をどう構想したらよいかが課題として残された。

とりわけ施設入所児の高校中退問題と、行き場を失った子どもの社会接続は深刻な課題である。中学校における支援の状況、特別支援学級入・通級をめぐる問題、高校進学における進路選択の問題など教育における検討課

題は少なくない。

3．専科進学の可能性について

高校中退問題に関しては、東京都の「チャレンジスクール」や「エンカレッジスクール」、千葉県の「地域連携アクティブスクール」の取り組みなど、単位制、総合学科などとは異なる生徒のニーズに合わせた実践が模索されつつある。この動向は、「高校教育における生徒の個別ニーズの把握と個別支援の必要性」によるものと考えられる。高校の授業料国費負担は、実質的に高校までが義務教育となったことを示しており（保坂 2012）、高校のあり方と教師の指導（支援）スタンスに変革を求めるものと考えられる。

施設経験者の離職率を考えると、このような子どものニーズに合わせた高校における支援の効果検証と、比較的教師と生徒の接点がある専科高校における支援の可能性が検討される必要がある。

謝辞

本書をまとめるに当たり、千葉大学教授・保坂亨先生にはひとかたならぬお世話になりました。ここにあらためて深く感謝申し上げます。

また、千葉大学名誉教授・中澤潤先生、東京学芸大学教授・佐野秀樹先生、埼玉大学教授・堀田香織先生、千葉大学准教授・中山節子先生には貴重なご助言、ご指導を賜りました。心よりお礼申し上げます。

最後に、筆者を快く子ども支援のネットワークに加えてくださった児童養護施設の先生方、学校の先生方、教育委員会等関係機関のみなさま、そしてクラスに迎えてくれた子どもたちに厚くお礼申し上げます。

二〇一八年八月一日

村松健司

Guilford Press.（西澤哲監訳（2001）『トラウマティック・ストレス――PTSD およびトラウマ反応の臨床と研究のすべて』誠信書房.）
Wallin, D. J. (2007) *Attachment in psychotherapy*. New York, NY: Guilford Press.（津島豊美訳（2011）『愛着と精神療法』星和書店.）
渡辺隆（2007）『子ども虐待と発達傷害――発達障害のある子ども虐待への援助手法』東洋館出版社.
Weinberg, L. A. (1997) Problems in educating abused and neglected children with disabilities. *Child Abuse and Neglect*, 21(9), 889–905.
Weiss, S. J., & Davis, H. P. (1985) Validity and reliability of the Collaborative Practice Scales. *Nursing Research*, 34(5), 299–305.
やまだようこ（1995）「生涯発達をとらえるモデル」無藤隆・やまだようこ編『生涯発達心理学とは何か――理論と方法』金子書房，pp. 57–92.
山口豊一・吉田香衣・石川章子（2009）「中学校教師のチーム援助モチベーションに関する研究――インタビューを題材とした質的研究」『跡見学園女子大学文学部紀要』, 42(1), 61–73.
山本和郎（1986）『コミュニティ心理学――地域臨床の理論と実践』東京大学出版会.
山下洋・増沢高・田附あえか（2007）「被虐待児の援助と治療」『子どもの虹情報研修センター平成 19 年研究報告書 イギリスにおける児童虐待の対応視察報告書』, 15–33.
米沢崇・山崎茜・栗原慎二（2014）「校長・ミドルリーダーのリーダーシップ及び学校の組織風土と生徒指導の取組との関連」『学習開発学研究』, 7, 51–58.
吉田美穂（2007）「『お世話モード』と『ぶつからない』統御システム――アカウンタビリティを背景とした『教育困難校』の生徒指導」『教育社会学研究』, 81, 89–109.
吉川悟（2000）「学校臨床における心理療法の工夫――プロフェショナルなスクールカウンセラーが増えることを期待して」『精神療法』, 26(4), 352–359.
吉村譲（2010）「児童養護施設における心理療法担当職員の活動の場作りについて――岐阜県内の児童養護施設の心理療法担当職員への面接調査から考える」『東邦学誌』, 39(2), 13–30.
全国児童養護施設協議会調査研究部（2006）「児童養護施設における子どもたちの自立支援の充実に向けて――平成 17 年度児童養護施設入所児童の進路に関する調査報告書」.

髙田治（2004）「情短施設でのケアと治療」『そだちの科学』, 2, 100–105.
髙田治（2008）「児童福祉施設はネットワーク作りで決まる」中釜洋子・髙田治・齋藤憲司『心理援助のネットワーク作り――〈関係系〉の心理臨床』東京大学出版会, pp. 75–156.
髙田治・村松健司・井上真（2004）「被虐待児への学習援助に関する研究――被虐待児への学習支援に関する研究」『子どもの虹情報研修センター平成 16 年度研究報告書』.
高口明久編著（1993）『養護施設入園児童の教育と進路――施設・学校生活及び進路形成過程の研究』多賀出版.
高橋惠子（2013）『絆の構造――依存と自立の心理学』講談社現代新書.
高岡健（2008）「座談会 発達障害概念の再検討（出席者：村瀬学・田中究・松本雅彦、司会：高岡健）」松本雅彦・高岡健編『発達障害という記号』批評社, pp. 11–43.
竹内敏晴（1988）『ことばが劈《ひら》かれるとき』ちくま文庫.
玉井邦夫（2004）『児童虐待に関する学校の対応についての調査研究 平成 14 年～平成 15 年度文部科学省研究費補助金（特別研究促進費(1)）研究成果報告書』.
徳田治子（2007）「半構造化インタビュー」やまだようこ編『質的心理学の方法――語りをきく』新曜社, pp. 100–113.
東京都福祉保健局（2011）「東京都における児童養護施設等退所者へのアンケート調査報告書」.
東京都社会福祉協議会児童部会（2004）「『入所児童の学校等で起こす問題行動について』調査」. 紀要平成 16 年度版.
友田明美（2006）『いやされない傷――児童虐待と傷ついていく脳』診断と治療社.
坪井裕子・松本真理子・野村あすか・鈴木伸子・畠垣智恵・森田美弥子（2013）「フィンランドにおける児童福祉施設の実際」『人間と環境 電子版』, 6, 14–24.
坪井瞳（2011）「児童養護施設在籍児童の中学卒業後の進路動向――A 県児童養護施設における調査から」『子どもの虹情報研修センター平成 23 年度研究報告書』, 40–49.
坪井瞳（2013）「児童養護施設における『学習』――支援者への調査から」『被虐待児の援助に関わる学校と児童養護施設の連携（第 4 報）子どもの虹情報研修センター平成 24 年度研究報告書』, 13–21.
妻木進吾（2011）「頼れない家族／桎梏としての家族――生育家族の状況」西田芳正編著『児童養護施設と社会的排除――家族依存社会の臨界』解放出版社, pp. 10–39.
内田伸子・稲垣由子・一色伸夫（2009）「第 60 回公開シンポジウム 子どもは変わる・大人も変わる――人間発達の可塑性と愛着の役割」http://www.crn.or.jp/KONANWU/bulletin/vol.11/60 UCHIDA.pdf (Retrieved 2015.1.27)
埋橋玲子（2009）「イギリスのシュア・スタート――貧困の連鎖を断ち切るための未来への投資・地域プログラムから子どもセンターへ」『四天王寺大学紀要』, 48, 377-388.
van der Kolk, B. A., McFarlane, A. C., & Weisaeth, L. (Eds.) (1996) *Traumatic stress: The effects of overwhelming experience on mind, body, and society*. New York, NY:

祉制度［第3版］』ミネルヴァ書房.（初版2009年）
斉藤幸芳・藤井常文編著（2012）『児童相談所はいま――児童福祉司からの現場報告』ミネルヴァ書房.
齊藤由美子（2010）「通常のカリキュラムへのアクセスとそこでの向上――アメリカ合衆国における障害のある子どものカリキュラムについての概念の変遷と現在の取り組み」『世界の特別支援教育』，24, 53–62.
佐藤学（1994）「教師文化の構造――教育実践研究の立場から」稲垣忠彦・久冨善之編『日本の教師文化』東京大学出版会，pp. 21–41.
佐藤学（2006）『学校の挑戦――学びの共同体を創る』小学館.
佐藤桃子（2014）「デンマークにおける子どもの社会的養護――予防的役割の重要性」『年報人間科学』，35, 53–71.
Schaffer, H. R. (1990) *Making decisions about children: Psychological questions and answers*. Oxford, UK: Blackwell Publishing.（無藤隆・佐藤恵理子訳（2001）『子どもの養育に心理学がいえること』新曜社.）
Schauer, M., Neuner, F., & Elbert, T. (2012) *Narrative exposure therapy: A short-term treatment for traumatic stress disorders after war, terror, or torture,* 2nd revised and expanded edition. Boston, MA: Hogrefe Publishing.
Schopler, E., Brehm, S. S., Kinsbourne. M., & Reichler, R. J. (1971) Effect of treatment structure on development in autistic children. *Archives of General Psychiatry*, 24(5), 415–421.
柴田玲子・高橋惠子（2015）「小学生の人間関係についての母子の報告のズレ」『教育心理学研究』，63(1)，37–47.
志水宏吉編（2009）『「力のある学校」の探求』大阪大学出版会.
志水宏吉・徳田耕造編（1991）『よみがえれ公立中学――尼崎市立「南」中学校のエスノグラフィー』有信堂高文社.
蘇珍伊・岡田進一・白澤政和（2005）「特別養護老人ホームにおける介護職員の仕事の有能感についての探索的研究――尺度構造の検討」『生活科学研究誌』，4, 179–190.
総務省統計局（2009）「社会福祉施設等数、国―都道府県―指定都市―中核市、施設の種類・経営主体の公営―私営別」，政府統計の総合窓口. http://www.e-stat.go.jp/SG1/estat/List.do?lid=000001068778 (Retrieved 2014.12.20)
Stern, D. N. (1985) *The interpersonal world of the infant: A view from psychoanalysis and developmental psychology*. New York, NY: Basic Books.（小此木啓吾・丸田俊彦監訳（1989）『乳児の対人世界 理論編』岩崎学術出版社.）
杉山登志郎（2007a）『子ども虐待という第四の発達障害』学研プラス.
杉山登志郎（2007b）『発達障害の子どもたち』講談社現代新書.
高田一宏（2009）「教育における協働と『力のある学校』」志水宏吉編『「力のある学校」の探求』大阪大学出版会，pp. 213–230.

会研究』, 19, 1–10.
長尾真理子（2010）「被虐待児に対する学習支援についての事例研究——援助関係形成プロセスに焦点を当てて」『人間性心理学研究』, 28(1), 77–89.
西田芳正（1994）「生徒指導のエスノグラフィー——教育困難校における『つながる指導』とその背景」『社会問題研究』, 43(2), 323–352.
西田芳正（2011）「施設の子どもと学校教育」西田芳正編著『児童養護施設と社会的排除——家族依存社会の臨界』解放出版社, pp. 75–112.
西山久子・淵上克義・迫田裕子（2009）「学校における教育相談活動の定着に影響を及ぼす諸要因の相互関連性に関する実証的研究」『教育心理学研究』, 57(1), 99–110.
西澤哲（2010）『子ども虐待』講談社現代新書.
野中猛（2007）『図説ケアチーム』中央法規出版.
小田博志（2010）『エスノグラフィー入門——〈現場〉を質的研究する』春秋社.
織田泰幸（2013）「学校づくりにおける校長のリーダーシップに関する事例研究——『学習する組織』論の観点から」『三重大学教育学部附属教育実践総合センター紀要』, 33, 1–6.
尾木和英（2004）「虐待を受けた児童・生徒への学習支援をどう充実するか」『教職研修』, 33(4), 64–67.
岡野憲一郎（2006）『脳科学と心の臨床——心理療法家・カウンセラーのために』岩崎学術出版社.
岡野憲一郎（2009）『新外傷性精神障害——トラウマ理論を越えて』岩崎学術出版社.
大川浩明・保坂亨（2012）「児童養護施設と学校との連携——入所児童の通学状況把握調査、施設と学校との研修の実施状況調査を通して」『子どもの虹情報研修センター平成 23 年度研究報告書』.
O'Neill, L., Guenette, F., & Kitchenham, A. (2010) 'Am I safe here and do you like me?' Understanding complex trauma and attachment disruption in the classroom. *British Journal of Special Education*, 37(4), 190–197.
大嶋恭二編著（1997）『児童福祉ニーズの把握・充足の視点——要保護高齢女子児童の自立援助の課題』多賀出版.
大塚眞理子（2014）「児童福祉施設におけるケアワーカーと心理職連携のポイント——IPE/IPW を基盤として」第 6 回全国施設心理懇話会講演資料.
Paradise, J. E., Rose, L., Sleeper, L. A., & Nathanson, M. (1994) Behavior, family function, school performance, and predictors of persistent disturbance in sexually abused children. *Pediatrics*, 93(3), 452–459.
Potter, D. J. (2010) How maltreatment matters: Effects of maltreatment on academic performance. *Sociological Studies of Children and Youth*, 13, 167–202.
佐川光晴（2010）『おれのおばさん』集英社.
才村純・芝野松次郎・松原康雄編著（2015）『児童や家庭に対する支援と子ども家庭福

村上達也・櫻井茂男（2014）「児童期中・後期におけるアタッチメント・ネットワークを構成する成員の検討――児童用アタッチメント機能尺度を作成して」『教育心理学研究』, 62(1), 24–37.
村松健司（2002）「入所治療における被虐待児のプレイセラピー」『臨床心理学』, 2(3), 310–314.
村松健司（2004）「遊びの身体表現を育むために――身体の動きがぎこちない子どもへのストレッチを用いた援助の試み」『遊戯療法学研究』, 3(1), 3–12.
村松健司（2008）「治療者交替再考」『首都大学東京学生相談レポート』, 3, 4–13.
村松健司（2012）「子どものこころ・子どもの遊び（16）　入所施設における虐待を受けた子どもの遊戯療法」『こころの科学』, 166, 109–112.
村松健司（2013a）「児童養護施設における心理面接の状況と課題」『子どもの虐待とネグレクト』, 15(3), 328–335.
村松健司（2013b）「施設心理の関係づくり」『臨床心理学』, 13(6), 807–811.
村松健司（2014a）「入所施設における虐待を受けた子どもの遊びとその回復」日本遊戯療法学会編『遊びからみえる子どものこころ』日本評論社, pp. 106–117.
村松健司（2014b）「健康支援・相談」学生文化創造編『学生支援・相談の基礎と実務――学生生活のよりよい支援のために』学生文化創造, pp. 282–312.
村松健司（2014c）「児童養護施設と学校の協働」『臨床心理学研究』, 52(1), 1–14.
村松健司（2015）「施設入所児が抱える問題」伊藤良子・津田正明編『情動と発達・教育――子どもの成長環境』朝倉書店, pp. 68–83.
村松健司（2017）「臨床現場から 3　児童福祉施設・児童相談所」小林真理子・塩﨑尚美編『乳幼児・児童の心理臨床』放送大学教育振興会, pp. 231–250.
村松健司・妙木浩之・金丸隆太・塩谷隼平（2016）「児童福祉施設の専門職連携教育プログラムの開発」平成 25 年度～ 27 年度科学研究費補助金研究成果報告書 基盤研究(C) 課題番号 25380934.
村松健司・岡昌之（2013）「本研究の概要」『児童養護施設における心理療法の効果測定とケースフォーミュレーション・プログラム開発』平成 22 年度～ 24 年度科学研究費補助金研究成果報告書（課題番号 22530748）, 1–2.
村松健司・塩谷隼平・山邊沙欧里（2014）「心理臨床における他職種協働」『首都大学東京学生相談レポート』, 9, 18–29.
村瀬嘉代子（2003）『統合的心理療法の考え方――心理療法の基礎となるもの』金剛出版.
無藤隆（2009）「幼児期における教育・保育の課題――幼児教育に対する社会的コンセンサスの必要性」ベネッセコーポレーション Benesse 教育開発研究センター『BERD』, 16, 2–6.
妙木浩之（2010）『初回面接入門――心理力動フォーミュレーション』岩崎学術出版社.
長尾秀吉（2010）「教育困難校の学校改革――SSWr を活用した小学校の試み」『地域社

disoriented during the Ainsworth strange situation. In M. T. Greenberg, D. Cicchetti, & E. M. Cummings (Eds.) *Attachment in the preschool years: Theory, research and intervention* (pp. 121–160). Chicago, IL: University of Chicago Press.

牧野二郎（2006）『やりすぎが会社を滅ぼす！ 間違いだらけの個人情報保護』インプレス.

Marcus, G. (2004) *The birth of the mind: How a tiny number of genes creates the complexities of human thought.* New York, NY: Basic Books.（大隅典子訳（2010）『こころを生みだす遺伝子』岩波現代文庫.）

Marvin, R., Cooper, G., Hoffman, K., & Powell, B. (2002) The circle of security project: Attachment-based intervention with caregiver-pre-school child dyads. *Attachment and Human Development*, 4(1), 107–124.

松原敏浩・吉田俊和・藤田達雄・栗林克匡・石田靖彦（1998）「管理職・主任層のリーダーシップが学校組織行動プロセスに及ぼす影響」『実験社会心理学研究』, 38(1), 93–104.

松本伊智朗（2013）「教育は子どもの貧困対策の切り札か？――特集の趣旨と論点」『貧困研究』, 11, 4–9.

壬生尚美・神庭直子（2013）「介護職員の仕事の満足感・やりがい感に影響を及ぼす要因――ユニット型施設と従来型施設による比較」『人間生活文化研究』, 23, 287–299.

光田尚美（2012）「ペスタロッチーの貧児・孤児教育をめぐって（1）」『関西福祉大学社会福祉学部研究紀要』, 15(2), 29–36.

宮尾益知・鈴木繭子・池田華子・小笠原さゆ里・渡邊克己・五十嵐一枝・酒井裕子・高田治（2008）「被虐待児への学習援助に関する研究――被虐待児の認知に関する研究」『子どもの虹情報研修センター平成 20 年度研究報告書』.

宮崎県教育委員会（2015）「地方発！我が教育委員会の取組 地域の実情に応じた幼・保、小・中・高一貫した特別支援教育の推進――支援をつなぐ『エリアサポート』体制」『教育委員会月報』, 67(8), 87–90.

文部科学省（2011）「特別支援教育資料について」http://www.mext.go.jp/a_menu/shotou/tokubetu/001.htm (Retrieved 2015.1.30)

文部科学省初等中等教育局長通知（2002）「障害のある児童生徒の就学について」http://www.mext.go.jp/b_menu/hakusho/nc/t20020527001/t20020527001.html (Retrieved 2016.9.1)

文部科学省初等中等教育局特別支援教育課（2015）「障害のある児童生徒の学校生活における保護者等の付添いに関する実態調査の結果（概要）」http://www.mext.go.jp/a menu/shotou/tokubetu/material/__icsFiles/afieldfile/2015/10/22/1362940_01.pdf (Retrieved 2016.11.27)

盛満弥生（2011）「学校における貧困の表れとその不可視化――生活保護世帯出身生徒の学校生活を事例に」『教育社会学研究』, 88, 273–294.

19/dl/01.pdf (Retrieved 2015.1.27)
厚生労働省雇用均等・児童家庭局（2009）「児童養護施設入所児童等調査結果の概要（平成 20 年 2 月 1 日現在）」http://www.mhlw.go.jp/toukei/saikin/hw/jidouyougo/19/dl/01.pdf (Retrieved 2015.1.27)
厚生労働省雇用均等・児童家庭局（2015）「児童養護施設入所児童等調査結果の概要（平成 25 年 2 月 1 日現在）」http://www.mhlw.go.jp/toukei/saikin/hw/jidouyougo/19/dl/01.pdf (Retrieved 2015.1.27)
厚生労働省雇用均等・児童家庭局長通知（2012）「児童養護施設運営指針」http://www.mhlw.go.jp/bunya/kodomo/syakaiteki_yougo/dl/yougo_genjou_04.pdf (Retrieved 2016.9.17)
厚生労働省雇用均等・児童家庭局長通知（2013）「児童相談所運営指針」http://www.mhlw.go.jp/bunya/kodomo/dv11/01.html (Retrieved 2016.1.27)
厚生労働省雇用均等・児童家庭局長通知（2017）「社会的養護自立支援事業等の実施について」https://www.mhlw.go.jp/file/06-Seisakujouhou-11900000-Koyoukintoujidoukateikyoku/0000167411.pdf (Retrieved 2017.12.1)
厚生省児童家庭局長通知（1991）「養護施設における不登校児童の指導の強化について」http://wwwhourei.mhlw.go.jp/cgibin/t_document.cgi?MODE=tsuchi&DMODE=CONTENTS&SMODE=NORMAL&KEYWORD=&EFSNO=11534&PAGE=1&FILE=&POS=0 (Retrieved 2016.9.17)
鯨岡峻（2005）『エピソード記述入門——実践と質的研究のために』東京大学出版会.
黒田邦夫（2009）「児童養護施設に何が起きているのか——被虐待児の増加と求められる職員増」浅井春夫・金澤誠一編著『福祉・保育現場の貧困——人間の安全保障を求めて』明石書店，pp. 106–119.
Kurtz, P. D., Gaudin Jr., J. M., Wodarski, J. S., & Howing, P. T. (1993) Maltreatment and the school-aged child: School performance consequences. *Child Abuse and Neglect*, 17(5), 581–589.
桑原徹也・田中存・中村通雄・江田裕介（2009）「現在の児童養護施設における教育的な課題と旭学園の取り組み」『和歌山大学教育学部教育実践総合センター紀要』，19, 1–8.
Lee, M. Y., & Jonson-Raid, M. (2009) Needs and outcomes for low income youth in special education: Variations by emotional disturbance diagnosis and child welfare contact. *Children and Youth Services Review*, 31(7), 722-731.
Lowenthal, B. (2001) *Abuse and neglect: The educator's guide to the identification and prevention of child maltreatment*. Towson, MD: Paul H. Brookes Publishing.（玉井邦夫監訳，森田由美訳（2008）『子どもの虐待とネグレクト——教師のためのガイドブック』明石書店.）
Main, M., & Solomon, J. (1990) Procedures for identifying infants as disorganized/

181, 17–24.
Kendall-Tackett, K. A., & Eckenrode, J. (1996) The effects of neglect on academic achievement and disciplinary problems: A developmental perspective. *Child Abuse and Neglect*, 20(3), 161–169.
Kendall-Tackett, K. A., Williams, L. M., & Finkelhor, D. (1993) Impact of sexual abuse on children: A review and synthesis of recent empirical studies. *Psychological Bulletin*, 113(1), 164–180.
金珍熙・園山繁樹（2008）「公立幼稚園における障害幼児への特別支援体制に関する調査研究――教育委員会担当職員への質問紙調査」『特殊教育学研究』, 45(5), 255–264.
Kinard, E. M. (1999) Psychological resources and academic performance in abused children. *Children and Youth Services Review*, 21(5), 351–376.
木岡一明（2003）『新しい学校評価と組織マネジメント』第一法規.
北川恵（2008）「アタッチメントと分離、喪失」『子どもの虐待とネグレクト』, 10(3), 278–284.
北山修（2005）「共視母子像からの問いかけ」北山修編『共視論――母子像の心理学』講談社選書メチエ, pp. 7–46.
小林登（2002）「児童虐待実態調査」『子どもの虐待とネグレクト』, 4(2), 276–302.
小味慶子・大西麻未・菅田勝也（2010）「Collaborative Practice Scales 日本語版の信頼性・妥当性と医師――看護師間の協働的実践の測定」『日本看護管理学会誌』, 14(2), 15–21.
近藤邦夫（1994）『教師と子どもの関係づくり――学校の臨床心理学』東京大学出版会.
小貫悟・三和彩・名越斉子（2004）『LD・ADHD へのソーシャルスキルトレーニング』日本文化科学社.
厚生労働省（2012）「乳児家庭全戸訪問事業の実施状況（別添 3）」http://www.mhlw.go.jp/stf/houdou/2r9852000002rr3u-att/2r9852000002rxut.pdf (Retrieved 2013.9.16)
厚生労働省（2014）「社会的養護の現状について（参考資料）」http://www.mhlw.go.jp/bunya/kodomo/syakaiteki_yougo/dl/yougo_genjou_01.pdf (Retrieved 2015.1.27)
厚生労働省・児童養護施設等の社会的養護の課題に関する検討委員会・社会保障審議会児童部会社会的養護専門委員会とりまとめ（2011）「社会的養護の課題と将来像」http://www.mhlw.go.jp/bunya/kodomo/syakaiteki_yougo/dl/08.pdf (Retrieved 2015.1.20)
厚生労働省雇用均等・児童家庭局（1999）「児童養護施設入所児童等調査結果の概要（平成 10 年 2 月 1 日現在）」http://www.mhlw.go.jp/toukei/saikin/hw/jidouyougo/19/dl/01.pdf (Retrieved 2015.1.27)
厚生労働省雇用均等・児童家庭局（2004）「児童養護施設入所児童等調査結果の概要（平成 15 年 2 月 1 日現在）」http://www.mhlw.go.jp/toukei/saikin/hw/jidouyougo/

関係に及ぼす影響――教職員・業者へのインタビュー調査を通して」『臨床教科教育学会誌』，13(1)，13–25.
伊東ゆたか（2003）「被虐待児の脳障害――脳波を中心に」『小児科』，44(3)，392–400.
岩間伸之（2005）『援助を深める事例研究の方法［第2版］――対人援助のためのケースカンファレンス』ミネルヴァ書房.
Jaffe, P., Wolfe, D., Wilson, S., & Zak, L. (1986) Similarities in behavioral and social maladjustment among child victims and witnesses to family violence. *American Journal of Orthopsychiatry*, 56(1), 142–146.
児童養護研究会編（1994）『養護施設と子どもたち』朱鷺書房.
Kahn, R. L., & Antonucci, T. C. (1980) Convoys over the life course: Attachment, roles, and social support. In P. B. Baltes, & O. G. Brim (Eds.), *Life-span development and behavior*, vol. 3, New York, NY: Academic Press, pp. 253–286.
亀口憲治（2002）「概説／コラボレーション――協働する臨床の知を求めて」『現代のエスプリ』，419，5–19.
神奈川県社会福祉協議会（2010）『かながわの児童福祉施設で生活する発達障がいを疑われる子どもたちへの調査』神奈川県社会福祉協議会施設部会児童福祉施設協議会発達障がい児についての調査研究委員会.
笠原幸子（2001）「『介護福祉職の仕事の満足度』に関する一考察」『介護福祉学』，8(1)，36–42.
川上泰彦（2006）「〈共同論文〉第2部国内研究：都道府県・政令指定都市の人事政策 1 宮城県ヒアリング調査の概要」『東京大学大学院教育学研究科教育行政学研究室紀要』，25，139–147.
川喜田二郎（1967）『発想法――創造性開発のために』中公新書.
川﨑二三彦・増沢高編著（2014）『日本の児童虐待重大事件 2000-2010』福村出版.
香山リカ（2009）「ニッポン 母の肖像」『NHK 知る楽 歴史は眠らない 2009年12月―2010年1月』日本放送協会出版，pp. 89–159.
数井みゆき（2003）「子ども虐待――学校環境に関わる問題を中心に」『教育心理学年報』，42，148–157.
数井みゆき（2011）「学校（と地域）における虐待予防と介入」『教育心理学年報』，50，208–217.
数井みゆき・遠藤利彦編著（2005）『アタッチメント――生涯にわたる絆』ミネルヴァ書房.
警察庁生活安全局少年課（2016）「児童虐待及び福祉犯の検挙状況（平成27年1～12月）」https://www.npa.go.jp/safetylife/syonen/jidougyakutai_fukushihan_kenkyoH27. (Retrieved 2016.10.27)
Kempe, C. H., Silverman, F. N., Steele, B. F., Droegemueller, W., & Silver, H. K. (1962) The battered-child syndrome. *Journal of American Medical Association*,

大学大学院人間社会学研究科心理臨床センター紀要』, 1, 44–49.
廣瀬真琴（2014）「協同的な学習コミュニティとしての学校」『鹿児島大学教育学部研究紀要 教育科学編』, 66, 49–59.
Horton, C. B., & Cruise, T. K. (2001) *Child abuse and neglect: The school's response.* New York, NY: Guilford Press.
保坂亨（2000）「人間行動の理解と面接法」保坂亨・中澤潤・大野木裕明編著『心理学マニュアル 面接法』北大路書房, pp. 1–8.
保坂亨（2009）『“学校を休む”児童生徒の欠席と教員の休職』学事出版.
保坂亨（2010）『いま、思春期を問い直す——グレーゾーンにたつ子どもたち』東京大学出版会.
保坂亨（2011）「児童養護施設と学校の連携をめぐって」『児童養護』, 42(3), 4–5.
保坂亨（2012）「高校教育としての移行支援」小野善郎・保坂亨編著『移行支援としての高校教育——思春期の発達支援からみた高校教育改革への提言』福村出版, pp. 286–304.
保坂亨（2013）「『行方不明』の子どもたち」『子どもの虹情報研修センター紀要』, 11, 1–13.
保坂亨・村松健司・中山雪江（2009）「被虐待児の援助に関わる学校と児童養護施設の連携」『子どもの虹情報研修センター平成 21 年度研究報告書』.
保坂亨・村松健司・中山雪江・大川浩明・長尾真理子（2010）「被虐待児の援助に関わる学校と児童養護施設の連携（第 2 報）」『子どもの虹情報研修センター平成 22 年度研究報告書』.
保坂亨・村松健司・大川浩明・長尾真理子・坪井瞳・片柳幹雄・石井浩己（2011）「被虐待児の援助に関わる学校と児童養護施設の連携（第 3 報）」『子どもの虹情報研修センター平成 23 年度研究報告書』.
保坂亨・村松健司・大川浩明・坪井瞳（2012）「被虐待児の援助に関わる学校と児童養護施設の連携（第 4 報）」『子どもの虹情報研修センター平成 24 年度研究報告書』.
保坂亨・四方燿子（2007）「まとめ：転換期としての 1970 年代」保坂亨編著『日本の子ども虐待』福村出版, pp. 52–55.
House, J. S. (1981) *Work stress, and social support.* Boston, MA: Addison-Wesley.
井出智博（2010）「児童養護施設・乳児院における心理職の有効活用に関するアンケート調査集計結果報告書」平成 21 年度科学研究費補助金報告書（課題番号 21730482）.
池上修次（2014）「教育委員会による支援体制づくり」『教育時評』, 32, 8–11.
生島博之・細江逸雄・荻野裕二・丹羽詔一（2009）「被虐待児の学校場面における支援に関する調査研究」『子どもの虹情報研修センター平成 19・20 年度研究報告書』.
伊藤嘉余子（2007）『児童福祉施設におけるレジデンシャルワーク——施設職員の職場環境とストレス』明石書店.
伊藤善隆・西川純（2013）「校長の交代に伴うリーダーシップの変化が職員集団の人間

Caplan, G. (1964) *Principles of preventive psychiatry*. New York, NY: Basic Books.（新福尚武監訳（1970）『予防精神医学』朝倉書店.）

千葉大学教育学部附属教員養成開発センター（2013）「児童虐待問題に係るリーダー育成と研修プログラム開発」2013 年度文部科学省「教員の資質能力向上に係る先導的取組支援事業.

Cohen, J. A., Mannarino, A. P., & Deblinger, E. (2006) *Treating trauma and traumatic grief in children and adolescents*. New York, NY: Guilford Press.

Coohey, C., Renner, L. M., Hua, L., Zhang, Y. J., & Whitney, S. D. (2011) Academic achievement despite child maltreatment: A longitudinal study. *Child Abuse and Neglect*, 35(9), 688-699.

De Bellis, M. D., Hooper, S. R., Spratt, E. G., & Woolley, D. P. (2009) Neuropsychological findings in childhood neglect and their relationships to pediatric PTSD. *Journal of the International Neuropsychological Society*, 15(6), 868–878.

Eckenrode, J., Laird, M., & Doris, J. (1993) School performance and disciplinary problems among abused and neglected children. *Developmental Psychology*, 29(1), 53–62.

遠藤利彦（2009）「情動は人間関係の発達にどうかかわるのか——オーガナイザーとしての情動、そして情動的知性」須田治編『情動的な人間関係の問題への対応』金子書房，pp. 3–33.

Fonagy, P. (2001) *Attachment theory and psychoanalysis*. London, UK: Karnac Books.（遠藤利彦・北山修監訳（2008）『愛着理論と精神分析』誠信書房.）

長谷川眞人（2009）『地域小規模児童養護施設の現状と課題』福村出版.

長谷川寿一（2011）「人間行動進化学の動向」『学術の動向』，16(4)，81–82.

初塚眞喜子（2009）「愛着理論と臨床領域——生涯にわたるアタッチメントの発達の視点から」『相愛大学研究論集』，25, 61–80.

林もも子（2010）『思春期とアタッチメント』みすず書房.

秀嶋ゆかり（2017）「『秘密保持』と『手続の透明性』を巡って——守秘義務」『臨床心理学』，17(1)，38–43.

Herman, J. L. (1992) *Trauma and recovery: The aftermath of violence — from domestic abuse to political terror*. New York, NY: Basic Books.（中井久夫訳（1999）『心的外傷と回復［増補版］』みすず書房.）

東豊（2008）「東豊 VS 吉井伯榮特別対談」http://www/psygram.jp/higashiyoshii/view.html (Retrieved 2013.6.4)

樋口亜瑞佐（2008a）「プレイセラピーにおける言葉のメタファの観点からの一考察——児童養護施設の被虐待児の事例から」『心理臨床学研究』，26(2)，129–139.

樋口亜瑞佐（2008b）「児童養護施設における心理療法事業に関する一考察」『大阪府立

文　献

Achenbach, T. M. (1991) *Integrative guide for the 1991 CBCL/4-18, YSR, and TRF profiles*. Burlington, VT: University of Vermont.

Ainsworth, M. D. S., Blehar, M. C., Waters, E., & Wall, S. (1978) *Patterns of attachment: A pshychological study of the strage situation*. Hillsdale, NJ: Lawrence Erlbaum Associates.

Alvarez, A. (1992) *Live company: Psychoanalytic psychotherapy with autistic, borderline, deprived and abused children*. London, UK: Routledge.（千原雅代・中川純子・平井正三訳（2002）『こころの再生を求めて――ポストクライン派による子どもの心理療法』岩崎学術出版社.）

American Psychiatric Association (2013) *Diagnostic and statistical manual of mental disorders: DSM-5*. Washington D.C.: American Psychiatric Association Publishing.（高橋三郎・大野裕監訳（2014）『DSM-5――精神疾患の分類と診断の手引』医学書院.）

飛鳥井望（2008）『PTSDの臨床研究――理論と実践』金剛出版.

粟津美穂（2006）『ディープ・ブルー――虐待を受けた子どもたちの成長と困難の記録 アメリカの児童保護ソーシャルワーク』太郎次郎社エディタス.

Bion, W. R. (1967) *Second thoughts: Selected papers on psycho-analysis*. London, UK: William Heinemann Medical Books.（松木邦裕監訳、中川慎一郎訳（2007）『再考：精神病の精神分析論――Second Thoughts』金剛出版.）

Bolger, K. E., Patterson, C. J., Thompson, W. W., & Kupersmidt, J. B. (1995) Psychosocial adjustment among children experiencing persistent and intermittent family economic hardship. *Child Development*, 66(4), 1107-1129.

Bowlby, J. (1969) *Attachment and loss: vol. 1. Attachment*. New York, NY: Basic Books. (Revised edition, 1982)

Bowlby, J. (1973) *Attachment and loss: vol. 2. Separation: Anxiety and anger*. New York, NY: Basic Books.

Bowlby, J. (1988) *A secure base: Parent-child attachment and healthy human development*. New York, NY: Basic Books.

CAIPE (2002) The definition and principles of interprofessional education. http://caipe.org.uk/about-us/the-definition-and-principles-of-interprofessional-education/ (Retrieved 2015.12.30)

Ⅵ．次の①～⑳の質問項目について、自分に当てはまる選択肢の数字に○をつけてください

		全くそう思わない	そう思わない	どちらとも言えない	そう思う	非常にそう思う
①	新たな能力を獲得するため、積極的に挑戦していると思いますか。	1	2	3	4	5
②	いつもと違うことが起こっても、迅速かつ適切に対応できると思いますか。	1	2	3	4	5
③	毎日の業務を十分やり終えていると思いますか。	1	2	3	4	5
④	施設の仕事の全体を十分理解した上で、自分の仕事に取り組んでいますか。	1	2	3	4	5
⑤	職場の目標を十分に達成できるように取り組んでいると思いますか。	1	2	3	4	5
⑥	仕事を常に創意・工夫しながら遂行していると思いますか。	1	2	3	4	5
⑦	仕事上の問題はだいたい解決できると思いますか。	1	2	3	4	5
⑧	仕事の目標は常に達成していると感じますか。	1	2	3	4	5
⑨	仕事に自信を持って取り組んでいますか。	1	2	3	4	5
⑩	職場で他のメンバーとうまく協力しながら仕事をしていると思いますか。	1	2	3	4	5
⑪	施設の支援者としての価値観あるいは信念を持って取り組んでいると思いますか。	1	2	3	4	5
⑫	仕事上の起こりうる状況を予測しながら仕事ができていると思いますか。	1	2	3	4	5
⑬	与えられた課題をしっかり遂行していると思いますか。	1	2	3	4	5
⑭	仕事の役割が明確になっていると思いますか。	1	2	3	4	5
⑮	支援に関する幅広い知識と熟練した技術を研鑽していると思いますか。	1	2	3	4	5
⑯	職場で仕事上の決定をするときに、自分の意見を言えると思いますか。	1	2	3	4	5
⑰	仕事を通じて自分の能力を伸ばし、成長していると感じますか。	1	2	3	4	5
⑱	仕事で自分の知識や技術を十分に発揮していると思いますか。	1	2	3	4	5
⑲	職場で自分の存在の重要さを認められるように取り組んでいますか。	1	2	3	4	5
⑳	自分の対応や行動を客観的に評価していますか。	1	2	3	4	5

質問は以上です。ご回答いただき、誠にありがとうございました。

Ⅳ. 施設において、あなたの上司に当たる方はどなたですか？ 該当するものに○をつけてください

施設長 ・ 児童指導主任 ・ 先輩の心理職 ・ その他（　　　　　　　　　　）

Ⅴ. 次の①～⑯の質問項目について、自分にあてはまる選択肢の数字に○をつけてください

	全くそう思わない	そう思わない	どちらとも言えない	そう思う	非常にそう思う
① 上司は役立つアドバイスをしてくれますか。	1	2	3	4	5
② 上司はどこがうまくいかなかったか指摘してくれますか。	1	2	3	4	5
③ 上司は仕事のやり方やこつを教えてくれますか。	1	2	3	4	5
④ 上司はうまくやれたことを正しく評価してくれますか。	1	2	3	4	5
⑤ 上司は必要な専門知識に関する情報提供をしてくれますか。	1	2	3	4	5
⑥ 上司は好意的に励ましてくれますか。	1	2	3	4	5
⑦ 上司は相談にのってくれますか。	1	2	3	4	5
⑧ 上司は負担の大きいときは仕事を支援してくれますか。	1	2	3	4	5
⑨ 同僚は役立つアドバイスをしてくれますか。	1	2	3	4	5
⑩ 同僚はどこがうまくいかなかったか指摘してくれますか。	1	2	3	4	5
⑪ 同僚は仕事のやり方やこつを教えてくれますか。	1	2	3	4	5
⑫ 同僚はうまくやれたことを正しく評価してくれますか。	1	2	3	4	5
⑬ 同僚は必要な専門知識に関する情報提供をしてくれますか。	1	2	3	4	5
⑭ 同僚は好意的に励ましてくれますか。	1	2	3	4	5
⑮ 同僚は相談にのってくれますか。	1	2	3	4	5
⑯ 同僚は負担の大きいときは仕事を支援してくれますか。	1	2	3	4	5

Ⅱ．次の①〜⑬の質問項目について、自分にあてはまる選択肢の数字に○をつけてください

		全くあてはまらない	あまりあてはまらない	ややあてはまらない	ややあてはまる	ほぼあてはまる	よくあてはまる
①	私は心理職として、子ども支援で期待される役割についてケアワーカーに尋ねている。	1	2	3	4	5	6
②	私は、心理職の専門性をはっきりと意識して援助を行っている。	1	2	3	4	5	6
③	私は、ケアワーカーの専門性についてよく理解している。	1	2	3	4	5	6
④	私は、子どもや家族に関するさまざまな情報を、十分にケアワーカーと共有している。	1	2	3	4	5	6
⑤	ケアワーカーの考えと私の心理職としての専門的見解に相違があるときには、そのことをはっきり述べている。	1	2	3	4	5	6
⑥	私は、ケアワーカーと自立支援計画の立案や実施における相互の役割について話し合っている。	1	2	3	4	5	6
⑦	私は、ケアワーカーに対して、子どもの支援に有効だと考える方法を積極的に提案している。	1	2	3	4	5	6
⑧	私は、ケアワーカーとの協働に満足している。	1	2	3	4	5	6
⑨	私は、子どもの成長や自立に向けた具体的支援について、ケアワーカーと合意できている。	1	2	3	4	5	6
⑩	私は、ケアワーカーの指導が適切でないと判断したときはそのことをケアワーカーに伝えている。	1	2	3	4	5	6
⑪	私は、ケアワーカーの支援方針がよりよい結果に結びつかないと予測するときには、ケアワーカーにそのことを伝えている。	1	2	3	4	5	6
⑫	子ども支援におけるケアワーカーとの協働にやりがいを感じる。	1	2	3	4	5	6
⑬	私は、心理職独自の実践についてケアワーカーの理解を得るように心がけている。	1	2	3	4	5	6

Ⅲ．ケアワーカーとの協働について、日頃の実践のなかで感じることがありましたら自由にお書きください

【資料 2】

協働実践尺度（施設心理職版）

この質問紙調査は、「児童福祉施設の専門職連携研究プログラムの開発」（文部科学省科学研究費補助金基盤研究 C、課題番号 25380934）の研究のため、児童養護施設のおける専門職の協働の課題について明らかにすることを目的としています。

質問紙は無記名で行われ、データは統計的に分析するため、個人や施設が特定されることは決してありません。特に自由記述のデータを使用する際には、個人や施設を特定できる可能性のある情報を改変するなど特段の配慮をいたします。

調査結果を研究のため以外には決して使用しません。また、質問紙は大学の研究室で厳重に保管し、データ入力後は、速やかにシュレッダーで破棄します。

質問紙への回答は任意です。無理に回答をお願いするものではありません。また、答えにくい質問を飛ばしたり、途中で回答をやめたりしてもかまいません。

心理職の先生が複数いらっしゃる場合は、お手数ですが、複写してご回答いただき、同封の封筒にまとめて封入してください。誠に申し訳ございませんが、ご回答は 2 月 20 日までにお送りくださいますようお願い申し上げます。

お忙しい中、大変恐縮ですが、ご協力よろしくお願いいたします。

研究代表者　村松 健司（首都大学東京）
研究分担者　妙木 浩之（東京国際大学）
金丸 隆太（茨城大学）
塩谷 隼平（東洋学園大学）

Ⅰ．以下の①～⑦の質問項目について記入、または○をつけてください

① 性別（ 男 ・ 女 ）

② 年齢（　　　）歳

③ 勤務形態（ 常勤 ・ 非常勤 ）

④ 児童福祉施設での経験年数 （　　　）年

⑤ 生活指導＊の有無（ あり ・ なし ）
＊ここでの生活指導は、食事、入浴指導、寝かしつけなど子どもへの定期的で指導的なかかわりを示します。

⑥ 免許・資格［複数回答可］

臨床心理士 ・ 認定心理士 ・ 精神保健福祉士 ・ 社会福祉士 ・ 保育士
その他の資格（　　　　　　　　　　　　）・ 資格なし

⑦ 自立支援計画立案への関与

共同で作成する ・ ある程度関与する ・ 心理職は別に記載する ・ まったく関与しない

V．次の①～⑳の質問項目について、自分にあてはまる選択肢の数字に○をつけてください

		全くそう思わない	そう思わない	どちらとも言えない	そう思う	非常にそう思う
①	新たな能力を獲得するため、積極的に挑戦していると思いますか。	1	2	3	4	5
②	いつもと違うことが起こっても、迅速かつ適切に対応できると思いますか。	1	2	3	4	5
③	毎日の業務を十分やり終えていると思いますか。	1	2	3	4	5
④	施設の仕事の全体を十分理解した上で、自分の仕事に取り組んでいますか。	1	2	3	4	5
⑤	職場の目標を十分に達成できるように取り組んでいると思いますか。	1	2	3	4	5
⑥	仕事を常に創意・工夫しながら遂行していると思いますか。	1	2	3	4	5
⑦	仕事上の問題はだいたい解決できると思いますか。	1	2	3	4	5
⑧	仕事の目標は常に達成していると感じますか。	1	2	3	4	5
⑨	仕事に自信を持って取り組んでいますか。	1	2	3	4	5
⑩	職場で他のメンバーとうまく協力しながら仕事をしていると思いますか。	1	2	3	4	5
⑪	施設の支援者としての価値観あるいは信念を持って取り組んでいると思いますか。	1	2	3	4	5
⑫	仕事上の起こりうる状況を予測しながら仕事ができていると思いますか。	1	2	3	4	5
⑬	与えられた課題をしっかり遂行していると思いますか。	1	2	3	4	5
⑭	仕事の役割が明確になっていると思いますか。	1	2	3	4	5
⑮	支援に関する幅広い知識と熟練した技術を研鑽していると思いますか。	1	2	3	4	5
⑯	職場で仕事上の決定をするときに、自分の意見を言えると思いますか。	1	2	3	4	5
⑰	仕事を通じて自分の能力を伸ばし、成長していると感じますか。	1	2	3	4	5
⑱	仕事で自分の知識や技術を十分に発揮していると思いますか。	1	2	3	4	5
⑲	職場で自分の存在の重要さを認められるように取り組んでいますか。	1	2	3	4	5
⑳	自分の対応や行動を客観的に評価していますか。	1	2	3	4	5

質問は以上です。ご回答いただき、誠にありがとうございました。

Ⅳ. 次の①～⑯の質問項目について、自分にあてはまる選択肢の数字に○をつけてください

	全くそう思わない	そう思わない	どちらとも言えない	そう思う	非常にそう思う
① 上司は役立つアドバイスをしてくれますか。	1	2	3	4	5
② 上司はどこがうまくいかなかったか指摘してくれますか。	1	2	3	4	5
③ 上司は仕事のやり方やこつを教えてくれますか。	1	2	3	4	5
④ 上司はうまくやれたことを正しく評価してくれますか。	1	2	3	4	5
⑤ 上司は必要な専門知識に関する情報提供をしてくれますか。	1	2	3	4	5
⑥ 上司は好意的に励ましてくれますか。	1	2	3	4	5
⑦ 上司は相談にのってくれますか。	1	2	3	4	5
⑧ 上司は負担の大きいときは仕事を支援してくれますか。	1	2	3	4	5
⑨ 同僚は役立つアドバイスをしてくれますか。	1	2	3	4	5
⑩ 同僚はどこがうまくいかなかったか指摘してくれますか。	1	2	3	4	5
⑪ 同僚は仕事のやり方やこつを教えてくれますか。	1	2	3	4	5
⑫ 同僚はうまくやれたことを正しく評価してくれますか。	1	2	3	4	5
⑬ 同僚は必要な専門知識に関する情報提供をしてくれますか。	1	2	3	4	5
⑭ 同僚は好意的に励ましてくれますか。	1	2	3	4	5
⑮ 同僚は相談にのってくれますか。	1	2	3	4	5
⑯ 同僚は負担の大きいときは仕事を支援してくれますか。	1	2	3	4	5

Ⅱ．次の①～⑬の質問項目について、自分にあてはまる選択肢の数字に○をつけてください

		全くあてはまらない	あまりあてはまらない	ややあてはまらない	ややあてはまる	ほぼあてはまる	よくあてはまる
①	私はケアワーカーとして、子ども支援で期待される役割について心理職に尋ねている。	1	2	3	4	5	6
②	私は、ケアワーカーの専門性をはっきりと意識して援助を行っている。	1	2	3	4	5	6
③	私は、子どもや家族に関するさまざまな情報を、心理職と十分に共有している。	1	2	3	4	5	6
④	私は、心理職の専門性についてよく理解している。	1	2	3	4	5	6
⑤	心理職の考えと私のケアワーカーとしての専門的見解に相違があるときには、そのことをはっきり述べている。	1	2	3	4	5	6
⑥	私は、心理職と自立支援計画の立案や実施における相互の役割について話し合っている。	1	2	3	4	5	6
⑦	私は、心理職に対して、子どもの援助に有効だと考える方法を積極的に提案している。	1	2	3	4	5	6
⑧	私は、心理職との協働に満足している。	1	2	3	4	5	6
⑨	私は、子どもの成長や自立に向けた具体的支援について、心理職と合意できている。	1	2	3	4	5	6
⑩	私は、心理職の心理支援が適切でないと判断したときはそのことを心理職に伝えている。	1	2	3	4	5	6
⑪	私は、心理職の支援方針がよりよい結果に結びつかないと予測するときには、心理職にそのことを伝えている。	1	2	3	4	5	6
⑫	子ども支援における心理職との協働にやりがいを感じる。	1	2	3	4	5	6
⑬	私は、ケアワーカー独自の実践について心理職の理解を得るように心がけている。	1	2	3	4	5	6

Ⅲ．心理職との協働について、日頃の実践のなかで感じることがありましたら自由にお書きください

【資料1】

協働実践尺度（ケアワーカー版）

この質問紙調査は、「児童福祉施設の専門職連携研究プログラムの開発」（文部科学省科学研究費補助金基盤研究C、課題番号25380934）の研究のため、児童養護施設のおける専門職の協働の課題について明らかにすることを目的としています。

質問紙は無記名で行われ、データは統計的に分析するため、個人や施設が特定されることは決してありません。特に自由記述のデータを使用する際には、個人や施設を特定できる可能性のある情報を改変するなど特段の配慮をいたします。

調査結果を研究のため以外には決して使用しません。また、質問紙は大学の研究室で厳重に保管し、データ入力後は、速やかにシュレッダーで破棄します。

質問紙への回答は任意です。無理に回答をお願いするものではありません。また、答えにくい質問を飛ばしたり、途中で回答をやめたりしてもかまいません。

ご回答後は、同封の封筒に封入、のり付けしていただき、回収用封筒にお入れください。

お忙しい中、大変恐縮ですが、ご協力よろしくお願いします。

研究代表者　村松　健司（首都大学東京）
研究分担者　妙木　浩之（東京国際大学）
金丸　隆太　（茨城大学）
塩谷　隼平（東洋学園大学）

Ⅰ．以下の①～⑤の質問項目について記入、または○をつけてください

① 性別（　男　・　女　）

② 年齢（　　　）歳

③ 勤務形態（　常勤　・　非常勤　）

④ 児童福祉施設での経験年数（　　　）年

⑤ 免許・資格［複数回答可］

児童指導員　・　保育士　・　社会福祉士　・　教員免許　・　精神保健福祉士

認定心理士　・　その他の資格（　　　　　　　　　　）

資格なし

著者略歴

村松健司（むらまつ・けんじ）

1966 年　長野県生まれ
1992 年　千葉大学大学院教育学研究科修士課程修了
　　　　病院，大学附属教育相談機関勤務ののち，
1995～2007 年　情緒障害児短期治療施設（現，児童心理治療施設）
　　　　横浜いずみ学園セラピスト
現在　　首都大学東京学生サポートセンター教授，博士（教育学），
　　　　臨床心理士
専門　　児童福祉臨床，臨床心理学

〔著書・論文〕

「児童養護施設における心理面接の状況と課題」，『子どもの虐待とネグレクト』，15(3)，328–335，2013 年

「児童養護施設と学校の協働」，『臨床心理学研究』，52(1)，1–14，2014年

『情動と発達・教育――子どもの成長環境』 分担執筆，朝倉書店，2015 年

「施設における虐待を受けた子どもと教師の関係づくり――特別支援教育の実践を中心に」共著，『千葉大学教育実践研究』，18，2015 年

『乳幼児・児童の心理臨床』 分担執筆，放送大学教育振興会，2017 年

他

施設《しせつ》で暮《く》らす子《こ》どもの学校教育《がっこうきょういく》支援《しえん》ネットワーク
――「施設《しせつ》－学校《がっこう》」連携《れんけい》・協働《きょうどう》による
困難《こんなん》を抱《かか》えた子《こ》どもとの関係《かんけい》づくりと教育《きょういく》保障《ほしょう》

2018年12月5日　初版第1刷発行

著　者　村　松　健　司
発行者　宮　下　基　幸
発行所　福村出版株式会社
〒113-0034　東京都文京区湯島2-14-11
電　話　03(5812)9702
FAX　03(5812)9705
https://www.fukumura.co.jp

印　刷　株式会社文化カラー印刷
製　本　本間製本株式会社

ISBN978-4-571-42070-2 C3036
落丁・乱丁本はお取替えいたします
定価はカバーに表示してあります